낙하산 기관장의
공공기관 분투기

낯선 기관장의 공공기관 분투기

윤태진 지음

신생 공공기관에 성장과 혁신 DNA를 심은
3년간의 경영 노트

일월일일

머리말

 공공기관 기관장을 마치는 날, 월급쟁이로 살아온 날들이 주마등처럼 스쳐갔다. 대학 졸업 직후 대한교육보험을 시작으로 삼성물산, 한국건설관리공사, 더불어민주당 정책실장을 거쳐 한국식품산업클러스터진흥원(이하 식품진흥원) 이사장까지 총 33년을 재직했다. 보람되고 즐거웠던 때도 있었고 억울할 때도 있었다. 또 끊임없는 자기 노력만이 쓰디쓴 위기를 극복할 수 있게 만들고, 극복하면 좋은 날이 온다는 사실도 깨달았다.

 첫 직장에서 영업소장으로 재직했을 때 다양한 소통 방법을 배웠고, 목표 달성을 위해서는 강인한 의지와 실천이 중요하다는 사실도 깨달았다. 대한교육보험에 입사한 지 1년이 지나갈 무렵 견습 영업소장으로 발령을 받았다. 내 나이 27세였다. 직함은 '부(部)지부장'이라고 그럴싸했지만 방문 판매를 하는 보험 모집인 역할이었다. 회사는 "영업소장이 되려면 필드(현장)를 알아야 한다."는 좋은 취지를 내세웠지만, 사회 경험이 적은 젊은 나이에 고객들의 언어 폭력과 문전박대를 몇 차례 받다 보니 실망과 좌절감이 깊어갔다. 시작한 지 며칠 만에 동기들과 사우나에 모여 신세타령만 했다. 하지만 자괴감이 더 깊어갈 뿐이었다. 사우나 생활 이틀째 되던 날 자리를 박차고 나와 가가호호 방문을 다시 시작했다. 그 덕분에 견습 영업소장 생활을 3개월 만에 졸업하고 영업소장이 되고 나서는 큰 성과를 냈고, 본사에서도 주목하는 영업맨이 되었다. 돌이켜보면 돈으로도 살 수 없는 젊은 날의 쓰고도 달달한 경험이었는데 이것이 30여 년 직장 생활의 원동력이 되었다.

한국건설관리공사에서는 회계, 인사, 총무, 계약, 사업 관리 등 공공기관 실무를 습득했다. 또 한국건설관리공사 노동조합 위원장 직무대행 등 전임자 7년 동안에는 노무 업무와 더불어 공공기관 경영을 체험했고, 인간의 탐욕과 배신을 알게 되었다. 국회로 직장을 옮겨 와서는 국토교통부, 농림축산식품부, 해양수산부 소관 법안과 정책, 그리고 국가 예산을 다루면서 정부 시스템을 이해했다. 특히 더불어민주당 정책실장을 맡아 박근혜 정부 말 격변하는 정치 지형에서도 든든한 국가 정책 기조를 내세워 무너져가는 나라의 기강을 세우는 데 일익을 담당했다. 문재인 정부 인수위원회 격인 국정기획자문위원회 전문위원으로 임명되어 '푸드 플랜' 등 농림해양수산 분야를 맡아 100대 국정과제 선정에 참여했다.

식품진흥원 기관장으로 재임하면서는 취임 초 계획했던 것보다 훨씬 많은 성과를 냈다. 여기에는 그동안 축적된 다양한 지식과 경험이 큰 도움이 되었다. 취임 당시 미흡한 면이 많았던 신생 기관이 3년 동안 건실한 공공기관으로 성장해 가는 과정을 함께하면서 뿌듯했다. 식품진흥원은 지난 3년 동안 '국비 100%'라는 목표 달성을 시작으로 외형을 2배 이상 키웠고, 경영 자립화 기틀을 마련했으며, 업무 역량을 높여 내실을 탄탄히 했다. 무엇보다도 직원들의 자존감이 높아졌고 '할 수 있다'는 투지가 생겼다.

　물론 이런 성과를 거두기까지는 주위의 많은 도움이 있었다. 그동안 확보한 신규 사업 예산과 '조세특례 제한법' 개정은 불가능에 가까운 사안인 데다 식품진흥원 부흥을 일으킨 시발점이었기에 이 자리를 빌려 다시 한 번 감사드린다.

　이 과정에서 내가 겪은 애로 사항과 문제 해결 과정을 일기에 기록해 두었는데, 퇴임이 다가오자 책으로 엮고 싶어졌다. 한편으로 자기 자랑으로 비춰질까 걱정도 되었지만 식품진흥원 직원들에게 자부심을 가질 만한 추억거리를 남겨줄 수 있을 것 같았다. 또 공공기관 취업 준비생들이나 재직 중인 임직원들에게는 우리 기관 에피소드를 통해 공공기관의 업무 환경과 운영 체계를 비롯해 경영 혁신에 필요한 사항들을 이해하는 데 참고가 될 수 있겠다는 생각도 들었다.

　글을 완성하기까지 이곳저곳에서 많은 도움을 주었다. 팩트 체크와 자료를 제공하신 모든 분들께 감사드린다. 전문적으로 글을 써온 사람이 아니기에 부족한 부분이 많을 것이다. 전적으로 글쓴이의 미흡함 탓이다.

　무엇보다 자기 최면 걸 듯 "이런 기관 흔치 않아~ 흔치 않아~"를 연신 외치며 경영 혁신을 통해 좋은 직장, 평생직장 만들기에 함께했던 직원들께 감사드린다. 식품진흥원 직원들께 이 책을 헌정한다.

2021. 6. 30.

윤 태 진

추천사

"그래서 올해 지방비 분담액을 국비 100%로 전환하겠습니다. 이를 통해 사업 효율성을 높이고, 지방 부담을 줄이겠습니다."

2018년 1월 16일, 윤태진 이사장은 취임사에서 과격하게 선언했다. 취임식에 참석했던 직원이 황당해하며 선임직원에게 물었다. "국비 100%가 가능해요? 취임사가 무슨 선거 공약 같은데요?"

윤 이사장의 경륜과 능력을 알지 못하는, 그래서 그를 이해하지 못하는 이들의 눈엔 그는 그저 '전문성도 없고, 지역 연고도 없는, 정치권 출신의 낙하산'에 불과했다. 오해에 대한 반증은 오로지 그의 몫이었다.

저자는 책에서 "농업은 정치다."라고 선언했다.

중국 춘추열국 시대 정(鄭)나라의 집정관 자산(子産)은 '정치는 농업'이라고 했다.

"정치는 농사와 같아서 밤낮으로 생각해야 하오. 처음을 잘 생각하여 마지막 결과를 이루도록 해야 하고, 아침부터 저녁까지 행하고, 그 행함이 애초의 생각을 넘지 않고, 농토에 경계가 있는 것처럼 하면 과오가 거의 없을 것이오."(『좌전』「양공」25년)

그렇다. 정치가 농업이고 농업이 정치다. 정치란, 공공기관 경영이란, 농사짓듯 부지런해야 하고 생각해야 하고 결실을 만들어 낼 줄 알아야 한다. 그것이 정치고, 그것이 농업이고, 그것이 공공기관장이 할 일이다.

먼저 기관 내부를 단합시키고, 지방 정계와 언론을 설득하고, 예산 당국을 따라다니고, 국회 문지방을 닳도록 쫓아다니고, 국정감사장에도 불려나갔다. 그해 겨울, 윤 이사장은 명백한 정치적 승리를 거뒀다. 예산이 확정 되었을 때 비록 100%는 아니었지만 90%의 목표는 그의 성취가 됐다. 당초 예산이 국비 50%, 지방비 50%였던 것을 지방비는 10%로 줄이고 40%는 국비로 대체했다. 2019년 3월 공공기관 경영 평가에서 최고 등급인 S등급으로 보상받았다. 정당했다. 3년 임기 동안 국비 예산은 123억 원에서 487억 원으로 4배나 늘었다. 더 이상 나열하기엔 혹여 지나쳐 보일까 나머지는 독자들의 열독에 맡긴다.

민간과 공공, 정당과 행정부 등 다양한 영역에서 능력을 축적해 온 윤 이사장만이 할 수 있고 해낼 수 있는 탁월한 정치가 있었고, 경영이 있었다. 멋지게 일하고 미련 없이 떠나왔다. 그랬던 그가 잠시 쉬는가 했더니, 지난 3년을 반추하는 충직한 실록을 펴냈다. 기록을 통해 과거를 거울삼고 미래의 길을 제시하는 건 사마천의 『사기』 이래 동양 문화의 자랑스러운 전통이리라.

"천 리 밖을 내다보려 누각을 한 층 더 오르네"(欲窮千里目 更上一層樓)
당나라 시인 왕지환의 시다. 이 책을 누대 삼아 저자가 한 층 더 높이 올라 더 멀리 내다보고, 나라와 시민을 위해 더 중요한 일에 쓰일수 있기를 다함께 기대한다.

출간을 축하하며, 감히 최재천 적다.

법무법인헤리티지 대표

최 재 천

차 례

1장   혁신의 적은 내부에 있다

2장   낙하산 기관장의 분루

3장　　달리는 말에 채찍을 가하다

4장　　슬기로운 공공기관 생존법

5장   공공기관의 화양연화는 가능한가?

여는 글

안녕~ 식품진흥원
안녕~ 직원 여러분

차기 기관장은 인사 검증이 빨라져 다른 기관보다 좀 일찍 부임한다는 소문이 돌았다. '오늘 올까? 내일 올까?' 인사 통지 기다림에 지쳐갈 즈음, 3월 4일 오전 10시경 몇몇 간부들과 식품진흥원 미래 사업에 관하여 회의를 하고 있을 때 본부장을 통해 차기 이사장 취임에 대한 연락이 왔다. 내일 새 이사장 취임을 준비하라는 주문이었다. 임원 추천위원회를 구성해 2배수 후보자가 결정되어 농림축산식품부에 상신한 지 한 달이 넘어가고 있던 터였으니 예견된 일이었지만 막상 통지를 받고 나니 마음이 바빴다. 어떤 표정을 지어야 할지, 무엇부터 해야 할지 모르는 바보가 된 듯 막막했다.

정신을 가다듬고 몇 주 전에 써놓은 퇴임사를 다시 다듬기 시작했다. 그리고 오늘까지 결재해야 할 몇몇 서류에 서명했다. 마지막까지 이것저것 뒷마무리할 일이 많아 퇴임식은 오후 5시 30분에 하기로 했다. 코로나19로 언택트 시대이니 퇴임식을 생략하자고 했지만, 행사장이 넓어 거리두기가 가능하므로 직원들과 마지막 작별 인사라도 하자는 실무자들의 의견을 물리칠 수가 없었다.

퇴임이 통지된 오전 10시부터 식이 열린 오후 5시 30분까지 꽤 긴 시간인데도 금세 지나갔다. 퇴임식 행사장에는 많은 직원들이 모여 있었다. 직원들이 준비한 감동의 영상 메시지가 스크린에 펼쳐지고 감사패 증정이 있었다.

감사패에는 "흔치 않은 이사장님"으로 시작하여 "이사장의 마음 밭은 항상 가을 서리와 봄볕의 따스함이 함께하였다."는 문구가 적혀 있었다. 직원들이 내 속내를 짐작하는 듯해 뭉클했는데 특히 마지막에 적힌 "작은 윤태진 100명 일동"이라는 문구는 떠나는 사람을 감동시키기에 충분했다.

그 다음 순서는 나의 퇴임사였다. 나는 "20년 전 공공기관 직원으로 근무했을 때 불합리한 제도와 직장 분위기, 일하지 않고 정치만 하는 상급 직원들에 대한 비판과 문제를 지적했었는데, 이곳 식품진흥원에서 일하는 직원이 대우받는 합리적 개선책이 적용될 수 있도록 기회를 부여 받은 데 무한한 감사를 느낀다."며 준비한 퇴임사를 읽어 내려갔다.

퇴임사를 읽는 도중 눈시울이 붉어진 직원들이 보이자 나도 감정이 격해질 뻔했으나 다행히 담담하게 무사히 마쳤다. 나오는 길목에 도열한 직원들과 일일이 악수를 했다. 그리고 직원들의 박수를 받으며 승용차에 올랐다. 차는 직원들과 식품진흥원 건물을 뒤로하고 천천히 빠져나왔다. 건물이 점점 멀어져 가자 나도 모르게 긴 한숨이 나왔다. '이제

정말 떠나는구나!' 재직했던 지난 3년의 순간순간이 스틸 사진이 되어 머릿속을 빠르게 스쳐 갔다.

그동안 열정적으로 일한 만큼, 또 많은 성과를 낸 만큼 마음에 쌓였을지도 모르는 집착과 미련을 버리고 휙~ 떠나기로, 그리고 이 근처에 얼씬도 하지 않기로 몇 번이고 다짐했었다. 그것이 다음 기관장에 대한 예의이고 나의 품격을 높이는 길이라는 것을 잘 알기 때문이다. 그래서인지 뿌듯하면서도 허전한 마음이 들었다. 나는 혼잣말로 조용히 마지막 인사를 했다.

'안녕~ 식품진흥원, 안녕~ 직원 여러분!'

≫ 퇴임사 전문 ≪

존경하는 직원 여러분, 2018년 1월 16일 취임 당시 신생 기관이라 할 일이 많았습니다. 그만큼 성취도 많았기에 저에게 3년은 너무 행복했습니다. 또, 혼신의 힘을 다해 일했기 때문에 미련도 없습니다.

저는 지난 3년 동안 여러분들에게 신생 공공기관이지만 평생직장, 좋은 직장을 만들기 위해 경쟁력을 갖추자고 말해 왔습니다. 좋은 공공기관을 만들지 않으면, 적당한 중간급 공공기관이 되는 게 아니라 하급 공공기관으로 전락하든지 소멸될 수도 있다고 얘기해 왔습니다. 초창기 공공기관이 갖고 있는 불안정과 '위기감'을 얘기해 왔습니다. 그래서 우리는 함께 노력했고, 많은 성과를 냈습니다.

우리 식품진흥원 내 지원센터는 6개에서 12개로 늘었고, 국비 예산은 123억 원에서 487억 원으로 4배가 늘었으며, 직원 수도 2배가 되었습니다. 특히 국비 비율을 50%에서 90%로 상향하고, 지자체 보조사업을 직접 보조사업으로 또 지자체 보조금을 지자체 출연금으로 전환하였습니다. 이를 위해 '식품 산업 진흥법' 도 개정했습니다.

그뿐만 아닙니다. 기관 자립화, 장비 가동률 제고 등 민간 기업 경영 시스템을 도입했고, 공무원들에게 의지했던 기관 기획 업무를 독자적으로 설계하고 성취하는 체계도 구축했습니다. 보편타당한 규칙이 기관 운영의 기준으로 자리 잡았으며, 기관 업무 시스템과 공직자 자세도 많이 개선했습니다.

제가 글쓰기 강의까지 하면서 보고서 작성 틀도 많이 개선했습니다. 서로 존중하면서도 질서가 잡힌 직장 문화를 확립했습니다. 무엇보다도 자존감이 높아졌고, '할 수 있다'는 투지가 생겼습니다. 내실이 탄탄해진 것입니다. 뿌듯합니다.

국회를 오르락내리락 하면서 투자 유치의 여건 개선을 위해 '조세특례 제한법'을 개정하여 입주 기업의 법인세를 5년간 감면한 것, 땅 값을 6.2% 인하하고 우대 지역으로 전환하여 기업 지원액을 높인 것, 입주 기업의 R&D 가점을 높이고 폐수종 말처리비용 부담을 경감한 것 등 지난 10년간 하지 못했던 일을 해냈습니다.

특히, 2021년부터는 '푸드파크 타당성 조사' 예산을 확보했습니다. 푸드파크가 완성되면 국가식품클러스터 내 생산품 가치가 올라가고, 전라북도와 익산시가 식품도시로 널리 알려져 그만큼 네임 밸류가 높아져 농수산 원물 소비를 촉진할 수 있는 기반이 만들어집니다. 국민에게는 편안한 안식처를 제공하여 일석삼조의 효과를 얻게 될 것입니다. 하지만 어떤 일이나 저항하는 세력이 있고, 건설 리스크도 많으므로 끝까지 잘 마무리해 주시길 부탁드립니다.

제가 취임 초부터 여러분께 제시한 '위기감'은 도약의 디딤돌이었습니다. 역사에서 전쟁이라는 위기는 무기는 물론 의학과 과학을 비약적으로 발전시키는 계기이기도 했습니다. 그러나 발전을 따라가지 못한 나라는 전쟁에서 당연히 패배했습니다. 한국은 코로나19 위기에 '드라이빙 스루 검사소'를 운영하고, '자가 검진 어플'을 개발하여 세계 기준을 신청했습니다. 위기에서 번뜩이는 생존 아이디어가 작용한 것입니다.

삼성그룹은 이건희 회장이 1987년 경영 전면에 나서면서 '삼성 위기'를 외쳤습니다. "마누라와 자식 빼고 다 바꿔라.", "진짜 위기다. 글로벌 일류 기업들이 쓰러지고 있다. 삼성도 언제 어찌될지 모른다. 10년 내에 삼성 대표 사업과 제품이 사라질 것이다. 정신 차리지 않으면 삼성도 우리나라도 2류, 3류로 떨어진다."라며 위기감을 조성했습니다. 그리고 도약했습니다. 삼성전자만 볼 때 영업이익이 50조 원을 넘어선 초일류 기업으로 성장했습니다. 또 이런 말도 했습니다. "뛸 사람 뛰어라, 걸을 사람 걸어라, 걷기 싫으면 놀아라, 그러나 남의 발목은 잡지 마라."라는 어록도 되새겨볼 만합니다.

직원 여러분, 그동안 저의 위기론, 그리고 작지만 탄탄하게 진행해 왔던 혁신에 함께하느라 수고 많으셨습니다. 그러나 제가 오늘 떠난다고 위기의식과 혁신이 중단되어서는 안 됩니다. 제가 떠나는 순간 제가 이룬 혁신은 이제 '구태'가 되는 것입니다. 혁신은 지속하는 것이 혁신이기 때문입니다.

혁신은 아프고, 귀찮고, 힘듭니다. 그러기에 사람들은 혁신을 거부하고, 안주하고 수구하려고 합니다. 그러나 우리 기관이 혁신을 중단할 경우 그나마 쌓아 놓은 성과마저 썩고 무너져 내릴 것입니다. 식품진흥원의 혁신을 지켜주십시오. 여러분의 좋은 직장, 평생직장을 위해서 말입니다.

식품진흥원이 리스크 관리를 잘 하여 메이저 공공기관으로 거듭나기를 먼발치에서나마 기원하고 응원하겠습니다. 앞으로 여러분이 잘해 주실 것이라고 믿고, 오늘 이 시간 이후부터는 저에게 남은 식품진흥원에 대한 미련과 집착을 버리고 휘∼이∼익 떠나겠습니다.

정원대 과장님, 지난 10월에 명함 열 통을 만들어 줬죠? 저는 가기 전까지 다 쓸 수 없는 걸 알았기에 난감했습니다. 하지만 오래오래 하라는 메시지?(웃음) 좋았습니다. 여러분들도 처세는 저렇게 해야 합니다.

작년 1월 16일 취임 2주년 깜짝 행사는 감사했지만, 한편으로 할 일은 아직 많은데 임기가 고작 1년 남은 저로서는 쓸쓸한 행사였습니다. 작년부터 등산 동아리 '산타클러스터'에 참여했죠. 1년의 남은 기간 동안 여러분들과 좋은 추억을 만들기 위해 참여한 것입니다. 참 즐거웠습니다.

김영원 팀장님, 그간 내가 복도나 엘리베이터에서 던진 사소한 썰렁 유머나 애드립이 무척 불편하셨나요? 나름 편해서 그랬습니다.

김지현 실장님, 박승수·강희택 부장님, 업무 중에 심한 꾸지람과 지시를 많이 했는데 기관의 중추적인 부서를 맡은 부서장의 역할을 강조한 것입니다. 그간 깐깐하고 '지랄맞은' 기관장 보좌하느라 고생 많았습니다.

배민정 부장님과 기능성평가지원팀이 '기능성원료은행 구축 사업' 공모 과정에서 보여준 근성과 노력 멋졌습니다. 우리 기관에 모범이 되었습니다. 감사합니다.

직원들 중에는 저에 대하여 좋은 기억을 갖고 계신 분들도 많겠지만, 나쁜 기억을 갖고 계신 분들도 있을 것입니다. 나쁜 기억이 있다면 너그러이 용서하시고 좋은 기억을 많이 남겨주십시오.

저에게도 몇몇 나쁜 기억이 있습니다. 재임 중에 좋은 공무원들도 많이 만났지만 몇몇 공무원의 '갑질'도 겪었습니다. 최악이었습니다. 또, 취임 후 익산 관사에서 처음 자는 날 이불이 없어 외투를 뒤집어쓰고 잤던 기억, 관사 베란다에 곰팡이가 검은 그을음처럼 끼어 곰팡이 세정제를 뿌리고 닦아도 닦아도 지워지지 않던 기억, 서울 출장에서 귀빈 접대 후 카드 한도 초과로 승인이 안 된다는 식당 종업원 말에 당황했던 기억, 2018년 봄 당시 김현수 차관의 반대로 국비 100% 예산이 기재부로 가기도 전에 농림축산식품부에 막혀 앞이 캄캄하던 일, 직원 급여 문제점을 알게 되었을 때 세상에서 가장 어려운 일이 임금 개선인데 그냥 둘 수 없어 답답하던 기억 등 이런 여러 기억들도 좋은 추억으로 담아가겠습니다.

본부장님! 부임하셔서 직원들 잘 이끌어 주시고 저를 편하게 지지해 주셔서 감사드립니다. 나중에 본부장님은 꼭 연임하시고 퇴임 후 분당이나 안양에서 가끔 뵙기를 바랍니다.

다들 안녕히 계십시오. 그간 감사했습니다.

한국식품산업클러스터진흥원 포에버(forever), 영원하라!

"이런 기관 흔치 않아∼ ♪ 흔치 않아∼ ♫"

2021. 3. 4.

윤 태 진 올림

1장

혁신의 적은
내부에 있다

"국비 100%를
만들겠습니다"

2018년 1월 15일, 식품진흥원 이사장 임명을 통보받았다. 전임 이사장이 부득이한 사유로 미리 사직을 해서 공석인 상황이라 내일 당장 취임하라는 연락이었다. 12년간 동고동락했던 국회의원회관 사무실의 짐을 정리하니 여러 감회가 밀려왔다.

다음날 익산으로 가는 KTX 안에서 식품진흥원 경영 구상과 나의 경영 철학을 수첩에 정리했다. 식품진흥원의 문제점을 분석해 보니 가장 먼저 해야 할 일이 기관 운영 예산의 국비 비율을 높이는 것임을 알 수 있었다.

이사장 임명 당시 식품진흥원은 아직 공공기관으로 지정되지 않은 상태였다. 공공기관은 말 그대로 공적인 이익을 목적으로 하는 기관을 뜻하는데 '공공기관의 운영에 관한 법률' 제4조 1항 각호에 의해 그 요건이 정해진다. 제4조 1항을 요약하면 ① 다른 법률에 따라 직접 설립되고 정부가 출연한 기관, ② 정부 지원액이 총수입액의 2분의 1을 초과하는 기관, ③ 정부가 100분의 50 이상의 지분을 가지고 있거나 100

분의 30 이상의 지분을 가지고 임원 임명권한 행사 등을 통하여 당해 기관의 정책 결정에 사실상 지배력을 확보하고 있는 기관 등이다.

식품진흥원은 국내 최초이자 유일의 식품 전문 산업단지인 '국가식 품클러스터'의 발전과 운영을 지원하는 기관인 동시에 우리나라 식품 산업을 미래 유망 산업으로 발전시키는 견인차 역할을 할 기관이다. 즉 전북 익산에 위치한 클러스터의 관리만이 목적이 아닌, 국가적 사업을 수행하는 기관인 것이다. 이러한 식품진흥원의 예산 비율이 국비 50%에 불과하고 공공기관 지정이 되지 않은 사실은 이해하기 어려운 일이었다. 많은 문제점이 이로부터 파생하고 있을 것으로 예상되었다. 다른 비슷한 사업 사례를 보더라도 국비 50%에 지방비 50%로 매칭한 사업은 찾아보기 힘들었다. 심지어 어떤 지역은 사업비는 말할 것도 없고 지자체가 당연히 분담하던 토지 매입 비용까지 국비 100%를 지원한 사례도 있고 보면, 식품진흥원이 차별을 받고 있다는 느낌이 들었다. 참여정부 말기에 만들어진 정책이고 호남에 위치해 있다 보니 MB정부로 바뀐 이후 관심이 줄어들고 그만큼 지원과 추진동력이 떨어졌을 것이다.

회계 방식도 지자체 보조사업으로 편성되다 보니 중앙부처 관리 체계 아래에 있어야 할 공공기관이 익산시청 관리 체계가 되어 사업 추진이나 기관 운영 체계가 시군 지방 공기업 수준에 머무를 수밖에 없는 구조였다. 이럴 경우 지자체 책임 사업이라는 긍정적인 효과보다는 사업 확장에 어려움이 있고 지자체 간섭이 커져 공공기관 성장에도 걸림돌이 될 우려가 존재한다. 한마디로 사업을 국가 사업답게 추진하기 어려운 구조였다.

이런 문제점을 의식한 나는 취임식에서 기관 예산을 국비 100%로 만들겠다고 선언했다. 후일 안 사실이지만 취임식장에서 내 발언을 듣고 어느 직원이 선임 직원에게 되물었다고 한다. "국비 100%가 가능한 얘기예요? 취임식이 선거 공약 발표회 같은데요?" 그러자 선임 직원은 질문한 직원에게 "그냥 (무시하고) 들어~"라고 답했단다.

이들의 대화가 보여주듯이 당시 취임식장에 있는 어느 누구도 신임 이사장의 공약(?)을 믿는 분위기는 아니었다. 예산에서 국비 비율을 높이는 것이 쉬운 일이 아니기 때문이다. 그해에 국비 비율을 90%로 전환시키고 나자 직원들은 비로소 신임 이사장의 공약이 공수표는 아님을 알게 되었다고 한다.

이날 취임식에서 내가 발표한 내용은 대략 이러했다.

"이전 박종국 이사장님과 최희종 이사장님께서는 불모지에서 기초를 다지느라 노고가 많으셨을 것입니다. 저를 3기 이사장으로 임명한 것은 이곳에 좀 더 활력을 불어넣으라는 뜻으로 압니다. 식품진흥원은 열악한 지방의 예산 50%를 쓰고 있고, 지방 이전에 따라 직원 근무 여건이 상대적으로 불편하며, 직원들의 업무 노하우도 아직 부족하고, 산업단지 분양률이 낮고, 입주 기업이 적다 보니 역할도 아직 미흡합니다. 그래서 올해 지방비 분담액을 국비 100%로 전환하겠습니다. 이를 통해 사업 효율성을 높이고 지방 부담을 줄이겠습니다.

둘째, 공공기관이 되면 책무가 따르는데 공공기관 지정에 대비해 직원 업무 능력이 배가되도록 독려하겠습니다.

셋째, 직원 복지가 점진적으로 향상되도록 하겠고 공공기관 직원으로서 위상도 높이겠습니다. 또 조만간 여러 경로를 통해 경영 상태를 더 세밀히 파악한 후 제가 할 일을 추가로 찾겠습니다."

덧붙여서 직원들에게 나의 경영 철학에 대해서도 말을 이어갔다.

"마지막으로 직원들에게 당부 드립니다. 약육강식, 약한 자는 강한 자에 먹힌다고 하지요. 그런데 정글에서는 큰 놈이 작은 놈을 잡아먹는 게 아니라, 빠른 놈이 느린 놈을 잡아먹습니다. 남보다 앞선 기획, 선제적 대응, 혁신적 아이디어를 가져야 합니다.

둘째, 고객(정부, 국회, 입주 기업) 우선 자세를 가져주길 부탁합니다.

셋째, 저는 '조직은 하부다'라는 기본 철학을 가지고 있는데 이는 아래 직급 역할이 중요하고 위에서 아래로 하달되는 체계가 아니라 아래에서 위로 전달되는 체계가 구축되길 원한다는 뜻입니다.

넷째, 상급자들은 솔선수범 리더십을 보여주시길 원합니다.

다섯째, 축구장에서는 축구 잘하는 사람이 최고이고 일터에서는 일 잘하는 사람이 최고입니다. 일 잘하는 사람을 우대하겠습니다."

식품진흥원의 문제점과 대책, 그리고 평소 갖고 있던 경영 철학을 얘기하며 취임사를 마쳤다. 머릿속으로 그려보던 계획을 직원들 앞에서 발표하고 나니, '앞으로 할 일이 참으로 많겠구나' 싶어 정신이 번쩍 들었다.

2018년 1월 16일 열린 취임식

예산 확보가
기관의 성패를 좌우한다

　정부는 '공공기관의 운영에 관한 법률'로 정한 공기업과 준정부기관 그리고 기타공공기관 중 특별한 경우를 제외하고는 정부로부터 국가 예산을 편성 받아 운영하도록 하고 있다. 또한 기관의 인력도 통제하여 방만한 경영이 되지 않도록 균형을 잡고 있다. 그래서 공공기관들은 국가 예산 심의 기간 내내 긴장의 끈을 놓지 못한다. 예산을 확보해야 사업을 늘릴 수 있고 기관을 확장시킬 수 있기 때문이다. 예산과 인력이 기관의 성패를 좌우하는 것이다. 특히 식품진흥원처럼 단기간 폭풍 성장해야 하는 신설 공공기관의 경우에는 더 바쁘게 뛰어다녀야만 많은 성과를 낼 수 있다. '예산 확보를 위해 신발이 닳도록 뛰다 보면 신발 값은 챙긴다'는 속설이 있듯 바쁘게 뛴 기관이 좋은 성과를 얻기 마련이다.

　나는 식품진흥원 취임 초부터 국비 100%라는 목표를 정하고 정부와 국회 설득 작업에 착수했다. 그간 다른 기관에 비해 지원이 미흡했던 점을 부각시키며 식품 산업 혁신 성장의 중심을 만들겠다는 의지를 보이면서 예산과 인력을 지원해 달라고 설득했다.

그 결과 2018년 8월 말 결정된 정부 예산안에 '국비 90%'가 반영되었다. 그동안 지원했던 비율을 뒤집어 바꾼 것이 획기적이었다. 또 덤으로 입주 기업들에게 원활한 식품 원료를 공급하고 보관할 수 있는 원재료중계공급센터 건립비 185억 원과 기능성식품제형센터 건립비 175억 원도 확보했다. 2019년에는 청년창업허브센터 구축비 285억 원과 HMR(가정 편의식)실증센터 구축비 45억 원의 예산도 받았다. 2020년에는 우여곡절 끝에 푸드파크 조성 타당성 용역 예산도 받아서 추진할 수 있는 기회도 얻었다.

이를 얻기 위해 나와 직원들은 유사 기관과 비교하기도 하고 식품 산업의 비전을 제시하는 등 타당한 논리를 만들어 뛰어다녔다. 다니다 보면 반대하는 공무원을 항상 만나게 되었는데 반대 논리도 어떤 측면에서는 일부 타당성이 있었기 때문에 하나도 놓치지 않고 듣고 재검토를 거쳐 우리의 논리와 전략을 수정했다.

정부 심의가 끝난 후에는 국회 심의 과정에서 국회 예산정책처 연구관들이나 농림축산해양수산위원회 입법 조사관들의 지적도 달게 받아들이면서 우리가 선제적으로 개선할 수 있는 방법을 찾곤 했다. 그 과정에서 어떨 때는 피가 마르는 순간도 겪어야 했다. 감정적으로 지적했던 보좌관에게는 자세를 더욱 수그리고 접근해야 했다. 조직을 위해서는 개개인의 자존심도 버릴 수 있다는 생각으로 우리는 서로 독려하며 신명나게 신발이 닳도록 뛰었고 다행히도 좋은 결과를 얻었다.

2020년 10월에는 한걸음 더 나아가 공모 사업인 기능성원료은행 구축 사업을 수탁 받음으로써 기관의 예산 확보 능력을 한 단계 더 끌어 올리는 전기를 만들었다. 예산 관련한 과업이 하나씩 성사될 때마다 성공 DNA가 직원들 몸속에 안착하는 것이 느껴졌다. '무엇이든 할 수 있다'는 기운과 능력은 식품진흥원의 앞날을 밝게 만드는 중요한 요소였다.

식품진흥원 본관 전경

이불도 없는
첫날밤

취임식이 끝나고 간부 직원들과 오찬을 함께한 후, 갑작스런 임명 통지로 전임 직장에서 마무리하지 못한 일들을 처리하러 상경했다가 다음날 새벽 출근했다. 퇴근 시간이 되어 이사장 관사에 처음 들어가 둘러본 순간 '아차' 싶었다. 오랜 직장 생활을 했지만 관사는 처음이었다. 관사에 무엇이 있고 무엇이 없는지 무지한 상태에서 급하게 몸만 내려오다 보니 필요한 게 너무 많았다. 관사에 구비된 것은 세탁기, 냉장고, TV, 침대, 가스렌지, 식탁이 전부여서 일상적인 생활을 하기에는 터무니없이 부족했다. 당장 덮고 잘 이불이 없었다. 난감했다. 식기류, 슬리퍼, 각종 세면도구 등 생활에 필요한 물건은 무궁무진했다. 돌아오는 주말에 서울에 들러 필요한 물건들을 한 짐 이사해 오기로 하고, 우선 필요한 생활용품은 다음날 마트에서 구입했다. 이후 세 차례 더 장을 보아 카트 서너 개를 가득 채울 만큼 생필품을 실어 나른 후에야 삶의 터를 꾸릴 수 있었다.

어쨌든 관사에서의 첫날은 이불 없이 잠을 청해야 했다. 엄동설한

1월 중순이었다. 관사라는 혜택을 처음 받아본 나의 무지도 문제였지만 필수 생활 정보를 알려주지 않은 실무자도 원망스러웠다. 하지만 사적인 문제라 실무자에게 어떤 얘기도 하지 않았다.

취임 당시 식품진흥원은 '국가식품클러스터지원센터'라는 기관 명칭을 갖고 있었다. 직원은 45명이었으며 무엇 하나 충분한 것이 없어서인지 직원들은 대다수 의기소침한 상태였다. 다른 기관에 비해 기관장으로서 품위를 유지하고 활동할 여건도 열악했다. 이사장 관사는 예산이 없어 다른 기관 기관장 관사보다 작은 평수의 아파트였고 기관장 관용차도 다른 기관장 관용차보다 초라했다. 최근 시내에서도 눈에 잘 띄지 않는 구형 차량이었다. 식품진흥원 총 업무 추진비는 연 3,600만 원으로 일반적인 다른 공공기관의 기관장 한 사람 업무추진비 한도보다 적은 금액이었다. 외부 행사에 추레한 관용차로 다니는 것은 기관의 품위를 손상시킬 우려가 있었다. 또 앞으로 많은 일을 해야 할 텐데 업무추진비가 너무 적은 것도 문제였다. 그 외에도 다른 기관과 비교해 거의 모든 게 열악했다. 하지만 기관장이 자신과 관련된 처우부터 개선하려 한다면 직원들에게 환영받지 못할 뿐만 아니라 솔선수범 리더십에 배치되어 어울리지 않는 일이었다.

취임한 지 20일쯤 지나자 담당부장이 기관장 업무 추진비 카드를 내놓으며 월 150만 원 한도 내에서 사용해야 한다고 말했다. 마주앉은 자리에 삼시 침묵이 흘렀다. 첫째, 취임한 지 20일이나 지나서야 업무 추진비 카드를 내놓는 것을 이해할 수 없었다. 둘째, 산적한 일을 하려면 업무 추진비가 필수인데 국회 앞 높은 식대를 감안하면 터무니없는 금액이었다. 식품진흥원에 필요한 예산이나 법안 관련해서 정부, 국회의원, 관계기관, 단체 관계자와 교수 등 많은 사람을 만나기 가장 적합한 장소는 정치의 주무대인 여의도이다. 그런데 모두들 알다시피 여의도는 상가 임대료가 비싸기 때문에 음식 등 제반 비용이 다른 지역에 비해 매우 높다. 숱하게 많은 모임과 미팅을 치러야 하는데 이 비용으로 감당할 수 있을지 회의적이었다. 그러나 기관 업무추진비 총액이 고작 3,600만 원에 불과하다는 사실을 차후에야 알고 당시 그런 분위기를 만들었던 나를 반성했다. 또 담당부장에게 미안하기도 했다.

기관장이 처한 이러한 어려운 여건은 취임 1년차에 많은 성과를 내고 나서야 자동 개선되었다. 일하는 기관장에게 지장을 줘선 안 된다는 분위기가 형성되면서 관용차도 깨끗한 차량으로 교체되었고 업무추진비 한도도 조금 늘었다. 돌이켜보면 기관장 개인과 관련된 사항인 경우 불편하고 불만이 있어도 조금 참으면서 묵묵히 자신의 실력과 성과를 보여주는 편이 오해를 사지 않고 개선할 수 있는 지름길이다. 합리적인 이유가 있더라도 기관장 편의를 우선 내세우면 취지가 곡해되는 것이 세상 이치이기 때문이다.

전문성도 지역 연고도 없는
낙하산 인사(?)

취임한 지 이틀이 지난 아침, 직원이 신문 기사를 내밀었다. 전북 모 지방지에 게재된 '국가식품클러스터, 이번엔 정치권 낙하산 인사 시끌'이라는 제하의 기사였다. 기사 내용은 전임 이사장 두 분이 모두 농림축산식품부(이하 농식품부) 출신의 이른바 '농피아'여서 비판 여론이 상당했는데, 이번에는 한술 더 떠 전문성도 없는 정치권 인사가 이사장에 취임하여 우려가 크다는 것이었다. 전북과 연고가 전혀 없다는 점도 업무 추진에 한계로 작용할 것이라는 기대성(?) 예측까지 담고 있었다.

어차피 거쳐야 하는 텃세 여론 중 하나였지만 마음이 답답했다. 어떤 기준으로 전문성을 거론하는지도 모르겠고, 국가 공공기관 기관장을 임명하는데 왜 꼭 전북 출신이 해야 한다는 사고를 갖고 있는지 의문이 들었다. 지방에는 그들만의 리그가 존재하는 듯했다. 전북이 잘살기 위해서는 다른 지역 출신이더라도 능력 있는 분을 많이 데려와서 전북 발전을 위해 일하도록 하는 것이 정답일 터인데 이와 정반대로 끼리끼리 문화를 내세우는 것이 올바른 일인가? 전라북도가 성장하려면 외지에서 쉽게 투자할 수 있도록 공정한 기준과 실행이 따라야지 학연과 지연이 기준이 되면 외지인들은 역차별 받을 게 뻔해서 투자를 꺼리게 될 것이다. 설사 전라북도 도지사가 임명하는 자리라도 능력 있는 다른 지역 인사를 영입하여 전북 발전의 원동력으로 삼아야 맞다. 어느 출신이건 열정이 있는지, 능력이 있는지, 마지막으로 전문가인지를 따지는 것이 바람직하다. 리더는 전문가인 것보다 능력 있는 분이 낫고 능력 있는 분보다 열정 있는 분이 더 낫기 때문이다. 물론 모두 갖추고 있다면 금상첨화일 것이다.

시간이 한참 흘러 2020년 새해 상공회의소 신년 하례식에서 나는 '익산 상공대상'을 수상했다. 식품진흥원과 익산 발전에 기여했다는 이유였다. 수상 소감을 통해 나의 소회를 피력했다.

"2018년 저는 '정치권 낙하산'이란 부정적인 평가에서부터 임기를 시작했는데, 익산이 인정해 주는 귀한 상을 받게 되어 매우 기쁩니다. 이런 좋은 성과가 나오기까지에는 여기 계신 이춘석 의원님, 조배숙 의원님, 정헌율 시장님이 큰 역할을 해 주셨습니다. 감사합니다. 또 저의 밀어붙이기식 경영에 잘 따라주신 우리 식품진흥원 직원들에게도 감사를 드립니다. 마지막으로 익산신문 박종규 대표님, 이성식 회장님, 황원일 회장님 등 익산 지역 원로들께서 "잘한다, 잘한다!"며 독려해 주시고 어려운 문제도 같이 고민해 주셔서 감사드립니다."

이외에도 익산시에서는 국가식품클러스터의 성장과 대외 위상을 강화하는 데 기여했다며 명예시민증을 주었다. 또 전북대학교가 개교 73주년 기념식에서 학교의 명예를 드높인 전북도민이라며 수여한 '전북대 도민상'도 받았다.

'낙하산 인사'라는 선입견과 부정적 평가 그리고 의구심의 눈초리를 극복하기까지 적지 않은 시간이 걸렸지만 결국 모든 일은 사필귀정이었다. 낙하산 인사가 아니라고 반박하는 것은 하책일 뿐이다. 일하는 자세와 성과를 통해 입증하는 것이 상책이다. 도민들과 익산시가 준 상이 그것을 증명하는 듯해 볼 때마다 흐뭇하다.

히딩크를
영입하라

"대~한민국! 짝짝짝 짝짝~"

2002년 한일월드컵은 우리에게 결코 잊지 못할 순간이다. 그 중심에는 푸른 눈의 이방인 히딩크 감독이 있었다. 히딩크 감독은 친선 경기 때면 늘 5대 0으로 패하여 '오대영 감독'이라는 조롱과 경질 여론에 시달렸다. 그래도 히딩크는 자신만의 철학으로 이름값이 아닌 실력 위주로 선수를 선발했고 선후배 간 위계질서를 타파하기 위해 운동장에서는 서로 반말로 소통하도록 지시했다. 또 90분 내내 '압박 축구'로 상대 팀을 괴롭힐 수 있도록 체력 훈련에 집중했다. 그 결과, 월드컵에서 단 1승도 못했던 한국은 4강 진출이라는 대업을 달성했다. 만약 학연, 지연, 혈연 등에 얽힌 선수 선발과 운영을 했다면 월드컵 4강은 불가능하지 않았을까?

우리는 글로벌 경쟁 시대에 살고 있다. 이 경쟁에서 살아남기 위해 한국의 대기업 CEO나 전문 컨설턴트 자리에 이미 외국인이 등용되기 시작한 지 오래다. 삼성전자의 데이비드 스틸 전무는 북미 지역에서

TV 및 휴대폰 판매 1위 달성에 기여했고, 현대·기아차의 피터 슈라이어 사장은 제네시스와 K시리즈의 디자인으로 국산차의 경쟁력을 한층 높였다. 1996년 영어 강사로 한국에 온 미국인 타드 샘플은 한국전력공사와 KOTRA에서 근무하면서 각 기관의 해외 사업 확장에 많은 공을 세웠다.

식품진흥원이 있는 익산시는 인구 28만 명의 중소도시지만 재정 자립도가 166위로 재정이 매우 열악하다. 육가공 기업인 하림 이외에는 마땅한 기업도 없어 도시 발전 속도도 더디다. 또 다른 지역 인사에 대해 배타적이다. 식품진흥원 이사장 임명 시에도 예외는 아니었다. '정치권 낙하산 인사' 제하의 신문기사를 통해 전북과 연고가 없고, 전문성이 없다고 혹평을 했었다.

그러나 '낙하산 이사장'은 취임 직후 예산 국비 비율을 50%에서 90%로 상향시켜, 당시까지 누구도 불가능하다고 생각했던 임무를 완수했다. 또 3년 재임 동안 총 832억 원 규모의 기능성식품제형센터, 원재료공급센터, HMR센터, 청년창업센터, 기능성원료은행 등 5개 센터를 유치했고 인력도 133%를 증원시켰다. 입주 기업을 위해 땅값 인하, 입주 기업의 지원 금액 확대, 폐수 처리 비용의 절감, 입주 기업 근로자의 교통비·숙소비 보조 등 지원을 높였다. 또 입주 기업에게 법인세를 5년간 감면해 주는 '조세특례 제한법'과 국가식품클러스터 업무 영역 확대를 위한 '식품 산업 진흥법' 개정도 2년간 노력 끝에 이루었다. 직원 역량 강화 등 내부 혁신과 민간 경영 기법을 도입하여 경영 자립화의 기틀도 마련했다.

식품진흥원과 같은 공공기관을 키우고 안정화하기 위해서는 예산 확보가 필수다. 신규 사업 확보나 인력 증원은 정부를 설득하지 않고서는 불가능하기 때문이다. 그래서 공공기관 CEO는 정부 예산을 잘 알아야 하고 거침없는 추진력을 갖추어야 한다. 또 상대를 명쾌한 논리로 설득할 수 있는 전략가여야 한다. 때로는 자신을 극도로 낮추고 아쉬운 소리도 해야 하고 쑥스러운 말을 듣고도 목표 달성을 위해 매진하는 세일즈맨 근성도 가져야 한다. 토끼를 잡으러 온 산을 헤매다가 별 성과 없이 땀만 빼는 아마추어가 아니라, 길목을 지키고 있다가 토끼를 잡아내는 전문가여야 한다. 이런 측면에서 보면 나는 낙하산 인사라는 초기 지역 언론의 부정적인 우려를 잘 극복하고 긍정적인 역할을 해냈다.

전북과 익산은 풍부한 원료 농산물을 활용하여 식품 산업을 특화해야 한다. 식품 산업은 고용유발계수*가 6.45로 다른 산업에 비해 월등히 높다. 그러므로 자립도가 낮은 전라북도 입장에서는 단기적으로 투자를 늘려야 하는 산업이기도 하다. 또 전라북도가 중점 추진 중인 탄소 산업과 익산시의 주력 사업인 홀로그램 산업, 유네스코 세계문화유

* 10억 원의 재화를 산출할 때 직간접적으로 창출되는 고용자 수

산을 활용한 관광 산업도 중장기적 계획을 촘촘히 세워 확장해야 한다. 그러기 위해서는 전라북도 출신이 아니더라도 진취적인 예산 전문가나 마케팅 전문가, 경영 전문가 등 유능한 인재들을 많이 영입해야 한다. 더불어 영입된 다른 지역 인재에 대해 흠을 잡지 말고 전북의 발전을 위해 일할 수 있도록 독려해 주는 문화가 조성되어야 한다. 유능한 인재들이 지역으로 모여들 때 지역의 발전과 성공 신화가 가능하다. 대한민국이 히딩크를 영입해 월드컵 4강 신화를 만든 것처럼 말이다.

조직 진단부터
시작하다

식품진흥원은 설립된 지 7년차 기관인데도 아직 제 자리를 잡지 못하고 있다는 얘기를 들어서 할 일이 많을 거라 예상했다. 대외적으로는 예산 확보, 위상 강화를 해야 할 것이고 내부적으로는 조직 체계와 직무 체계를 정립해야 한다. 혁신 피로도를 낮추기 위해 단기 경영 성과를 내는 것도 중요했다. 우선 기관을 정밀하게 분석할 필요가 있었다.

나는 취임하자마자 외부 기관에 '조직 진단 용역'을 맡기자고 제안했다. 혹시라도 식품진흥원 직원 의견이 용역 결과에 반영될 경우 객관적인 결과가 나오지 않을까봐 신뢰할 만한 기관에 의뢰하자는 뜻이었다. 그러나 담당부장은 "우리 기관도 매년 경영 평가를 받고 있습니다."라는 말을 했는데, 매년 경영 평가를 통해 검증되고 있으므로 조직 진단이 불필요하다는 의미로 해석되었다. 그러나 2018년 당시에는 식품진흥원이 공공기관으로 지정되기 전이라 그동안 변변한 감사 한 번도 이루어지지 않았기 때문에 조직 진단이 꼭 필요했다.

용역 수행 기관인 생산성본부 소속 전문가 3명이 우리 기관으로 내려와 경영 자료를 분석하고, 직원들과 일대일 면담을 통해서 조직의 장단점을 분석했다. 용역이 시작된 지 2달이 지난 후 그들은 조직 진단 결과를 내밀었다. 먼저 직원들이 우리 기관의 현주소를 알고 미래를 함께 설계하자는 취지로 직원 설명회를 열었는데 직원들은 무덤덤한 반응이었다. 조직 진단팀은 연구 용역을 마치고 떠나면서 기관장에게 '대외비'라고 쓰인 20페이지짜리 자료를 별도로 주었다.

이 대외비 보고서는 설립된 지 7년이 된 식품진흥원이 겪고 있는 문제점과 애로사항, 그리고 대안을 담백하면서도 솔직하게 담고 있었다.

먼저 국가식품클러스터 분양을 책임지고 있는 투자유치부에 대해서는 중소기업들은 R&D 지원 수요보다는 수출 지원, 자금 지원, 판로 개척에 더 관심이 높다며 이를 투자 유치에 활용할 것을 제안했다. 사실 식품진흥원은 약 350억 원어치의 식품 검사·시험·시제품 제작 장비를 구축하고 있으며, 입주 기업들이 장비를 공동 활용할 수 있다는 점을 투자 유치 시 강점으로 내세우고 있던 상황이다. 지금까지의 투자 유치 전략에 대한 수정이 필요했다.

기업이 분양 후 겪는 각종 애로사항을 해결해 주는 기업지원부에게는 앞으로 입주 기업 증가와 비례해 다양한 업무 증가가 예상된다며 '고객 대응 창구 일원화 운영'을 제안했다. 식품 연구자들로 구성되어 기업에게 R&D지원을 제공하는 연구개발부에 대해서는 연구자들이 행정 지원과 같은 다른 실무를 하기 싫어하고, 일부 직원들은 대학교, 연구기관 등 더 좋은 직장으로 이직하기 위해 식품진흥원에서 개인 경력을 관리할 수도 있을 것이라는 우려를 표명하며 엄격한 통제 관리를 주문했다. 기획운영부에 대해서는 업무 강도가 세고 업무 피로도가 높은 부서나 최소 필수 인원 배치가 필요하다고 분석했다.

또한, 대다수 직원들은 미래를 제시해 줄 리더가 필요하다는 데 공감하고 있다며 리더는 기관의 목표를 명확히 정립하고 직원들이 공감하고 따라올 수 있도록 해야 한다고 조언했다.

이 보고서에서는 식품진흥원 인력 60%가 조만간 입사 3년차가 되며 일반적으로 말하는 '3년차 신드롬'이 올 수 있다는 점도 경고하고 있었다. 3년차 신드롬이란, 입사 1~2년차에는 업무를 익히느라 정신없이 보내다가 3년차부터 문제점이 보이기 시작하고 주요 업무를 맡게 됨에 따라 부담감도 커지고 번아웃 증상이 나타나는 등 스트레스가 심하여 이직을 지속적으로 고민하게 되는 현상을 말한다. 이를 극복하기 위해 조직 문화 활성화 프로그램 도입과 적정 업무 분장 노력, 직무 적성을 고려한 인사이동을 병행하라고 주문했다.

부서 운영 측면에서는 연구개발부가 행정 업무가 많고, 자가품질검사기관, GLP 인증과 같은 식품 인증 획득을 위해 인력 충원을 요구하고 있다며, 인력을 많이 채용할 경우 비효율이 양산될 것이므로 필수 최소 인력 채용 전략을 가져야 한다는 의견이었다.

조직 진단팀은 최종 제언을 통해 '조직의 변화와 혁신이 실패하는 것은 변화의 전략이나 계획이 잘못되었다기보다는 변화를 조직 내에 정착시키는 과정에서 나타나는 직원들의 저항(개인 또는 부서 이기주의) 때문'이라며 이를 극복하기 위한 여러 조언을 정리했다. 일반적인 조직 모두에 적용되는 문제이고 특히 공공기관 운영과 경영 혁신에 꼭 필요한 사항들이므로 다소 길지만 여기에 그 주요 내용을 옮겨본다.

첫째, 변화의 필요성과 구체적인 정보를 직원들과 공유하고, 실행을 위한 구체적인 아이디어를 함께 만들어가야 하며 이를 통해 구성원들이 미지에 대한 불안이나 부정적인 고정관념으로 인한 저항을 최소화해야 한다.

둘째, 저항 세력(부서, 개인)이 파악되었다면, 진술한 대화 등을 통해 변화에 참여할 기회를 제공해 주고 불참할 경우 필요에 따라서는 불이익을 강조한다거나 강압적인 방법(인사)도 활용해야 한다.

셋째, 일관성을 통해 신뢰를 확보하면서 기관장과 부서장들의 솔선수범과 지속적인 관심을 높여야 한다.

넷째, 조직이나 경영에 대한 확실한 원칙과 신념이 만들어진 경우, 가시적인 변화와 성과를 1년 이내에 확보할 필요가 있다. 이는 직원들의 동참을 독려하고, 냉소적이거나 반대하는 직원들의 주장을 무력화시킬 것이며, 방관자를 지지자로 수동적인 직원을 적극적 지지자로 바꾸게 하여 경영 혁신을 성공시키는 필수 요소이다.

조직 진단 보고서를 바탕으로 기관 혁신을 이끌고 갈 기획부서(경영기획부)와 함께 먼저 기관의 비전을 정리했다. 식품진흥원은 전문 인력이 절대적으로 부족하고 단기간 안에 인력을 대폭 확보하기도 어려운 여건이었으므로 기존 식품 연구기관들과 연구 분야에서 경쟁할 수도 없었다. 설사 연구 분야를 키운다고 해도 국가 차원에서도 중복 투자가 되므로 이 분야를 과감히 축소하고 잘할 수 있는 기업 지원 사업을 강화하기로 방향을 정했다.

다른 한편으로는 조직을 탄력적으로 바꾸고 활력소를 불어넣기 위해 직원들을 대폭 순환 배치했다. 순환 배치 과정에서 일부 직원은 "과도한 전보 인사로 기관이 돌아가지 않습니다."는 의견을 냈다. 저항에 부딪친 것이다. 나는 "걱정하지 마십시오. 더 잘 돌아갈 것입니다."라며 설득했다. 또 흔들리지 않는 경영 방향과 신념을 보여주며 안심시켰다. 불합리한 규정들도 대폭 손질했다. 불합리한 직원 복지제도도 함께 개선하면서 혁신 드라이브로 행여 지칠 직원들을 독려했다. 무엇보다도 공무원 지시에 의존한 타율적인 업무 방식과 그로 인한 창의적이지 못하고 비효율적인 지휘 체계, 직원들의 자신감 결여를 어떻게 극복하느냐가 큰 과제였다.

자율 경영 기틀을 마련하기 위해 아쉬운 대로 우선 2명의 인원을 보강하여 기획홍보부를 신설했다. 그러면서 기획홍보부를 혁신 경영을 추동하는 핵심 부서로 키워나갔다. 혁신의 필요성을 강하게 인식시키기 위해서는 단기적 성과가 필수적이다. 취임 첫해인 2018년에는 그러한 성과를 내기 위해 동분서주했다. 그 결과 국비 비율을 50%에서 90%로 상향하고 신규로 기능성식품제형센터(176억 원)와 원재료중계공급센터(185억 원) 구축 사업 예산을 확보했다. 나는 성과를 냈을 때만 직원들에게 공표하는 것이 아니라 추진 과정에서의 어려움도 직원들과 공유했다. 성과가 확정되는 날까지 직원들과 함께 가슴 졸인 적도 한두 번이 아니다. 보통 이사장의 솔선수범하는 노력이 가장 중요하지만, 이사장 혼자서만 독불장군으로 뛰면 직원들은 구경꾼이 되어버리고 열정을 끌어 올리지 못하게 되어 더 큰 성과를 얻지 못한다.

2018년에 만족할 만한 성과를 얻게 되자, 2019년에는 '경영 자립화 기반 마련'이라는 경영 목표를 내걸었다. 기관의 내실화를 본격적으로 다지자는 것으로 각종 장비의 활용도를 높이는 방법이었다. 사실 경영 자립화는 농림식품부가 식품진흥원에 먼저 제시해야 하는 과제였다. 그러나 누구도 자립화를 중요하게 인식하지 못했고, 알고 있었더라도 발등에 떨어진 산적한 현안들을 처리하기에 급급했기 때문에 추진은 엄두도 내지 못했을 것이다. 우리는 식품진흥원과 사업 형태가 유사한 오송의료복합재단이 2015년 감사원 감사에서 경영 자립화 추진이 미흡하다고 지적받은 점에 주목했다. 식품진흥원도 멀지 않아 이런 요구를 받게 될 것이 분명했다. 우리는 먼저 외부 기관과 기획홍보부를 통해 식품진흥원 경영 자립화 초안을 선제적으로 만들었다. 초안이 나오자 사업부서의 의견을 들어 조율한 후, 각 부서별로 세부 추진 방안을 만들게 했다. 여기까지 거의 10개월이 걸렸다. 각 부서별 특성과 장비를 분석하고 달성 가능한 지표를 만들어야 했기 때문에 간단한 숙제가 아니었다. 이후 2019년 10월에는 NH농협 변산 수련원에서 부장 및 팀장 워크숍을 열어 부서별 달성 의지를 확인하고 서로 독려하는 자리를 가졌다. 자립화 추진 용역을 시작으로 1년여가 지나가자 직원들이 피곤해하기 시작했다. 혁신 피로도가 높아진 것이다. 그럼에도 나는 각 부서별 목표가 정해지자 전 직원 워크숍을 열어 설득했는데 조금씩 공감대가 형성되기 시작했다. 우리 스스로 자립화를 하지 않을 경우 앞으로 닥칠 위기를 걱정하기 시작했고, 좋은 직장, 평생직장 건설을 위해 불가피하다는 생각이 직원들 사이에 점차 번져나갔다.

2018년 가을부터 추진한 경영 자립화 추진 계획은 2019년 11월이 되어서야 완성되었고, 2020년 경영 목표에 반영되었다. 2020년과 2021년을 지나면서 직원들이 먼저 경영 자립화를 부서별 중심 지표로 삼아 사업 추진 계획을 수립하기 시작했고, 식품진흥원의 계량 목표가 되었다. 이렇게 경쟁력 있는 공공기관으로 변모되는 과정은 어떤 때는 답답해 보일 정도로 느릿느릿하지만 밟아야 할 절차를 거치면서 한발 한발 나아갔다.

혁신을 위해서는 기존 것을 파괴해야 한다. 기존 것을 많이 파괴할수록 더 큰 혁신이 가능해진다. 그런데 이를 위해서는 기존의 상태를 면밀히 정밀 진단해야 무엇을 고칠 것인지를 알 수 있다. 엉뚱한 것을 고친다고 손댔다가는 구성원들의 공감대를 얻을 수 없고 혁신을 그르치게 된다. 그런 측면에서 취임 직후 시행한 경영 진단은 이후 식품진흥원 성장과 혁신의 방향을 제대로 잡아나가는 데 아주 긴요한 역할을 했다.

경영 혁신을 위한
첫 인사 발령

    취임한 지 2달이 가까워지고 있었다. 그동안 지켜본 결과 몇몇 간부 직원들이 업무를 하다가 화가 나면 '잘라버리겠다'는 등 폭언과 막말이 일상적임을 알게 되었다. 어떤 간부는 툭하면 부서원들에게 시말서나 사표를 쓰라고 하여 자신의 서랍에 보관해 왔다고 한다. 월권이고 갑질이었다.

    한편, 전라북도와 익산시는 국가식품클러스터에 큰 기대를 걸고 있었다. 하지만 수도권과 멀리 떨어진 입지에다 입주 기업에 대한 특례도 없었고 사업도 지지부진했기 때문에 지난 7년간 산업단지 조성이나 투자 유치 실적이 기대만큼 성과를 내지 못하고 있었다. 이런 산적한 현안에다 일부 간부 직원들의 월권까지 어찌 개선해야 할지 고민하다 보니 별 시원치 못한 꿈을 꾸다 잠에서 깨고, 깨고 나면 잠이 다시 오지 않았다. 더군다나 경영을 개선하려는 내 의지에 대해 종종 다른 의견을 피력했던 본부장을 어떻게 설득할지 생각하느라 주말에도 긴장이 풀리지 않았다.

이렇게 하다가는 아무것도 못한다는 판단이 들었다. 먼저 경영 혁신을 끌고 가야 할 기획운영부장을 바꾸기로 하고 취임 두 달 만에 인사를 단행했다. 투자유치부장을 기획운영부장으로, 기획운영부장을 기업지원부장으로, 기업지원부장을 투자유치부장으로 각각 발령했다. 기관 전체에 부장이 5명이었는데 그중 3명을 이동시킨 것이었다.

깜짝 인사에 다들 놀라는 눈치였다. 인사를 단행한 후 해당 부장들과 저녁을 먹었는데 인사이동 된 모 부장은 술을 연거푸 들이키더니 예상치 못한 인사에 감정이 복받쳤는지 눈물을 보이며 밖으로 나갔다. 나는 태연하게 못 본 척 하면서 다른 부장들과 대화를 이어갔다.

취임 초 두 달 동안 최하 직급인 5급, 4급 직원들과 간담회와 연이은 저녁 자리를 가졌다. 식품진흥원을 식품 산업 혁신 성장의 메카로 만들자는 회사의 비전을 나누기 위해 거의 매일 강행군을 한 것이다. 처음에는 경계하고 불편해 하던 직원들도 지속적으로 얼굴을 맞대고 밥을 먹으면서 솔직한 대화를 이어가자 점차 공감이 커져갔다.

외부적으로는 관련 관공서와 협회, 공공기관들을 찾아다니며 식품진흥원에 대한 기대치나 요구사항을 열심히 묻고 또 들었다. 저마다 원하거나 기대하는 바가 달랐지만 모두 식품진흥원이 앞으로 어떻게 발전해야 할지 경영 방침을 세우는 데 도움이 되는 말이라 하나도 놓칠 수가 없었다. 미팅을 마치고 나면 나는 주고받은 이야기들을 복기하면서 기관장으로서 경영에 반영해야 할 사항들을 정리하곤 했다.

취임하자마자
이게 뭐지?

　직원들과 빈번하게 접촉하며 업무 애로 사항을 파악해 가는 동안 이상한 기류가 감지되었다. 상급 직원이 부하 직원들을 상식 이하로 닦달하는 경우가 꽤 빈번하다는 느낌이었다. 사실 관계를 확인하기 위해 몇몇 직원들을 불러 집중 면담을 했는데 그 과정에서 상급 직원이 한 여직원을 스토킹하고 있다는 충격적인 제보가 나왔다. 나에게 그 이야기를 털어놓은 직원은 스토킹 신고가 접수되었는데도 자신이 무기력하여 아무런 조치를 할 수 없었다며 스스로를 한탄했다. 당시 전임 이사장이 장기간 공석이라 마땅히 보고할 곳이 없는 데다, 보고할 경우 오히려 2차 피해만 불러일으킬 소지가 있다고 판단하여 그동안 쉬쉬할 수밖에 없었던 자신이 창피했다고 고백했다.

　여직원 스토킹 건은 사안이 작은 일이 아니어서, 정밀 조사와 대응이 필요했다. 그런데 섣불리 조사를 했다가는 자칫 가해자의 증거 인멸 시도나 애꿎은 직원들의 동요가 있을 수 있어 「성평등 문화 확산 TFT」라는 명칭의 팀을 임시로 구성하고 제보 내용에 대한 실태 파악을 시작했다.

TF 팀장이 수집한 CCTV, 자술 일기, 구두 제보, 진정서 등을 종합하여 조사한 결과는 상당히 충격적이었다. 가해 간부 직원은 피해 여직원에게 사적 만남을 제안했고, 이를 피하는 여직원 집 앞까지 찾아가서 만나자고 한다거나, 회사 내 서고에 같이 가자고 유도하여 서고 안으로 들어오라고 하는 등 불미스러운 일을 시도하려 했던 것이었다. 물론 성폭력이나 성추행까지 나아가지는 않았지만 단호한 조치가 필요했다. 당시 사회적으로 미투 릴레이가 벌어지고 있었고 유명 인사들이 기소되는 등 사회적 파장이 큰 시점이었다. 한시도 조치를 지체할 수 없었다.

성평등 TFT의 조사 결과를 가지고 가해자 심문 또는 해명을 들을 필요가 있었다. 그런데 그걸 누가 하느냐가 문제였다. 인원이 고작 45명이라 공정하게 심문할 직원을 찾기가 쉽지 않았다. 가해자보다 낮은 직급 직원을 시킬 수도 없는 노릇이고, 상위 직위에 있는 직원이 없다 보니 이사장이 해야 하는 난감한 상황에 맞닥뜨리게 되었다. 별수 없이 농식품부 감사관실에 협조요청 문서를 보냈다. 하지만 당시 식품진흥원은 공공기관이 아닌 특수법인이라 농식품부가 감사할 권한이 없다며 자체 처리하라는 회신이 왔다. 처리할 방법을 궁리하다 식품진흥원 비상임 감사에게 조사를 요청하기로 했다. 감사는 부장검사 출신이라 적격이었다. 그러나 식품진흥원 규정에 의하면 그분도 회계감사 권한만 있지 직무나 실태 감사 권한은 없었다. 미투 감사 요청 문서를 보내기로 하고 전화를 걸어 감사 수락을 정중히 요청했다. 김홍태 감사는 우리의 요청을 흔쾌히 받아주면서 조사 일정을 바로 잡아주었다.

김홍태 감사가 가해 직원을 대면 조사한 결과, 가해 직원은 모든 것을 시인하고 용서를 구했다는 것이다. 이렇듯 우여곡절 끝에 '징계가 필요하다'는 감사 결과가 나오고 이제 징계 처분 수위를 결정하기 위한 행정 절차가 필요했다.

나는 속히 징계 인사위원회를 소집했다. 민감한 사안이라 위원 중에는 변호사도 포함시켰다. 징계 인사위원회에서 위원들은 이구동성으로 해임을 주문했다. 다만, 감사실 근무 경력이 많았던 모 위원은 "해임이 당연하나, 당사자의 소송 등 해임 이후 파장이 만만치 않을 것"이라며 이사장의 정무적 판단을 제안했다. 그러나 법과 규정에 근거한 판단이 기준이 되어야만 했다. 결국 해임을 의결했다. 해임 결정 결의서 작성에만 1시간 이상이 걸렸다. 해임된 직원이 소송을 제기할 경우를 대비해 결정문을 꼼꼼히 해두자는 취지였다. 수차례 문구를 수정한 후 인사위원들의 서명을 거친 후에야 회의를 마쳤다. 오후 2시에 시작한 징계인사위원회는 6시 30분이 넘어서야 끝이 났다.

위원회가 끝난 후, 징계위원회 결과를 본부장에게 보고하도록 했다. 다음날 본부장은 "밥은 먹고 살게 해 줍시다."라며 경감조치를 해 주는 것이 좋겠다는 의견을 냈다. 그러나 사태가 엄중해 그럴 수 없었다.

징계 인사위원회에서 나온 해임 결정을 가해 직원에게 통지해야 하는데, 모두들 이 곤란한 역할을 이사장에게 미뤘다. 가해 직원을 이사장실로 불러 마주 앉았다. "어제 징계 인사위원회 결과 해임으로 결정되었습니다." 나는 짧게 말했다. 가해 직원은 울먹이며 완화해 달라고 요청했다. 하지만 공조직에서 개인적 사정을 봐줄 수는 없는 일이었다. 필요하다고 생각하면 재심을 청구하라는 말 외에 더 해 줄 이야기는 없었다. 해임 통지를 받고 나갔던 직원은 한 시간이 지난 후 다시 돌아와서 "퇴직하겠습니다. 그러니 징계는 철회해 주십시오."라고 읍소했다. 하지만 이미 엎어진 물이었다. 인사위원회의 결정대로 해임 절차를 밟았다.

며칠 뒤 간부 직원들이 모인 주간회의 시간에 미투 사건의 심각성을 얘기하며 재발 방지 의지를 표명하고 직원들의 협조를 요청했다. 나는 직원들에게 "남자가 나무라면, 여자는 무엇이라고 생각하십니까?"라고 물었다. "하늘? 흙? 뿌리? 줄기? 아닙니다. 남자가 나무라면 여자도 나무입니다. 남녀를 동등한 입장에서 바라봐야 합니다."라며 성인지감수성을 높여야 한다고 얘기했다. 연이어 "축구장에서 축구 잘하는 사람이 최고이고 일터에선 일 잘하는 사람이 최고입니다."라면서 솔선수범 리더십도 재차 주문했다.

"솔선수범하지 않고 아랫사람에게 강압적이거나 비인간적으로 대하는 것은 자신이 실력이 없어 전체 흐름을 보지 못하기 때문이며, 자신이 없어 우왕좌왕하는 상사입니다. 그런 분일수록 남에게 책임을 전가하는 스타일일 가능성이 큽니다. 직위가 높다고 과도한 우월감을 가지고 아래 사람을 업신여기는 건 큰 문제입니다. 우리 모두가 잘못된 것을 모르는 체 방치하고 있는 것은 아닌지 반성해봅시다. 직장에서 온정주의나 무관심으로 잘못을 개선하지 않는다면 우리 기관의 미래는 어두울 것입니다."

미투 감사 결과와 생산성본부의 경영 진단에서도 일부 직원이 직장 내 스킨십을 아무렇지 않게 습관처럼 한다거나 사무실이나 회식자리에서 음담패설이 나온다는 지적도 있었다. 또 상급자가 하급자에게 동의 없이 비인격적인 반말을 하고 막무가내로 행동하고 있는데도, 이를 보고 어느 누구도 만류하지 않고 방관하는 등 전근대적인 직장 문화가 당시 식품진흥원에도 존재했다. 나는 이런 문제점을 하나하나 지적하며 직장의 좋지 않은 구습을 버리고 새로운 문화를 안착해 가자고 제안했다. 좋은 직장을 만들기 위해 성인지감수성 교육을 강화하고, 성희롱예방지침을 수립할 것과 신상필벌을 제도화하여 솔선수범하는 직원이 대우받는 직장을 만들겠다는 관련 수습 방침도 내놓았다. 더불어 술 강권하지 않기, 해외출장 시 선물 안 사오기도 함께 제안했다.

돌이켜보면 여직원에 대한 스토킹 문제를 처리하고 직원들 전체적으로 성인지감수성을 높이는 과제는 취임하자마자 부닥친 어려운 숙제 가운데 하나였다. 그러나 온정주의에 빠지지 않고 원칙대로 대처하며 직원들에게 경각심을 불러일으킨 것은 올바른 대응이었다고 생각한다. 이 일을 처리한 이후 식품진흥원의 직장 문화는 서서히 달라지기 시작했다.

건축부장의
사표 제출

 2018년 5월 17일에는 오전 정상 근무를 하고 오후 1시부터 체육 행사를 진행하기로 했다. 취임 초기 이사장으로서 직원들과 친목이 필요했고, 종전 과천 사무실에서 익산으로 이전한 후 이렇다 할 직원 참여 행사가 없었다는 직원들의 볼멘소리도 있었기에 서둘러 마련한 자리였다. 우리 직원들과 함께 시설 관리를 담당하는 외주 용역사 직원들도 행사에 참여하기로 했다.

 행사 당일 오전 9시가 조금 넘어 소스센터 건축 공사를 총괄 담당하고 있던 건축부장이 결재할 서류를 여러 개 가지고 와서 하나하나 보고하기 시작했다. 대부분 공사 기성금 관련 통상적인 내용이어서 별로 중요하게 느끼지 않았는데, 마지막 펼쳐놓은 한 장짜리 보고서는 신중하게 봐야 했다. 내용인즉 곧 착공 예정인 소스산업화센터 건설 공사를 자신 혼자 감독할 수 없으므로 시설관리를 담당하고 있던 박 팀장, 윤 차장과 김 과장을 자신 밑에 두게 하여 소스센터 시공과 6개 센터 시설을 통합 관리할 수 있도록 해달라는 것이었다. 복합적인 문제가 얽힌 중요한 사안이라고 보고 다음날 다시 얘기하기로 했다.

소스센터는 착공을 불과 1개월 남겨두고 있었으므로 요구 사항에 대한 결론을 빨리 내야 했다. 당시 진흥원 인원은 고작 45명에 불과한 데다 건축직은 ○○ 부장이 유일무이하여 대체 인력이 전혀 없을 뿐더러 건축을 조금이라도 이해하는 임직원이 한 명도 없기 때문에 그 요구가 맞는지 아닌지조차 검증할 길이 없었다.

오후 1시 체육 행사장으로 가는 길에 본부장이 다가와서 건축부장의 제안사항을 보고했다. 본부장은 "건축부장이 자신의 제안을 들어주지 않을 경우 그만두겠다고 합니다. 어쩌겠습니까, 착공을 앞두고 건축부장이 그만둬 버리면 소스센터를 누가 짓겠습니까? 제안을 들어주는 게 좋겠습니다."라는 의견을 제시했다. 만약 건축부장이 그만둔다면 다시 사람을 뽑는다 해도 채용 공고부터 시험, 면접을 거쳐 최종 채용되기까지 서너 달이 걸릴 것인데, 착공을 눈앞에 두고 있는 시점에서 중대한 문제였다. 체육 행사는 즉석 삼겹살 구이가 곁들여진 야외 뷔페 만찬을 끝으로 잘 마쳤지만 하루 종일 조 부장의 제안 내용이 머리에 잔상으로 남아 떠나지 않았다. 그만큼 민감한 시기에 중요한 문제였다.

이사장으로 부임하기 전에 나도 공공 감리기관에 근무했지만 행정직이었기에 건설공사 지식은 서당 개 3년 수준으로 미천한 것이어서 자칫 섣불리 결정했다가 실수할 수 있다고 보고 건축 전문가들에게 문의했다. 전문가들은 "건축 공사비 25억인 판넬 공상 선설 규모인데 발주처 입장에서 공사 감독 한 명으로도 충분하다."는 답변을 주었다.

다음날 오전 9시가 조금 넘어 건축부장을 불렀다. 그런데 건축부장은 건설 공사 발주처 감독의 업무 분장 표가 담긴 책자를 펼쳐 보이며 "건설 관리 감독 업무가 이렇게 많습니다."라고 하면서 자신의 제안을 받아들여 달라고 재차 요청했다.

나는 대답했다. "시설관리팀이 시설관리와 용역회사 관리 업무로 역할이 많아 매일 야근하고 있는 실정에서 소스센터 건설공사까지 책임지라고 할 수 없습니다."

건축부장의 제안을 거절한 것이었다. 그러자 건축부장은 그만두겠다는 뜻을 밝혔다. 머리를 아래로 숙였던 나는 잠시 후 고개를 들면서 투박한 전라도 사투리로 답했다.

"그만 두씨요!"

잠시 침묵이 흘렀다. 침묵을 깨고 나는 말을 이어갔다.

"할 얘기 다 했으니 나가 봇씨요."

건축부장은 천천히 결재 서류들을 챙겨 이사장 사무실을 나갔다.

나에게는 '떠나려는 자는 말리지 않는다'는 사회 경험으로 얻은 확고한 신념이 있었다. 더군다나 그 건축부장은 전임 이사장 재임 동안 2번이나 사표를 냈다가 반려 받았다고 한다. 한번은 6대 지원센터 준공을 6개월밖에 남지 않은 시점에서 직급 재조정 인사 발령이 나자 사표를 제출했는데 준공을 앞둔 시점이라 전임 이사장이 반려했다고 한다. 두 번째는 파일럿플랜트 폐수 무단 방류로 JTV 뉴스에 방영이 되자 책임을 진다며 스스로 사표를 냈는데, 함께 일했던 공무원들이 이사장에게 그 동안 식품진흥원 6대 시설 준공 공적이 있고, 시공 회사가 추가 공사비를 달라며 제기한 소송 건에 관하여 소상히 아는 직원은 건축부장밖에 없다며 반려해 줄 것을 요청함으로써 또 다시 반려했다고 한다.

이런 전례가 있어서인지 다른 몇몇 직원들도 툭하면 '사표 내겠다.'는 말을 쉽게 내뱉곤 했다. 기관 분위기를 망치는 이런 행태를 바로 잡을 필요가 있다고 느끼던 참이었다. 인사담당부장을 불러 건축부장이 사표를 낸다고 했으니 제출하는 즉시 바로 처리하라고 지시했다. 그런데 퇴근시간이 다 되도록 사표를 제출하지 않았다. 건축부장은 소스센터 장비심의위원회에 참석해 심사 중이라는 것이었다. 그날 오후 7시가 넘어서야 인사담당부장으로부터 전화가 왔다.

"건축부장이 사표를 제출했습니다. 그런데 사직서 표준 양식이 아니라서 표준 양식으로 다시 제출하라고 하겠습니다. 그리고 중간 결재권자인 본부장이 중국 출장을 떠났는데 지금 비행중이라 결재할 수 없습니다."

어이가 없었다.

"양식이 뭐가 중요하답니까? 제출한 사직서로 결재 올리십시오. 그리고 결재 전산 시스템을 바꿔 본부장은 '후결'하도록 하고 최종 결재권자인 이사장이 결재하도록 조치해 주십시오."

사직 의사는 양식에 구애받지 않는다. 개인의 의사 표명이 우선이기 때문이다. 10여 분이 흘렀다. 다시 전화가 왔다. 시스템도 수정해서 결재를 올렸다는 것이다. 나는 백팩에서 노트북을 꺼내 핸드폰 핫스팟을 연결한 후 결재했다.

이와 같은 단호한 결정들이 직원들에게 하나하나 전해지면서 조직 기강이 조금씩 잡혀갔지만 가야할 길은 아직 멀고도 멀었다.

혁신의 적은
내부에 있다

 시간이 한참 흐른 2020년 6월의 일이다. 익산시청 민원 게시판에 식품진흥원에 대한 무기명 민원이 제기된 것을 알게 되었다. 당시 식품진흥원은 직원 워크숍을 계획하고 있었는데 코로나19가 만연하자 시행 여부를 두고 고민 중이었다. 그런데 직원으로 추정되는 민원인이 "코로나19가 퍼지고 있는데 워크숍을 다른 지역으로 간다고 한다. 만약 워크숍 가서 코로나에 걸리면 회사가 책임져 주나? 익산시가 취소시킬 권한은 없나?"라는 애매하면서도 악의적인 민원을 제기했던 것이다.

 기관 내부 운영에 대한 불만을 외부에 일러서 해결하려는 비겁한 행동이고 문제 해결을 지자체에 기대려는 사대주의적 발상이었다. 나는 특히 지자체 공무원에게 의존해 문제를 해결하려는 방법에 큰 거부감을 느꼈다. 그동안 우리는 지자체 간섭에서 벗어나려고 국비 100%, 지자체 보조사업 변경, 지자체 보조금의 출연금 전환 등 갖은 노력을 하고 있었는데도 이와 거꾸로 가는 행동을 하면서 기관의 체면에 먹칠을 하고 있었다. 내부 건의나 논의를 거쳐 해결할 수 있는 시스템이 있는

데도 그러지 못한 기관으로 알려지는 것이 창피했다. 민원 문구, 익산 게시판에 올린 소심함 등으로 볼 때 그 민원인이 누구인지는 눈치 챌 수 있었다.

2019년 2월, 중국에서 코로나19가 첫 발생하여 곧바로 일본으로 번진 시기에 마침 우리 기관은 입주 기업들과 함께 일본 식품대전에 참석할 계획이었다. 그런데 담당 직원은 "식품진흥원이 안전 대책도 없이 코로나가 퍼진 일본으로 출장을 보내려 한다. 일본에 가서 코로나에 걸리면 기관이 책임질 것인가? 대책을 마련해 달라."며 부서장뿐만 아니라 주변 직원들에게 불안 심리를 퍼트리며 선동하고 있었다. 가고 싶지 않다는 뜻이었다.

그 행사 참석 주관 기관은 농림축산식품부와 한국농수산식품유통공사(at)이고 식품진흥원은 한 부스를 얻어 참석하는 그저 일개 참석 기관이었으므로 주관 기관의 참석 여부나 안전 대책을 따라 함께 대응하면 간단히 해결될 문제였다. 당시 농식품부와 at는 방역대책을 마련해 강행한다는 방침이었으므로 관리 기관인 농식품부 명령에 우리 기관은 따라야만 할 일이었다. 주관 기관들이 모두 행사 참석을 강행한다는데 찬조 출연하는 식품진흥원만 불안해 못 가겠다고 한다면 얼마나 우스운 꼴이 되겠는가. 결국은 농식품부가 참석 취소 결정을 했지만 취소되기까지 담당 직원은 차분히 해결할 생각은 하지 않고 자신의 불안한 마음을 앞세워 직원들을 상대로 동요를 불러일으키기만 한 셈이었다.

두 사례 모두 공직자로서 혹은 간부 직원으로서 갖추어야 할 자질을 갖지 못한 행동이었다. 공직자는 청렴해야 하고, 법을 준수하며, 직무상 명령에 복종해야 하고, 비밀 엄수 의무를 준수해야 하며, 품위를 유지해야 함에도 그러지 못했다. 공직자는 코로나19보다 더한 전쟁이 발생했다 하더라도 자신의 가족을 챙기기에 앞서 국가의 재산과 국민을 먼저 지켜야 하는 신분을 망각한 처사였다.

비슷한 사례는 또 있다. 2018년 5월 직원 체육 행사를 즐겁게 마무리했으나 누군가 호화 행사를 했다고 농식품부에 일러서 농식품부로부터 방만 경영을 한다는 질타를 받았다. 또 같은 해 점심시간을 활용해 버스킹하는 대학생을 초청해 구내식당 앞에서 음악 디저트 행사를 열었다. 소액을 들여 구내식당 이용자들에게 점심시간 중이라도 즐거운 여유를 주겠다는 좋은 취지와 달리 이 이벤트도 방만 경영이라고 제보되어 행사를 준비한 사람들을 곤혹스럽게 했다. 이 두 행사는 최소 비용으로 준비하였다. 특히, 구내식당 버스킹의 경우 구내식당 운영위원회가 그동안 절약한 운영비의 일부를 이용자들에게 돌려준다는 차원에서 경비를 부담한 것이다.

어떤 일을 잘하려 노력하면 그것을 시기하고 질투하는 사람이 생겨나는 경우가 종종 있다. 대개 이런 사람들일수록 정정당당히 앞에서 얘기하지 못 하면서 얼굴 없는 제보자로 뒤에서 안 좋은 분위기를 조성하면서 뭔가 일을 추진해 보려는 사람들의 기운을 빼곤 한다. 앞으로 달려 나가려는 사람의 옷자락을 자꾸만 잡아 뒤로 끌어당기면 결국에는 기운 빠져 주저앉게 된다. 3년간 끊임없이 추진했던 경영 혁신도 추진 과정에서 수많은 내부의 반발자들과 맞닥뜨렸다. 다행히 충분한 명분을 축적했고, 단기적 성과를 늘 만들어 냈기에 내부의 불만과 반발 행위를 막아낼 수 있었다. 돌이켜보면 그것만으로도 천만 다행이었다.

2장

낙하산 기관장의 분투

기자들의 추궁

취임하자마자 홍보 담당 직원이 익산 주재 기자들이 원하고 있으니 취임 기자회견을 하는 것이 어떠냐고 제안했다. 대한민국 국회에서 오래 일했던 나로서는 공공기관 기관장이 단독 기자회견을 하는 것을 거의 본 적이 없어서 의아했다. 공공기관은 정부가 정책을 마련하면 정책에 따라 집행하는 역할을 하므로 기관에서 주도적으로 입장을 표명할 것이 없다. 그런데 식품진흥원은 지역에서 관심이 높아 기자회견을 하자는 것 같았다. 난감했다. 취임 초라 기자들에게 내놓을 만한 추진 정책이 있을 리 없고 있다 하더라도 정부나 지자체가 발표할 일이기 때문이었다.

궁리한 끝에 기자들이 식품진흥원 시설을 오전에 견학한 후 오찬을 함께하면 어떻겠냐고 제안했다. 그러자 기자들은 좋지 않은 반응을 보였다고 한다. 별수 없이 '그동안 사업이 많이 지연되었지만 이를 극복하고 잘 하겠다'는 기관장의 사업 추진 의지를 담아 기자회견을 하기로 했다. 회견장에는 40명 가까운 기자들이 모였다. 의외였다. 국가식품클러스터에 관심이 많다는 것을 새삼 느꼈다. 나중에 안 것이지만 인구 28만 명인 익산시의 시청 등록 출입기자가 무려 80여 명이나 된다는 사실도 놀라웠다.

회견장에서 나는 "국가식품클러스터를 식품 산업 혁신 성장의 메카로 만들겠습니다."라는 제하의 기자회견문을 읽어나갔다. 이어서 기자들의 질문이 이어졌다. "그동안 국가식품클러스터 사업 추진이 미흡했는데 어떻게 혁신 성장 메카로 만든다는 것인가? 기관장은 식품 전문가가 아니지 않은가? 할랄 식품 공장도 유치해야 하는 것 아닌가?" 등이었다.

특히 몇 년 전 익산 지역 종교 단체들의 반대로 뜨겁게 이슈화되었던 할랄 식품 유치라는 민감한 질문이 연달아 꼬리를 물고 이어졌다. 예상 못한 질문이었지만 "할랄 식품 유치 여부는 이미 수년 전 농식품부가 입주대상에서 제외시켰다."고 침착하게 입장을 정리했다. 기자들은 정부 방침과 다른 방향으로 유도 질문을 했는데 자칫 잘못 대답할 경우 시민들로부터 비전문가 평가를 듣게 되거나 정부로부터는 월권한다는 얘기를 들을 수도 있었기 때문에 신중한 답변이 필요했다.

기자들의 질문에는 국가식품클러스터 사업의 진도와 추진력에 대한 의구심이 깔려 있었다. 국가식품클러스터는 2007년 전라북도 유치가 확정된 후 문화재 발굴, 사업자 선정 등으로 3년 6개월 동안 사업이 지연되었다. 지방비 분담액이 50%나 되다 보니 사업 추진에 동력을 받지 못한 측면도 있었다. 국가식품클러스터가 유치되면 경제적 시너지가 엄청날 것이라는 기대감이 높았는데, 10년이 지나서야 산업단지가 겨우 준공되고 입주 기업은 고작 10여 곳밖에 되지 않았으니, 전북도민과 익산시민 입장에서는 한심하다고 생각했을 것이다. 국가식품클러스터에 대한 기대가 실망과 외면으로 바뀌고 있었는데, 이런 여론이 반영되어 기자들이 새 이사장을 추궁한 것이었다. 행사가 끝난 후 돌아오는 발걸음이 무거웠다. 내가 부여받은 책임과 식품진흥원에 대한 도민과 시민들의 기대감이 얼마나 큰 것인지 새삼 실감했기 때문이다.

첫 **디자인부터**
잘못됐다

국가식품클러스터(약칭 '국클')는 한미FTA 체결에 따라 농식품부가 농업 분야 국내 보완 대책을 마련하면서 지방자치단체를 대상으로 공모를 했으며, 2007년 전라북도로 선정된 사업이었다.

하림의 김홍국 회장과 당시 농식품부 김달중 차관보 그리고 전라북도와 익산시 관계자들의 이야기를 종합해 보면, 하림그룹 김홍국 회장이 1990년대부터 미국·유럽 식품 공장들을 둘러본 후 우리나라에도 네델란드의 푸드밸리처럼 식품 공장들을 한 곳에 집적시키면 더 큰 시너지를 낼 수 있다는 제안을 직간접적으로 정부에 했다고 한다. 김홍국 회장은 집적화된 산업단지에서 식품의 품질을 향상시킨다거나 새로운 상품을 개발하면서도 한편으로 제조와 관광을 접목시켜 보고자 했다. 소위 6차산업을 활성화시켜 소비자가 식품 제조 과정을 직접 보고, 맛보고, 사가는 곳을 만들면 상품에 신뢰감을 더 갖게 될 것이라는 아이디어였다. 내가 직접 만나본 김홍국 회장은 "소비자들이 하림 생산 공장을 견학하고 돌아가면 평생 고객이 된다. 수십억짜리 TV 광고보다 더 낫다."는 철학을 갖고 있었다.

전라북도는 김홍국 회장의 이런 아이디어를 받아들여 사업 초안을 만들고, 산업부와 농식품부에 식품 산업단지 조성을 제안하였다. 당시 한미FTA 국내 보완 대책을 준비하고 있던 농식품부가 채택하여 지자체를 대상으로 한 공모 사업을 진행하게 된 것이다. 농식품부는 국내 농산물을 국가식품클러스터에서 고품질로 가공하여 중국 등으로 수출한다면 한미FTA로 어려움이 예상되는 국내 농산물의 소비를 촉진시킬 수 있다고 생각했다. 또한 기존 산업단지와 달리 국가식품클러스터에는 민간 식품 연구소가 들어올 수 있도록 연구단지 존(zone)을 별도로 만들어 연구 인프라를 높이려고 했다. 또 국가식품클러스터 내에 공공기관인 식품진흥원을 설립하여 식품 연구와 안전성 검사를 할 수 있도록 고가의 장비를 사주고 폭넓게 이용하게 하여 입주 기업의 기술력을 높여주자는 계획도 세웠다. 물론 이 산업단지에는 국내 대기업과 해외 글로벌 기업을 유치하여 활력과 협업을 통한 시너지를 낸다는 구상도 포함되었다.

이런 농식품부의 의지를 담은 식품 산업단지(국가식품클러스터) 사업에 전라북도가 공모사업에 당첨된 것이다. 노무현 정부 말기인 2007년 12월 16일의 일이었다. 그런데 어찌된 것인지 사업이 확정된 지 한참이 지난 2009년 3월에야 예비 타당성 조사가 시작되었다. 그해 9월 예비 타당성 조사 결과 전북이 제안한 개발 면적 160만 평보다 많이 줄어든

익산에 위치한 국가식품클러스터의 전체 조감도

70만 평만 조성하고, 지자체가 비용의 50%를 분담한다는 조건부 승인을 받게 되었다. 예비 타당성 과정에서 한때 사업 불가 판정을 받게 된다고 알려져 전라북도가 전전긍긍하다가 울며 겨자 먹기 식으로 조건부를 받아들였다는 후문이 전해지기도 했다. 이후 2010년 3월에야 사업 준비단이 꾸려졌고 사업을 전담할 한국식품진흥원(당시에는 국가식품클러스터지원센터)이 2011년 4월에 설립된 것이다.

사업비의 50%를 지자체가 분담하도록 한 예타 승인 조건은 추후 지자체 재정에 큰 부담으로 작용하였을 뿐만 아니라 식품진흥원의 추가 신규 사업이나 활성화 방안 추진에도 족쇄가 되었고 2단계 사업 추진에도 큰 걸림돌로 작용했다.

비슷한 시기에 국가식품클러스터와 유사한 시스템으로 출발한 오송 의료복합산업단지나 대구경북 의료복합산업단지의 경우, 시작할 때부터 국비 100%로 조성되었다가 추진된 지 6년이 지난 2016년에야 국비 80%로 감액 지원되었던 것과 비교할 때, 국가식품클러스터에 대한 지자체 분담은 가혹한 것이었다. 특히 재정자립도가 166위의 익산시나 재정자립도가 시도에서 16위로 꼴찌인 전라북도로서는 큰 부담이었다.

또한, 사업이 시작된 지 5년이 지나 2012년에야 마련된 마스터플랜은 현장에 대한 고려가 부족하고 핑크빛 미래만을 설계해 놓았다. 더군다나 개발사업자 선정이 늦어지고 문화재 발굴 등으로 사업은 당초 계획보다 3년 6개월이나 늦어졌다. 마스터플랜에는 대기업과 외국 글로벌 기업을 유치하여 글로벌 식품 산업단지를 만들겠다는 것, 연구 존을 만들어 민간 연구소를 유치하고 이들을 활용하여 식품 기술을 개발함으로써 제품의 가치를 높이겠다는 것, 수출 전진기지로 만들겠다는 것 등 장밋빛 청사진으로 채워졌지만, 시장 상황을 명확히 분석하지 않은 탁상공론이었다.

나는 취임 첫해부터 틈틈이 투자 유치를 위해 기업들을 찾아다녔다. 대기업, 중견기업뿐만 아니라 중소기업과 스타트업 기업들을 현장에서 만나본 결과, 대기업은 국클에 올 생각이 전혀 없었다. 당시 대기업들은 박근혜 대통령이 기공식에 참석한 데다 정부와 지자체의 초청을 뿌리치지 못해 마지못해 참석한 것이었다. 또 기업들은 기공식을 전후해 투자 협약서에 서명했지만 협약서가 법적 효력이나 구속력도 없기에 당초부터 투자 의향이 없었으면서도 그냥 서명해 준 데 불과했다. 지자체장들에게 실적 압박을 받은 실무자들이 성과에만 집착해 무분별하게 투자 협약서 체결을 부탁했던 것이다.

당시 체결한 투자 협약서 내용을 보면 "○○회사는 가공 식품 공장 및 연구소 설립을 적극 추진한다. 다만, 투자 분야와 규모 등은 향후 협의를 통해 조정한다."고 하여 어떤 부담도 갖지 않도록 되어 있다. 그때 작성된 투자 협약서는 무려 230건에 면적으로 따지면 321만㎡(97만 평)나 된다. 이는 국가식품클러스터 분양 가능 면적인 45만 평의 2배나 되는 터무니없는 규모다.

투자 협약서는 2009년에 31건, 2010년 1건, 2011년 20건, 2012년 10건, 2013년 26건, 2014년 15건, 2015년 13건, 2016년 28건, 2017년 25건, 2018년 20건, 2019년 39건 등 2009년부터 2015년까지 총 116건이 체결되었으나 실제 투자한 기업은 6건에 불과했다. 얼마나 졸속으로 이루어진 부실한 실적인지 알 수 있다. 투자 협약서에 서명한 한 기업의 회장은 2016년 국가식품클러스터 기공식을 마치고 서울로 돌아가는 길에 익산역 주변을 바라보며 "차라리 익산역 주변 부동산에 투자하는 게 낫겠다."고 말했다고 한다. 클러스터 투자에는 전혀 관심이 없음을 드러낸 발언이었는데 그분은 결국 국가식품클러스터에 투자하지 않았다.

그도 그럴 것이 내가 만나본 기업인들 대부분은 분양 가격 등 입주 조건에 큰 매력을 느끼지 못하고 있었다. 이들은 소비처나 납품처가 몰려 있는 수도권과 멀어서 물류비가 많이 든다고 판단했다. 수도권에는 우리나라 인구의 50%가 모여 산다. 또 전체 제조 식품의 70%를 수도권에서 소비하기 때문에 기업인들이 익산 국가식품클러스터에 투자를 꺼리는 데에는 일말의 이유가 있었던 것이다.

식품업 고급 인력을 익산으로 유입시키는 것도 쉬운 일이 아니었다. 자녀 교육 여건이 수도권보다 좋지 않고 맞벌이 부부의 경우 주말부부 생활로 교통비, 이중 주거비 부담이 생긴다. 뿐만 아니라 중소 중견기업들은 향후 지가 상승을 공장 이전의 중요 요소로 여기고 있는데 "익산이 10년 후 다른 지역보다 지가가 오를까?"라는 의문을 갖는 것도 어찌 보면 당연했다. 분양 가격도 매력적이지 않았다. 익산 내 다른 산업단지도 39~45만 원에 분양되었고, 수도권과 훨씬 가까운 충남 당진만 해도 평당 36만 원짜리 산업단지가 있으며, 충북 오창이나 진천도 분양가가 평당 39만 원인데 수도권에서 200km나 떨어져 있는 입지 조건에서 평당 50만 원은 비싸다는 것이었다.

식품진흥원은 이런 불리한 투자 유치 조건에도 불구하고 그동안 각종 비즈니스 지원 사업과 중장기 기술 지원 사업을 투자 유인책으로 내세워 왔다. 물론 이런 지원 대책은 없는 것보다는 낫지만 지원 사업 규모는 건당 5천만 원에서 1억 원이고 총 지원받는 금액도 2~5억 원 수준을 상회하기 어렵다. 또 이 지원 사업조차 입주 기업이 늘어나면서 경쟁이 치열해지면 수탁받기 점점 어려워질 것이고 언제까지 지원할지 장담하기 곤란한 실정이었다. '분양가는 현찰, 지원 사업은 어음'이라고 투자 관심 기업들은 말한다. 이러한 사정을 다 알고 있는 대기업과 수도권 기업을 설득하여 투자를 유치하기란 매우 어려운 일이다.

민간 연구소를 유치해 입주 기업의 기술 경쟁력을 높여 준다는 마스터플랜도 허울 좋은 얘기였다. 국가식품클러스터 연구 존 내 12필지 중 고작 한 필지를 파는 데 성공했으나 계약을 체결한 연구소조차 결국 계약금을 포기하면서까지 투자를 철회해 버렸다. 연구원들이 익산 이주는 물론이고 주중 근무조차 꺼린다는 이유였다. 연구소를 익산으로 이전할 경우 모두 퇴사하겠다고 한단다. 투자를 결정했던 연구소장은 궁지에 몰렸던지 나를 찾아와 당초 계획대로 왜 국클이 활성화되지 않느냐며 울먹였다. 어떤 민간 연구소 대표는 서울에 있는 식품 연구소를 성남으로 옮기려고 직원 당 교통 보조비 100만 원씩을 주겠다고 제안했음에도 연구원들의 반대로 무산되었다며 식품 연구원들이 서울을 떠나려 하지 않는 고급 인력 시장의 동향을 들려주었다. 식품 연구소를 유치하여 입주 기업 경쟁력을 높이겠다는 마스터플랜의 큰 맥락이 무색해져 버린 것이다.

해외 글로벌 기업 유치는 또 어떤가? 사람의 감각 기관 중 가장 보수적인 곳은 맛을 보는 '혀'일 것이다. 사람들은 처음 길들여진 입맛을 쉽게 바꾸려 하지 않는다. 분유 업계가 한때 산부인과 신생아실에 자사 분유를 공짜로 무한 제공하는 마케팅에 열을 올렸다. 신생아가 태어나 처음 맛본 분유 맛을 기억하여 다른 분유를 주면 싫다고 입 밖으로 내뱉기 때문이었다. 산부인과 병원이 신생아와 산모가 퇴원할 때 그동안 먹였던 분유 제품 몇 통을 추가로 싸주던 시기가 있었다. 그만큼 첫 입맛을 바꾸기란 매우 어렵다. 보수적인 한국인의 입맛이 서구화되기까지도 오랜 시간이 필요했다. 1970년대 목장우유를 시작으로 돈가스, 피자, 스파게티, 치즈, 스테이크까지 단계적 확장이 되어 3세대가 지난 지금에야 서양식에 대한 거부감이 많이 사라졌다. 사람들의 입맛이 얼마나 보수적인지를 알 수 있다.

보수적인 입맛은 외국 사람들도 예외는 아니다. 일본은 1950년대부터 일식 세계화를 추진했지만 1980년대에야 할리우드 자본 시장을 장악하면서 비로소 일식 세계화에 속도를 붙일 수 있었다. 미국은 "날 생선을 먹는 나라에서 올림픽을 개최할 수는 없다."며 1964년 도쿄 올림픽 보이콧을 시도하기도 했다, "날 생선을 먹으니 핫도그를 먹겠다."고 스시를 비하했던 나라에서 "스시를 먹지 못하면 상류층이 아니다."라는 말이 생겨날 정도로 스시 사랑이 커졌다. 일식이 외국에서 자리 잡기까지 50년 가까이 걸린 셈이다.

한식 세계화도 2008년부터 본격 추진되었지만 아직까지 '스시 신화'

만큼 큰 성과는 없다. 이렇듯 외국인 입맛을 바꾸는 데는 많은 시간이 걸리고 한계가 있다. 만약 우리 식품 산업단지에서 기발한 식품이 개발됐다고 해도 당장 대량 수출이 가능하지 않다. 케이팝(K-POP), 케이스크린(K-Screen) 등 한류를 동반한 케이푸드(K-Food)에 대한 지속적인 문화적 침투와 오랜 입맛을 바꾸는 노력 없이는 당장 어려울 것이다. 거꾸로 한국인 입맛을 사로잡아 폭발적으로 국내에 소비될 수입 제품이 있어야 외국 기업도 한국에 공장을 지을 것인데 그런 획기적인 제품도 그런 획기적인 외국 식품 기업도 없다. 그만큼 외국 기업을 투자 유치하는 것은 어려운 일이다.

외국 기업이 우리나라에 투자할 경우를 생각해 보자. 높은 인건비와 투자비를 들여서 한국에 들어오려는 기업은 어떤 기업일까? 높은 비용을 감당하면서 자국으로 역수출을 하려 한다거나, 거대 소비시장인 중국으로 수출하는 것을 목적으로 국가식품클러스터에 투자한다는 것은 시장 논리에 맞지 않다. 또 중국도 가공식품 제조 능력이 이미 높은 수준에 올라와 있다. 그렇다면 아마도 한국 소비가 폭발적으로 늘어나 자국에서 생산하기에는 한국 소비 물량을 감당해 내지 못할 경우에나 한국에 투자할 것이다. 그런데 그럴만한 외국 제품은 한국에 없다. 설사 그런 제품이 있다 하더라도 한국의 식품 기업들이 앞 다투어 금세 유사 제품을 만들어 버리거나, 외국 기술력을 사서 똑같이 생산해 버릴 것이다. 그만큼 식품의 기술 장벽은 그다지 높지 않다. 만약 어느 누구도 범접할 수 없는 뛰어난 기술력으로 우리 국민이 열광적으로 선호하는 제품을 생산하는 기업이 있다고 가정하자, 그 기업이 여건이 좋은 수도권을 버리고 익산을 선택할 거라고 보지 않는다. 또한 우리 식품진흥원도 그런 희귀 기업을 찾으려면 많은 비용과 인력이 필요한데 그럴만한 여력이 없다. 초창기 기관으로서는 한정된 재원으로 선택과 집중에 초점을 맞춘 투자 유치 전략이 필요하다.

이러한 식품 특성과 투자 여건을 알면서 외국 식품 기업들이 국가식품클러스터에 투자하기를 바란다는 것은 우문이다. 한국 식품 기업도 외국에 투자한 사례가 그리 많지 않다. 오리온 초코파이는 동구권이 개방되면서 러시아, 중국, 동유럽에서 폭발적인 인기를 누렸다. 이에 상응한 제품을 러시아나 중국이 만들지 못하면서 수요가 폭등하자, 오리온은 러시아와 중국에 공장을 설립하고 현지 생산량을 늘렸던 것이다. 한국 생산량으로는 그 수요를 따라잡을 수 없고, 물류비도 감안했다. 외국 기업이 이런 유사한 여건을 가지고 있다면 국내 유치가 용이했을 것이다. 식품진흥원은 그동안 국가식품클러스터 마스터플랜이 제시한 방향을 믿고 유럽과 중국, 동남아시아, 미국을 오가며 외국 기업 투자 유치를 위해 열심히 뛰었지만 성과는 매우 초라했다. 애당초 불가능한 비전과 목표를 잡은 탓에 많은 에너지와 비용만 해외에 낭비한 꼴이 된 것이다.

그럼 어떻게 해야 하는가. 지금이라도 마스터플랜을 수정해야 한다.

당장 마스터플랜을 바꾸지 않더라도 불합리한 정책 방향은 바로 선회하여 다른 방법으로 국가식품클러스터 활성화를 추진해야 한다. 더 이상 올 생각도 없는 대기업 투자 유치나 가능성이 희박한 외국 기업 유치에 힘을 쏟지 말고 국가식품클러스터로 이전이 가능한 국내 중소·중견기업들 유치에 힘을 집중해야 한다. 또 외국 기업 투자를 바라고 7만 평이나 조성된 글로벌 존도 빨리 해제시켜서 국내 기업에 분양해야 한다. 문제점을 보고하고 설득했는데도 글로벌 존을 3년째 해제해 주지 않다가 올 6월에야 해제해 주었다고 한다. 그동안 팔 땅이 거의 없는데도 해제해 주지 않으면서 "분양률이 낮다. 노력이 부족하다. 관리체계 잘못이다."라고 지적한 것은 책임 전가였다고 본다.

투자 유치 가능성이 제로인 연구 존을 용도 변경하여 '푸드파크'로 조성하자는 식품진흥원의 제안을 무시하고 방해하는 것도 잘못이다. 연구 존에 푸드파크의 중심이 되는 '그로서란트'를 만들자. 그로서란트는 grocery(식재료)와 restaurant(레스토랑)의 합성어로, 한 곳에서 식사와 장보기가 가능한 편의 시설을 일컫는 신개념 트렌드이다. 여기에 식당과 입주 기업 제품 판매대를 만들고 주변을 가족 쉼터로 제공하자. 위생복으로 갈아입지 않고 편리하게 제조 과정을 직접 볼 수 있는 식품 공장 견학로를 설치하고, 식품 박물관도 만들자. 산업단지 내에 있는 도리산에 둘레길도 만들고 그 길을 연장하여 외관이 멋진 공장들을 구경하는 산책로도 만들자. 우리는 이처럼 6차 산업을 활성화시키는 산업단지로 만들 것을 제안해 왔다. 실현되기를 바란다.

그동안 투자 여건 개선을 위해 땅값 인하, 입주 기업 5년간 법인세 감면, 우대 지역으로 전환, R&D 가점 상향, 폐수 처리비 인하, 입주 기업 근로자 숙소 및 교통비 지원 등 투자 여건 개선을 추진했다. 그러나 더 많은 투자를 기대한다면 '반값 분양'과 같이 획기적이고 추가적인 투자 여건 개선을 추진해야 한다.

우리나라에는 크고 작은 산업단지(국가산단, 일반산단, 농공단지)가 2021년 1월 기준 1,235개나 된다. 산업단지를 활성화시키려면 다른 산업단지와는 뭔가 달라야 한다. 실질적 지원과 그만한 인센티브를 제시해야 하는 것이다. 계획이 잘못되면 실행에 동력을 받을 수 없다. 잘못된 계획은 감추지 말고 철저하게 잘못을 분석하고 곧바로 개선해야 한다. 그러나 2021년 2월 현재 어느 것 하나 긍정적으로 추진되고 있지 못하여 아쉬울 뿐이다. 이런 마스터플랜 변경이나 글로벌 존 해제, 푸드파크 추진과 같은 정책은 식품진흥원이 결정할 수 있는 일이 아니다. 농식품부의 담대하고도 빠른 정책 변화를 기대해 본다.

투자자들의 냉소

취임 직후 투자 유치를 위해 현장으로 달려갔다. 조미료 생산으로 유명한 대상주식회사 대표이사, 롯데푸드 상무이사와 중견·중소 식품 기업 대표들을 만나 국가식품클러스터 입주를 권했다. 하지만 그들은 우리를 정중하게 맞이해 주었지만 투자 유치에 대해서는 냉담했다. 입에 침이 마르도록 장점을 설명해도 묵묵히 듣고만 있었다.

특히, 식품 대기업들은 장기적으로 자기 기업만의 대단위 산업단지를 조성하려는 계획을 가지고 있었다. 식품 특성상 일명 '대박 상품'으로 수요가 급격히 늘어나면 이곳저곳에 불가피하게 공장을 세우게 되었고 그러다 보니 불필요한 비용이 증가하게 되어 언젠가는 한 곳에 수십만 평 부지를 확보해 공장을 집적화하고자 했다. 따라서 70만 평을 이미 개발해 놓고 필지별로 쪼개 팔고 있는 국가식품클러스터는 입주 고려 대상이 아니었다. 또한, 중소기업들은 투자 후 10년쯤 지나 지가 상승을 기대하는데 익산에 위치한 국가식품클러스터는 그런 입지가 아니라고 판단했다. 취임 초기 석 달 정도는 시간이 날 때마다 이런 현장

영업을 계속했는데 갈 때마다 국가식품클러스터가 처한 현실을 알게 된 점은 바람직했지만 곧바로 투자 유치할 것만 같았던 전의는 상실되고 기운도 점점 빠져나갔다.

식품진흥원에는 국내외에서 견학을 오는 사람들이 많았는데 그들에게 했던 홍보용 PT 내용들이 미사여구에 불과했던 건 아닌지 반성하게 되었다. 우리는 그동안 국가식품클러스터는 국내 유일한 국가 식품 산업단지이고, 서울에서 KTX로 1시간 거리에 불과하며, 사통팔달 고속도로가 있어 교통도 편리한 데다가, 새만금 항이 곧 준공되면 수출 전진기지로도 손색이 없다고 선전했었다. 또 350억 원 규모의 식품 관련 장비를 구축해 기업들이 언제든지 사용할 수 있고 1급수인 용담댐 물을 끌어오고 있어 식품 사업을 하기에 적격이라는 얘기도 빠뜨리지 않았다. 이 모든 것이 틀린 말은 하나도 없지만 기업은 이런 조건들에 큰 매력을 느끼지 않았다. 시장을 몰라도 한참 모른 투자 유치 전략이었던 것이다.

기업이 필요로 하는 것이 무엇인지 파악되었으니 개선을 해야 하는데 무엇부터 손을 대야 할지 막막했다. 일단 투자유치부와 함께 개선점을 정리했다. 지방 투자 촉진 보조금 우대 지역으로 전환하여 기업 지원금 비율을 높여주는 것, 법인세를 인하해 주는 것, 땅값을 낮춰 주는 것, 폐수 종말 처리비를 경감해 주는 것, 농림식품기술기획평가원 R&D 평가 가점을 높여주는 것 등을 목표로 잡고 실행에 옮겨갔다. '조세특례 제한법' 개정안을 만들어 이춘석 의원에게 제안하고, 정헌율 익산시장에게 우대 지역 전환을 추진해 줄 것과 폐수 종말 처리비 경감을 요청했다. 농식품부에도 R&D 가점을 높여달라고 요청했다.

풀어야 할 숙제 하나하나가 막막하고 엄청난 에너지가 필요한 사안들이지만, 땅값 인하는 이미 입주한 기업들과의 형평성 문제가 끼여 있어 어찌 풀어야 할지 난감했다. 땅 주인인 LH공사 관계자에게 토지 판매 촉진 방안으로 땅값 인하를 고민해 달라고 부탁했다. 우리의 강력한 추진 의지와 집요한 밀어붙이기 전략으로 조특법 개정, 폐수 처리비 인하, 우대 지역으로의 전환 등이 하나하나 실마리가 풀려 갔다. 심지어 땅값도 분할 납부 시 무이자를 적용해 주어 결과적으로는 6.2% 인하 효과를 봤다. 지난 8년 동안 꿈쩍도 하지 않던 일들이 하나하나 실현된 것이다. 물론 이런 성과를 가지고 샴페인을 터트리지는 않았다. 그동안 국가식품클러스터를 관리하며 똑같은 과제를 추진했던 중앙부처나 지자체 공무원들 그리고 우리 담당 직원들에게 자괴감을 안겨줄 수 있었고, 또 막 시작하는 단계였던 식품진흥원 혁신을 자만에 빠뜨릴 수 있었고, 중장기적 성과에도 악영향을 줄 우려가 있었기 때문이다.

해외 기업 투자 유치
실패의 교훈

식품진흥원은 국가식품클러스터(1,515천㎡) 내에 글로벌 식품 존(450천㎡)을 만들고 이중 일부는 외국인 투자 지역(116천㎡)으로 지정해 외국 식품 기업 유치를 위해서 많은 노력을 해왔다. 2011년부터 2018년까지 해외 식품 기업을 유치하기 위해 직·간접적으로 투입된 비용은 80억 원에 이르지만 현재까지 외국 기업 유치는 거의 없는 실정이다.

그동안의 노력을 보면 ① 해외 식품 기업인을 초청하여 국내 관광을 연계한 국가식품클러스터 소개와 외국 관련 기관을 대상으로 한 국내 투어 ② 해외 주요 식품 기업이나 해외 연구소 방문 ③ 국제식품박람회 내 국가식품클러스터 투자 유치관 설치운영 ④ 해외 투자 유치 전문위원 운영, 에이전시를 활용한 투자 유치 등 적지 않은 예산과 인력이 투입되었다. 또 영어, 일어, 중국어 등 외국어 특기자를 7명이나 채용하여 그야말로 대대적인 투자 유치 활동을 벌였다. 그러나 그 결과는 한·러 합작 음료 제조사인 코아바이오 1개사를 유치하는 데 그쳤다. 초라한 성적이었다.

그렇다면 식품 분야의 국내 투자 현황은 어떠할까? 국내에 진출해 있는 식품 관련 외국인 투자 기업은 약 140여 개로 대표적으로는 코카콜라음료(주), 풀무원다논, 해태가루비, (주)한국야쿠르트 등이 있고 그 외 대부분이 종업원 30명 이하의 소규모 기업들로 이루어져 있다. 그마저도 소규모 무역업을 하는 회사를 제외하면 실질적으로 제조를 하는 기업의 숫자는 이보다 훨씬 적다. 자동차, 반도체 등 우리나라를 대표하는 산업의 외국인 투자 기업에 비하면 식품 분야는 그야말로 초라하기 짝이 없다. 이 결과를 보면서 식품진흥원의 그동안 해외 투자 유치 전략의 문제인지, 아니면 우리나라 식품 산업의 근본적인 문제인지 의구심이 들었다.

왜 국가식품클러스터에 외국 식품 기업이 입주하지 않는 것일까? 무엇이 문제일까? 첫째, 외국 투자는 생각보다 어렵다. 일반적으로 해외 투자 시 고려할 사항을 보면 시장 규모, 성장 가능성, 물류 여건, 자본 투자액(토지, 건물, 기계장치 등), 그 나라 법 등 각종 규제 여부, 외환, 정치·경제 상황 등 수없이 많은 변수들을 시나리오에 넣고 경제성 분석을 통해 이익이 발생할 것으로 확신할 때 투자를 고려해 볼 수 있다. 실제로 해외 박람회에 나가보면 한국 시장에 관심을 갖고 있는 기업인들을 간혹 만나게 된다. 문제는 돈이다. 이 모든 변수들을 고려하여 최적의 투자 분석이 나오기까지는 투자국에 정통한 법률, 회계, 세무 등의 전문가로부터 컨설팅을 받아야 하는데 그 비용도 만만치 않다. 그러나 우리가 아는 세계적인 식품 기업 이외에는 이 같은 비용을 감당하기 힘들고 시간도 오래 걸린다. 즉 중소 규모의 식품 기업의 입장에서 보면 관심은 있어도 실행은 어렵다는 이야기다.

둘째, 반도체나 자동차 같이 국가별·인종별 문화 특성과 관계가 비교적 덜한 제품의 경우에는 소위 '입맛'을 고려하지 않아도 된다. 그러나 식품은 그렇지 않다. 우유, 초콜릿, 커피, 치즈, 아이스크림, 맥주, 베이컨 등 범용성이 있는 제품 이외에는 서로 식문화가 다른 국가에 진출한다는 것은 쉽지 않다. 사람은 태어나서 처음 먹었던 맛이나 향을 기억하고 그것을 쉽게 바꾸려 하지 않는 특성이 있다. 20년간 해왔던 한식 세계화가 세계 속에 정착하기 어려운 이유이기도 하다. 또한 유명한 다국적 식품회사인 네슬레(Nestle), 펩시(Pepsico), 마즈(Mars)의 주요 생산품은 초콜릿을 포함한 유제품, 콜라 등 음료수로서 소위 국가·인종 간 장벽이 없는 범용 제품들인 것만 봐도 왜 식품 기업의 외국 투자가 어려운지 알 수 있다.

셋째, 우리는 김치, 된장, 간장, 밥을 먹는 민족이다. 소득이 증가하면서 입맛이 서구화되어 빵류, 육류, 커피 등의 소비가 증가한다지만 여전히 우리 민족은 김치·된장을 찾는다. 즉 외국 식품 기업들이 파고 들어올 수 있는 입지가 그만큼 적다. 외국 식품 기업이 대한민국에 가지고 들어올 제품에 한계가 있다. 그간 식품진흥원의 해외 투자 유치 방법과 대상을 보면 '식품 제조기업'이라는 모호하고 넓은 개념으로 접근하여 우리 식생활에 맞지 않는 제품을 생산하는 기업들까지 유치하려고 했다. 우리나라에 들어올 만한 기업을 상대로 하는 핀 포인트(Pin Point)로 접근하지 않은 점이 문제였다.

마지막으로, 국가식품클러스터의 해외 투자 유치 전략의 문제점도 지적받아야 한다. 몇몇 직원들과 함께 세계 식품 시장의 트렌트를 파악하기 위해 2018년도에 프랑스 국제식품박람회(SIAL PARIS 2018)에 갔을 때의 일이다. 세계 최대의 식품 박람회라는 명성에 걸맞게 세계 각국의 육가공, 스낵, 커피, 음료, 건강 기능 식품 등 각양각색의 식품이 전시되어 그 규모에 감탄했고 압도당했다. 그러나 실망스럽게도 한국 식품 회사들이 모여 있는 한국관은 인도네시아, 파키스탄, 베트남, 중국 등의 아시아권 나라보다도 못했고, 유럽이나 중남미 국가 부스와는 비교할 수 없을 만큼 초라하고 천편일률적으로 꾸며져 있었다. 더군다나 식품진흥원의 국가식품클러스터 부스는 한국관 중 맨 구석에 차려져 있는데 보잘 것 없는 부스에다가 방문객도 없어 을씨년스럽기까지 했다.

프랑스 SIAL박람회 모습

국가식품클러스터 홍보부스

한국홍보관

그도 그럴 것이 다른 부스들은 식품 홍보를 위한 부스였는데 우리는 외국인이 알아보지도 못하는 입주 기업 이름을 벽면에 도배한 채 투자 유치를 한다고 자리를 잡고 있었던 것이다. 외국 관람객의 관심을 끌만한 아무런 특징도 없는 부스였다.

"아~ 지금까지 수년간 해외 투자 유치를 한답시고 이런 실효성 없는 사업에 예산과 인력을 투입했구나!"라고 생각하니 답답할 뿐이었다.

프랑스 SIAL 박람회를 다녀온 후 그간 진행된 해외 투자 유치 사업을 점검했다. 투입된 인력과 예산 등을 파악하고 모든 사업에 대한 개선 방안을 모색했다. 결국 2019년부터는 이런 실효성 없는 해외 투자 유치 사업을 모두 중단했다.

당초 국가식품클러스터를 설계할 때 글로벌 기업 유치라는 원대한 희망을 갖고 처절하게 노력했던 것은 사실이다. 하지만 10년 동안의 성적표가 나왔으면 빨리 현실을 인정하고 신속하게 새로운 전략을 수립하는 것이 중요하다. 나무에서 물고기를 구한다는 '연목구어(緣木求魚)'라는 사자성어처럼 목적과 수단이 맞지 않아 불가능한 일을 계속해서 추진하는 우를 다시는 범하지 않아야 한다. 2020년 국가식품클러스터의 분양률도 60% 이상 되었고 국내 신규 투자 기업의 수요도 점진적으로 증가하고 있다. 반면 외국 기업 유치를 목적으로 마련한 글로벌 존은 성과도 없이 산업단지 활성화에 걸림돌이 되고 있다. 사실 글로벌 존은 법적 실체도 없고 실효성도 없는 규제이므로 하루 빨리 해지하여야 한다.

네덜란드 **푸드밸리**에서
국가식품클러스터를 보다

    국가식품클러스터에는 항상 '한국형 푸드밸리'라는 수식어가 따라다녔다. 푸드밸리라는 용어도 생소한데 한국형이라는 수식어가 붙어 있는 것을 보면 마치 한국형 TGV(떼제베)가 KTX(한국고속철도)인 것처럼 해외에서 벤치마킹 했겠거니 생각되었다. 나는 푸드밸리가 도대체 무엇이고 왜 우리가 그것을 롤 모델로 삼고 있는지 궁금했다. 취임 6개월이 지났을 무렵 궁금증을 해결하기 위해 네덜란드 푸드밸리를 방문하기로 했다. 때마침 해외 협력 기관인 프라운호퍼연구소의 초청과 독일에 있는 기업과의 투자 유치 MOU(업무양해각서) 체결 행사가 잡혀 있었다.

    2018년 6월 3일, 국가식품클러스터 활성화 연구 용역에 참여하고 있는 단국대 양성범 교수와 이춘수 교수, 윤찬석, 정준재 차장과 만나기로 한 약속 시간에 맞춰 공항버스에 몸을 싣고 인천공항으로 갔다. 일행들이 모두 속속 도착하자 출국 수속을 밟았다. 약 12시간을 비행한후 네덜란드 암스테르담공항에 도착하니 시계바늘이 18시 55분을 가

리키고 있었다. 숙소에 짐을 풀고 시차와 긴장감을 해소하기 위해 길거리 펍(Pub)에서 가벼운 맥주 한 잔으로 네덜란드의 이국적인 저녁 거리 풍경을 느꼈다.

다음 날 아침, 우리 일행은 호텔에서 간단히 조식을 마치고 목적지인 푸드밸리로 출발했다. 자동차로 1시간 남짓 걸려 도착한 와게닝겐대학에서 동네덜란드개발청에 근무하는 캠퍼 링크와 수잔을 만났다. 이들과 하루 종일 보내면서 푸드밸리에 대한 나의 궁금증이 풀리기 시작했다.

푸드밸리는 식품 산업의 발전을 목표로 와게닝겐시를 중심으로 8개 도시에 걸쳐 글로벌 식품 기업과 교육·연구기관 그리고 지역 정부 등이 자발적으로 몰려와 형성된 대규모 식품클러스터였다. 식품 기업이 자발적으로 모인 데에는 와게닝겐대학을 중심으로 R&D 협업이 잘 이루어짐으로써 식품 기업들이 집적화의 필요성을 느꼈기 때문이라고 한다.

푸드밸리의 핵심 기능이 네트워크 기반의 식품 산업 지식을 발굴하는 것이라면 이를 공유하고 투자 유치와 기업 간 협업을 조율하는 역할을 동네덜란드개발청이 담당하고 있었다. 동네덜란드개발청은 2개 지역, 5개 사무국을 운영하고 총 120명의 인력이 근무하고 있었다.

동네덜란드개발청에서 푸드밸리는 4가지 사업(Agrifood, Clean(Environment), Hi-Tech, Bio) 중 하나로 농식품분야(Agrifood)에 속한 사업이라는 것이다. 회원제로 운영되는 푸드밸리에는 글로벌 식품 기업인 네슬레, 유니레버, 하인즈, 하이네켄 등 2,600개 사가 회원으로 가입되어 있다. 회원사가 이곳에 집적되지 않아도 전 세계 식품 기업이라면 누구나 참여하여 네트워크로 운영·관리가 가능한 클러스터였다. 또한 주변의 와게닝겐대학, NIZO연구소와 같은 R&D 기관 간 와게닝겐연구협의체를 구성하여 EU 식품정책과 지원 프로젝트를 발굴하고 기업에 소개하여 협업체계를 구축하고 프로젝트를 수행하는 역할도 주도하고 있었다. 물론 기업이 직접 제안하는 R&D 프로젝트에도 와게닝겐연구협의체가 참여하여 기술 혁신과 네덜란드 식품 산업의 발전을 이끌고 있었다.

> ※ **푸드밸리의 4가지 주요 업무**
> - Promotion: 설문조사, 주요 행사 운영 등
> - Quick question & Solution: 현장 애로 사항의 해결을 위한 코디네이션
> - Subsidies Consult: 자금 컨설팅(직접적인 자금 지원은 없음)
> - Training : 회원사 교육(직무, 기술, 운영, 사업, 동향 등)

그러고 보니 푸드밸리로 이동하는 동안 주변에 기업이 집적화된 것을 보지 못했다. 푸드밸리도 우리처럼 산업단지라는 제한된 공간에 기업이 집적되어 있을 거라고 지레짐작했던 생각이 잘못되었음을 깨달았다. 푸드밸리는 오랜 세월 동안 기업과 학교와 연구소가 알음알음 소규모 협업을 통해 문제를 해결해 나가다가, 자생적으로 집적된 후 제도

권으로 진입했던 것이다. 거기에 더해 이제는 IT통신 네트워크를 활용하여 가상의 공간에서 전 세계의 기업과 대학, 연구소를 연결하여 식품 산업의 혁신을 주도하여 세계 최고의 사이버-푸드밸리로 진화하고 있었다. 거기에 비하면 우리는 국가 주도로 단기간에 집적화된 장소에 임의로 식품 기업을 유치하여 식품 산업단지로 운영하려고 했던 것이니 아이디어부터 이미 급격하게 변하고 있는 식품 산업계의 시대적 감각과 요구에 뒤쳐진 셈이기도 했다. 전체적인 사업 구성과 프로그램은 푸드밸리를 따르더라도 '한국형 푸드밸리'라는 수식어 자체가 무색해지는 순간이었다.

우리는 네덜란드 푸드밸리에서 국가식품클러스터의 미래 지향점을 찾아냈다. 국가식품클러스터는 70만 평 산업단지에 입주해 있는 기업에 국한된 지원 사업과 산학연 네트워크 운영을 멈추고 전국의 식품 기업, 학교, 연구소를 대상으로 사업 목표를 확장해야 한다. 그런 후 더 노하우를 쌓아 세계 네트워크를 구축하여 세계 식품 기업들과 교류와 협업을 해야 한다. 그러기 위해서는 우리 직원들의 사고와 일하는 방식부터 바꿔야 하고 끊임없는 변화와 혁신을 시도하여 각자의 역량을 강화하는 것이 중요하다고 생각했다. 그래야 국가식품클러스터가 한국형 푸드밸리를 넘어 전 세계 식품 산업계로 도약하는 기반을 마련할 수 있을 것이다.

아니나 다를까 그 해 열린 국정감사에서도 국회의원들은 식품진흥원

네덜란드 푸드밸리의 중심인 와게닝겐대학교

이 전국적인 기업을 대상으로 지원 사업을 추진하여 국내 식품 산업을 이끌어야 한다는 지적과 당부가 있었다.

네덜란드 푸드밸리에서 받은 소회를 되뇌이며 돌아오는 길에 한가로이 돌고 있는 풍차 사이로 붉은 저녁노을이 지는 풍경이 눈에 들어왔다. 내막을 모르는 여행객의 시선으로만 본다면 한없이 목가적이고 평화로운 풍경이다. 하지만 그 전원적 경관의 이면에는 푸드밸리처럼 전세계를 잇는 산학연 네트워크가 다이내믹하게 활동하고 있다. 네덜란드는 조용하면서도 역동적으로 움직이는 나라였다.

웅장한
프랑스 시알(SIAL)

'백문이 불여일견(百聞而 不如一見), 백견이 불여일각(百見而 不如一覺), 백각이 불여일행(百覺而 不如一行)'이라고 했다. 백번 듣고 보는 것보다 한번 행하는 것이 낫다. 우리는 학계, 산업계 또는 다른 공공기관 등 여러 분야의 전문가들을 만나 다양한 정보를 들을 수 있었지만 답은 항상 현장에 있었다.

2018년 10월 20일 박승수 차장과 나는 프랑스 시알(Paris SIAL)박람회에서 투자 유치 홍보 부스를 운영할 겸, 해외 식품 시장과 투자 유치 실태를 파악할 겸, 이탈리아 볼로냐(Bologna)에 있는 농식품 테마파크인 '피코(FICO)'를 볼 겸, 프랑스로 떠났다. 2년마다 10월에 열리는 파리 식품박람회는 세계 식품 동향을 보기에 좋은 기회였다. 가기 전날 감기몸살 기운이 있기도 하였고 인천공항에서 프랑스 드골공항까지 오랜 비행시간에 피곤하기도 하였지만, 프랑스에 도착하자마자 새로운 것에 대한 설레임과 열정이 솟아나 컨디션은 금세 회복되었다.

IT 신기술에 관심이 있는 사람이라면 누구나 매년 미국에서 개최되는 가전제품박람회 CES(Consumer Electronics Show)를 알고 있을 것이다. 한국에서도 삼성전자, LG전자, 현대자동차 등 국내를 대표하는 기업들이 참가할 만큼 CES 전시회는 매년 새로운 기술 트렌드를 지속적으로 제시하는 역할을 해왔으며 IT 분야뿐만 아니라 자동차, 콘텐츠, 문화 등으로 확대되고 있다.

식품 산업에서 CES와 견줄만한 박람회로는 프랑스 SIAL과 독일 쾰른 국제식품박람회(ANUGA), 푸덱스 제펜(Foodex Japan) 등을 꼽을 수 있다. 그중에서도 가장 큰 규모는 파리 시알(Paris SIAL)이다. 2018년 시알에는 7,200개 부스에 각국에서 생산된 40만 개 이상의 식품들이 전시되었으며, 박람회가 열리는 5일 동안 31만 명이 다녀갔는데 이중 73%가 외국인이라고 한다. 부스 규모나 관람객 측면에서 여타 국가에서 개최하는 식품 박람회와는 비교할 수 없을 정도로 규모가 컸다. 일산 킨텍스에서 매년 열리는 서울국제식품산업대전의 30배쯤 되는 규모였다. 9개의 전시관을 다 살펴보려면 몇 날 며칠이 걸린다. 우리 일행은 파리에 이틀간 체류하며 되도록 많은 부스를 살펴보기 위해 동동거리며 거의 뛰다시피 했지만 전체를 다 관람하기에는 턱없이 시간이 부족했다.

우리나라에서도 일산 킨텍스(서울국제식품 산업대전), 서울양재동 at센터(국제식품박람회) 등 서울을 비롯해 부산, 대전, 광주 등에서 매년 10개

- **부스** 7,200부스 중 프랑스 외 국가가 87% 차지
- **방문객** 5일 동안 31만 명(이중 73%가 외국인)
- **전시제품** 각국에서 생산된 40만 개 이상의 식품 관련 제품(100개 이상의 슈퍼마켓에 진열된 제품과 동일한 전시 규모임)

이상의 식품 전문 박람회가 열린다. 식품 박람회를 개최하는 취지는 생산자와 바이어의 만남을 통해 기업에게는 판로 개척과 홍보의 기회를 주고 생산자에게는 최신의 식품 산업 트렌드를 제공함으로써 신제품을 개발할 수 있는 아이디어를 주자는 것이다. 그러나 국내 식품 박람회의 경우 자로 잰 듯 특색도 볼품도 없는 부스 디자인에 중소기업 제품이 주류를 이루고 있다. 어떤 식품 박람회는 젓갈류, 김치 등 최근 식품 산업의 트렌드와 동떨어진 제품을 전시하여 재래시장을 재현한 모습에 불과했다. 이런 경우 박람회가 관람객들에게 특별한 정보를 줄 리 만무하다. 행사의 목적이 의심스러운 적도 있었다. 이렇듯 국내 식품 박람회가 기대에 못 미치고 있을 때 프랑스 시알은 좁았던 우리의 시야를 크게 넓혀 주었다.

파리 박람회에 참가한 주요 국가들의 홍보 부스는 카페 분위기에 독특하고 고급스러운 의자를 배치하여 편안한 상담이 가능하도록 신경

을 쓰거나, 강렬하고 독특한 이미지로 관람객의 관심을 끌도록 설치되어 있었다. 부스에 설치된 광고들은 어떤 제품을 홍보하려고 참여했는지 바로 알 수 있도록 깔끔한 디자인으로 잘 표현되어 있었다. 또한, 식품 산업의 트렌드를 느낄 수 있게 다채로운 제품들도 전시되어 있었다. 이런 놀라운 광경을 목격한 우리는 시골에서 막 상경한 사람들처럼 눈을 어디다 둘지 모를 만큼 어리둥절했다. 매우 흥미롭고 감동적인 경험이었다. 우리는 전시 부스들을 사진으로 남겨 귀국 후 직원들을 교육하고 식품진흥원 홍보관 설치에도 적용하기로 했다.

반면 시알에 참여한 우리 부스는 전혀 마음에 들지 않았다. 다른 기업들은 자신의 식품을 소개하며 상담하고 있는데 우리만 한국에 있는 산업단지 땅을 팔겠다고 부스를 설치한 것이다. 한국 제품들이 몰려 있는 한국관이 3관과 4관을 연결하는 통로 옆이라 외진 곳에 있어서인지 더욱 초라해 보였다. 식품진흥원 홍보 부스에 빡빡하게 적힌 홍보용 영문도 전혀 눈에 들어오지 않았다. 다른 나라 부스와 비교해 보니 부끄러웠다. 모든 것을 개선해야겠다고 마음먹었다.

귀국해 전 직원을 대상으로 파리 식품 박람회 사진을 하나하나 설명하면서 우리의 문제점이 무엇이고 어떻게 개선해야 하는지 논의했다. 먼저 시알에 식품진흥원의 홍보관 참여를 중단시켰다. 그동안 비싼 비용을 들여 참석해 왔는데 세계 식품 기업들이 우리나라에 투자한다는 것이 쉽지 않다고 판단했다. 외국 식품 회사를 유치하기란 매우 어려운데도 매년 많은 돈을 들여 해외 홍보, 해외 정보 수집을 하고 있었던 것이다. 국내 대기업에게도 못 팔고 있는 땅을 외국에서 팔겠다는 전략과 전술 모두 잘못되었다고 판단한 것이다.

한편 이참에 매년 열리는 10여 개의 국내 식품 박람회에 참여하는 우리 기관의 홍보 부스를 대폭 개선하기로 했다. 형태와 디자인을 화려하게 바꿨다. 그랬더니 박람회를 주최하는 측에서 오히려 참여해 달라고 연락이 왔다. 우리 식품진흥원 부스가 박람회 분위기를 바꿔놨다는 것이다.

익산시는 70만 평의 국가식품클러스터를 유치하고 하림그룹이 10만 평 규모의 공장과 본사를 이전해 오자 식품 도시라며 자랑해 왔지만 다른 도시와 다르게 식품 축제를 개최한 적이 없었다. 우리는 이번 파리 시알 견학을 바탕으로 익산 식품대전을 기획했다. 식품진흥원 앞 2차선 단지 내 도로를 차단하고 도로 양편에 작은 개별 텐트를 쳐서 전시 부스 100여 개를 만들고 식품진흥원 본관 앞을 주 무대로 활용할 계획을 세웠다. 먼저 2018년 10월에 50개 입주 기업을 대상으로 시범사업을 열었다. 성공적이었다. 적은 비용을 들여 최대 홍보 효과도 얻었다. 시범사업에 힘입어 우리는 2019년부터는 본격적인 행사 준비에 들어 갔다. 그러나 아프리카돼지열병과 코로나19로 1년을 미루다가 우여곡절 끝에 2020년에야 전국 최초 비대면 '온라인 익산식품대전'을 성공리에 개최할 수 있었다. 아리스토텔레스가 "모방은 창조의 어머니다."라고 했듯이 좋은 점을 모방해서 발전시켜 나가는 것도 재미있었다. 빨리 코로나19가 종식되어 오프라인과 온라인 동시에 열리게 될 '익산 세계 식품대전'의 개막을 손꼽아 기다린다.

부러운 이탈리아
피코(FICO)

이탈리아 하면 떠오르는 것이 무엇인가? 누군가는 역사·문화적으로 미켈란젤로의 다비드상, 콜로세움, 바티칸, 성베드로 성당과 영화 '로마의 휴일'로 유명해진 스페인광장과 트래비분수 등이 생각날 것이고, 음식을 좋아하는 분들은 파스타, 피자, 와인, 발사믹 식초 등이 떠오를 것이다. 프랑스에서 파리 식품박람회(Paris sial)와 프랑스 식품클러스터인 '비타고라' 견학 5일간의 일정을 마치고 파리에서 밤 비행기로 이탈리아 볼로냐(Bologna)에 도착하니 새벽 3시 가까이 되었다. 볼로냐는 이탈리아의 에밀리아로마냐주의 주도(州都)이자 세계에서 가장 오래된 대학교로 알려진 볼로냐대학이 있고 맛있는 요리로 유명하여 식도락가라면 누구나 한번쯤 방문하고 싶은 곳이다.

다음 날 '에밀리아로마냐 식품클러스터'를 방문하여 협회 관계자들과 우리 식품진흥원과의 협력 방안을 논의한 후 피코(FICO)를 방문했다. 피코는 볼로냐시 외곽에 위치한 푸드 테마파크로서 20,000㎡의 부지에 약 1억 유로를 들여 T자형 건물을 지어 판매 시설과 레스토랑, 여가 시설을 종합적으로 입주시킨 건축물이었다. 건물은 단층이었지만 천장이 4층 높이쯤 되어 시원함과 웅장함이 돋보였다. 이곳에서는 지역 농산물의 생산 과정과 가공·제조 과정을 볼 수 있고 문화 체험도 할 수 있다. 제품 구입과 입주한 유명 레스토랑에서 식사도 가능하다.

피코 이탈리 월드(FICO EATALY WORLD)

- 세계 최대 푸드 테마파크
- **위치** 이탈리아 중북부 에밀리아-로마냐주의 중심 도시이며 미식의 도시라고도 하는 볼로냐시에 위치
- **주요시설** 쇼핑 공간, 레스토랑, 체육 및 공연 시설, 동물·식물농장, 전시관 등 다양한 체험 시설로 구성

우리가 피코를 방문한 것은 국가식품클러스터 내에도 '푸드파크'를 조성고자 하는 계획이 있었기 때문이다. 피코는 훌륭한 벤치마킹 모델이 될 듯했다.

피코는 워낙 규모가 큰 시설이어서 대략 둘러보는 데도 서너 시간은 족히 걸렸다. 실내에는 레스토랑뿐만 아니라 지역에서 생산된 치즈, 와인, 발사믹 식초, 하몽, 소시지와 같은 가공식품을 판매하고 있었고 실내 스포츠장과 작은 공연장도 있었다. 실내가 넓다 보니 쇼핑 바구니가 달린 어른용 세발자전거를 대여해 쇼핑을 하는 고객들도 있었다. 실외

로 나오면 소, 돼지, 말, 닭, 오리 등 가축들이 울타리 안에서 여유롭게 먹이활동을 하고 있어서 아이들에게 견학 장소로도 제격이었다.

피코를 보면서 우리가 구상하고 있는 푸드파크 조성에 자신감이 생겼다. 우리가 계획하고 있는 푸드파크에도 고급스럽게 진열한 식품 판매 코너와 미래 식당과 같은 테마 레스토랑을 배치하고 야외에는 자연 친화적인 아이들 놀이터, 넓은 휴식 공간, 작은 예식장, 식품 박물관, 식품 제조 체험장도 갖출 예정이다. 푸드파크 볼거리를 위해 주요 공장에 견학로를 만들어 식품 제조 과정을 유리창 밖에서 볼 수 있게 하고 모든 공장 외벽에는 먹음직스런 조형물이나 대형 포인트 벽지를 만들어 찾아오는 국민에게 볼거리를 제공하려고 한다. 이런 1단계 사업이 성공하면 2단계 사업으로 과자 마을을 조성하고 컨벤션 센터도 만들어 음식 축제와 전시회를 연중 쉬지 않고 개최하도록 하면 좋을 것 같았다.

상품 판매대와 식당

피코 상징물인 무화과 　　지역상품 판매대 　　건물 내 식당

기업 경영 전략과 국가 경쟁력 연구의 최고 권위자인 마이클 포터는 국가의 경제가 높은 생산성과 경쟁 우위를 갖기 위해 '클러스터'라는 개념을 도입했다. 그가 정의한 클러스터란 '부가가치를 창출하는 생산 사슬에 연계하여 독립성이 강한 생산 기업들과 원재료 공급 기업, 최종 소비자, 사용자 기업 등으로 이루어진 네트워크'를 말한다. 마이클 포터의 정의로 볼 때, 식품 클러스터는 농업에서 소비자의 식탁에까지 이르는 모든 단계(농민, 식품 기업, 유통 업체, 소비자)가 네트워크의 대상이다. 식품진흥원에서 구상하는 푸드파크는 소비자, 농민, 식품 기업들이 모여 먹고 마시고 즐기는 공간을 제공하는 사업이다. 푸드파크야말로 마이클 포터가 이야기한 진정한 클러스터를 완성하는 길이 아닐까 생각했다.

피코를 보고 온 후, 우리는 자신감이 생겼다. 그리고 구상했던 그림을 차근차근 실현해 나갔다. 먼저 푸드파크 개념도를 만들어 직원들과 수차례 논의했다. 개념이 공유되자 명분을 만들었다. 명분으로는 "국가식품클러스터 마스터플랜에도 조성할 계획이 있고, 마이클 포터가 말한 클러스터의 완성을 위해서도 '푸드파크'가 필요하다."는 것이다. 우리는 그 개념과 명분을 가지고 먼저 지자체와 농식품부 담당관들을 설득한 후 재정당국도 설득했다. 재정당국을 설득하는 데 6개월이 걸렸고 갖은 노력이 필요했다. 이런 각고의 노력 끝에 2020년 타당성 연구 용역비 1억 원을 확보할 수 있었다. 그러나 정작 소관부처 농식품부는 부정적인 면만 부각시켰다. 추진 의지가 없어 보였다. 앞서 얘기한 "듣는 것보다는 보는 것이, 보는 것보다는 깨닫는 것이, 깨닫는 것보다는 실행하는 것이 낫다."는 말처럼 과감히 실행하는 실천력이 중요한 시점인데도 안 되는 이유만 계속 제시했다.

우리는 푸드파크가 실패하지 않기 위해 지자체나 기업들이 만들어 놓은 공원들을 다녀보았다. 어떤 곳은 성공했으나 실패한 사례도 많았다. 특히 지자체의 실패 사례가 많았는데, 거기에는 정부 예산이 탄력적이지 못한 데다 제한된 기간 내에 예산을 모두 소진해야 한다는 것도 실패의 원인으로 판단되었다. 그래서 우리는 성공과 실패 사례를 모아 대응할 계획을 세웠다. 짧은 집행 기간 내에 잘 만드는 방법은 전체 디자인에서부터 건축자재 하나하나까지 잘된 사례를 수집하여 모방하는 것이다. 그만큼 잘 만들 수 있는 촘촘한 대응책을 만들어 놨기에 반드시 성공 가능성이 높다고 본다. 국가식품클러스터가 당초 계획대로 명품 산업단지가 되기 위해서는 '푸드파크'는 꼭 만들어야 한다.

나는 퇴임 직전 직원들에게 "5년 후 암행 감찰을 나와 만약 푸드파크가 완성되지 않았거나, 추진이 지지부진 하다거나, 또는 잘못 만들어져 있다면 담당 직원들을 가만두지 않겠다."고 우스개 협박(?)을 하면서 너스레를 떨어왔다. 다시 한 번 당부하고 싶다. 제발 멋진 '푸드파크'가 만들어지기를 기원한다.

기관 자립화,
어떻게 해요?

식품진흥원과 형태가 유사한 기관으로 오송첨단의료산업진흥재단과 대구경북첨단의료산업진흥재단이 있다. 현재 오송은 412명, 대구경북은 443명 규모의 기관으로 첨단 의료기기 개발, 임상시험 등을 선도하면서 '의료 산업의 실리콘밸리 조성'을 표방하며 2010년에 설립된 기관이다. 우리 식품진흥원도 이와 유사하게 식품 산업 발전을 위한 기술 개발을 선도하고 '동북아 중심의 식품 산업단지 조성'을 내걸며 설립한 것을 보면 세 기관의 차이는 '의료'와 '식품'의 차이에 불과해 보인다. 다만 설립 10년 차를 기준으로 두 의료재단 인력이 식품진흥원보다 5배나 많다는 점만 봐도 식품진흥원 활성화는 뒤쳐져 있는 것이 분명하다.

오송첨단의료산업진흥재단은 2015년 감사원 감사 결과 "기관 자립화 방안을 조속히 수립하고 시행하라."는 주문을 받았다. 그렇다면 식품진흥원도 곧 감사원의 감사를 받게 될 것이고 똑같은 감사 결과가 나오지 않겠는가. 설사 그런 결과를 받지 않더라도 공공기관으로서 경쟁력을 높이기 위해서는 자립화 추진 실적을 매년 증가해야만 장비 가동률이 높아지고 기관 내실화도 갖출 수 있다. 그래서 나는 2018년 하반기부터 당장 식품진흥원 자립화 방안 용역을 추진했다. 취임 1차 년도에 착수해야만 2차 년도 하반기에 용역 결과가 나오고 직원들을 독려하여 3차 년도부터는 시행할 수 있다. 그래야 이사장 임기 내에 겨우 정착시킬 수 있다고 판단했다.

자립화 방안 연구 용역이 완료되자 각 부서에 목표 달성 방안을 주문했다. 그러자 기술지원처 산하 센터 내 실무자들의 불만이 터져 나왔다. "새 이사장 취임 후 혁신 과제가 쏟아져 지금도 힘든데 자립화라는 허리띠를 졸라매니 더 힘들다."는 것이다. 기관 자립화는 이제까지 확보한 예산이 점점 늘어남에 따라 우리에 대한 기획재정부와 농식품부로부터 관심이 커지고 있는데 그 관심에 부응하여 경쟁력으로 보여주는 것이라며 직원들을 설득했다. 더군다나 곧 다가올 감사원 감사도 대비해야 하고, 성과를 보여주고 추가 예산을 확보할 명분도 만들어야 한다. 직원들에게는 회사의 성장 방향을 제시하고, 안정적이고 좋은 직장을 만들어 줘야 하는 측면도 있었다.

한편, 생산성본부에 '국클센터 중장기 발전 방안', 즉 '자립화 방안'을 맡겼는데 2019년 9월 완성될 예정이고 이를 바탕으로 자립화 추진 방향이 결정될 예정이었다. 자립화를 위해서는 직원들의 참여가 무엇보다 중요했다. 그래서 지난 1년 동안 기회만 되면 직원들에게 자립화의 중요성을 강조해 왔다. 진정성 있는 설득을 위해 부서별 간담회에서 취지를 설명하고 직원들을 독려했다. "100% 자립화는 어렵더라도 자립화 시스템을 구축하는 것이 필요하다. 자립화가 실패할 경우 몇몇 지자체 출연기관과 같이 장비 노후, 생산성 저하, 수요자 외면, 국비 지원 감소, 고급 인력 이탈, 임금 삭감, 회사 정체성 상실, 회사 운명 예측 불가 순으로 진행될 것이다."라고 직원들에게 경고하면서 내가 제시한 프로세스를 믿고 따라달라고 주문했다.

2019년 연말이 가까워 오자 10월에 부장·팀장 워크숍과 11월 전직원 워크숍을 열어 왜 기관 자립화가 필요한지 설득하고 비전을 제시하였다. 각 부서별 달성 계획을 발표하고 다른 부서 팀원들이 의견을 제시하면 이를 반영하여 11월 13일부터 1박 2일 동안 진행될 전 직원 워크숍에서 최종안을 확정하기로 했다. 생각했던 것보다 직원들은 훨씬 능동적이었고 제시한 방향도 대부분 진취적이었다. 진취적이지 못한 부서는 다른 부서로부터 지적을 받기도 했다. 이사장도 과감한 부서별 개혁과 성과를 요구했다. 기관과 직원들이 조금씩 긍정적이고 경쟁력 있게 바뀌어 가고 있었다.

11월 전 직원 워크숍은 비전 선포식처럼 목표를 정하고 '한번 해보자'는 단합대회 형식이 되었다. 그런데 농식품부의 담당부서는 이 행사를 매우 부정적으로 보았다. 오해가 있는 듯했다. 회사의 비전과 미래를 얘기하고 직원들의 뜻을 모아가는 중차대한 행사인데 무엇이 맘에 안 드는지 나로서는 가늠할 수가 없었다.

혁신에 성공하려면
단기 성과를 내라

혁신(革新)은 말 그대로 가죽을 바꾸는 것이다. 그만큼 아프고 귀찮고 실행하기 싫다. 혁신을 하다 보면 어느 시점에서 구성원들의 저항이 시작된다. 저항의 명분을 줄이고 지속적인 혁신을 원만히 끌고 가기 위해서는 단기적 성과를 내야 한다. 단기적 성과는 구성원들의 반발을 완화시킬 수 있고 혁신의 목표로 달려갈 수 있는 동력을 보충한다. 식품진흥원의 문제점을 개선하기 위해서는 강도 높은 변화, 혁신이 필요했다. 그러기 위해서는 3년간 지속적으로 혁신을 해야 했는데 단기적 성과가 혁신의 성패를 가를 수 있는 필수적인 요소였다. 나는 취임 직후 운영비의 50%만 지원되던 국가예산을 100%로 전환하는 것을 단기 목표로 정했다. 식품진흥원의 가장 절실한 목표였지만 매우 어려운 목표였다. 그러나 이 목표는 취임 초기에 달성하지 못하면 영영 접근도 못할 목표라는 것을 잘 알고 있었다.

하지만 국비 100% 지원이 포함된 '식품진흥원 2019년 예산안'이 기획재정부에 가기도 전에 농식품부에서 더 이상 진행되지 않고 있었다.

나는 이미 2018년 3월에 차관에게 간곡히 부탁했고, 차관도 긍정적으로 검토할 것 같은(나만의 생각이었는지 모른다.) 답변을 했기 때문에 농식품부 심사는 가볍게 통과하고 기재부와 일전을 치를 준비를 하고 있었다. 그러나 농식품부라는 난관이 있다는 것을 간과한 것이다. 차관에게 전화를 걸었다. "아따 좀 도와 주씨요~"라고 부탁했지만 차관의 "의견이 다르다."는 차가운 목소리가 전화기를 통해 들려왔다. 나는 잠시 깊은 고민에 빠졌다. 시작하기도 전에 혁신 경영이고 뭐고 좌절하고 마는 건 아닌지 겁이 났다. 잠시 침묵이 흘렀다. 그러나 3년간 해야 할 경영 혁신을 시작도 하기 전에 이대로 끝낼 수는 없었다.

나는 다음날 서울 행 KTX 표를 예매한 후 촘촘한 자료를 준비했다. 그리고 서울 모처로 달려가 식품진흥원의 문제점과 국비 100%의 당위성을 설명하며 내년 예산을 간곡히 부탁했다. 후에 안 사실이지만 내 부탁을 받은 그 분은 매우 부담스럽고 곤혹스러워 했다고 한다.

서울 출장을 다녀온 후에도 나는 직원들과 2019년도 예산 확보를 위해 농식품부, 기획재정부, 국회를 정신없이 뛰어다녔다. 노심초사하며 결과를 기다리고 있는데 8월 말이 되어서야 식품진흥원의 정부 예산안은 국비 90% 지원과 신규 사업으로 원료중계공급센터구축사업 1건으로 결정되었다는 통지를 받았다. 덤으로 회계 방식을 지자체 보조사업에서 민간 직접 보조사업으로 전환해 주었다. 민간 직접 보조로 전환되면 지자체의 경영 간섭에서 벗어날 수 있다는 점에서 큰 의미가 있다. 첫 번째 예산 전쟁에서 승리한 것이다. 일단 단기 성과를 얻었으니 한

시름 놓았지만 마냥 여유를 갖고 쉴 수는 없었다. 다시 전열을 가다듬고 9월부터는 국회 예산안 심사에 대응했다.

우리는 정부 예산안에 만족하지 않고 한발 더 나아가 직원 30명 증원과 신규사업 1건을 추가 요청했다. 지금에 와서 생각해 보면 정부 예산안이 결정된 순간에 증원과 증액을 요청하는 것은 터무니없는 요구였지만, 저돌적인 투지 덕택에 그해 정원 7명과 신규 사업인 원재료공급센터 구축 사업을 추가 확보할 수 있었다.

우리의 이러한 절실한 열정과 노력이 뜻하지 않게 몇몇 분들에게는 부담이 되기도 했다. 그러나 그런 부담을 가졌던 분들도 식품진흥원이 성장해 가는 모습을 보면서 뿌듯해 했고, 어떤 분은 "그나저나 대단하다. 이사장의 신념과 열정을 보니 식품진흥원의 밝은 내일이 기대된다."는 덕담 문자까지 보내주었다. 너무 고마웠다. 어쨌든 식품진흥원이 3년간 추진해야 할 혁신의 든든한 발판이 마련된 것이다. 그렇게 재임 첫해가 저물어가고 있었다.

3장

달리는 말에
채찍을 가하다

첫 경영 평가에서
최고 등급을 받다

2019년 3월 14일은 취임 후 지난 1년간의 공과를 검증받는 첫 경영 평가일이었다. 전날 최종 점검 회의를 갖고, 부서장들에게 최고 등급인 'S등급'을 받자고 독려하고 다짐했었다.

2018년만 돌이켜 보더라도 취임 직후 기획부를 신설하는 등 조직 개편을 단행했고, 직장 문화를 바꿔 사무실 분위기를 쇄신했다. 이후 국비 100%와 지자체 보조사업을 직접 보조사업으로 전환하여 지자체 공무원들의 경영 간섭을 줄이고 책임 경영 체제로 바꿨다. 원료중계공급센터와 기능성식품제형센터를 신규 사업으로 확보했고, 국회 예산심의 과정에서는 불가능한 인력 7명 증원까지 성취했다.

국제기준인증(KOLAS)을 취득했고, 파일럿플랜트 GMP 인증기관으로서 사후 정기 평가에서 적합 판정도 받았다. 투자 여건을 개선하기 위해 지방투자를 촉진하는 보조금 지원 우대 조건을 '일반 지역'에서 '우대 지역'으로 전환함으로써 당초 투자액의 14% 지원이 24% 지원으로 상향되었다. 게다가 LH를 설득하여 분양 대금 5년 무이자 분할 납부를 시행하여 약 6.2%의 할인율 혜택을 받게 했다.

또 '조세특례 제한법' 개정안을 제출(이춘석 의원 대표 발의)하도록 제안했다. 조특법 개정안이 통과될 경우 입주 기업은 5년간 법인세를 감면받을 수 있다. 정헌율 익산시장에게는 폐수 처리비 지원을 제안하여 폐수 처리장이 지자체로 이관될 경우 혜택을 받을 수 있게 했다. 경영 혁신도 2018년만 볼 때 72건을 개선했다. 직원 복지 향상을 위해 직원 급여에 직무급과 명절 상여금을 신설하여 그동안 다른 공공기관보다 적었던 급여도 정상화했다.

경영 평가 최고 등급인 S등급을 기대하고는 있었으나 과연 가능할지 내심으로는 조마조마했다. 뚜껑을 열고 보니 95.73점으로 아슬아슬하게 S등급을 받았다. 막상 목표한 등급을 받고 나니 허탈한 기분도 들었지만 모두들 자축하는 분위기였다. 그동안 수고한 직원들과 맛있는 만찬을 하며 서로 독려했다. 기관이 조금씩 기강과 중심이 잡혀가고 대내외적으로 성장해 가는 모습을 보니 흐뭇했다. 2018년은 무척 바빴으나 성취감으로 그 어느 때보다 신이 나는 한 해였다.

벚꽃과 함께 열린
입주 기업 '국회 상품전'

2019년 들어 행사가 잦아졌다. 예산과 인력이 확대되자 식품업계와 학계를 비롯해서 이곳저곳에서 식품진흥원에 대한 관심이 커졌다. 국회의 관심도 높아졌다. 익산시가 지역구인 이춘석·조배숙 의원 공동 주최로 2019년 4월 4일부터 5일까지 국회에서 '입주 기업 상품전'을 열었다. 국회를 둘러싼 윤중로에는 해마다 벚꽃이 만발해 이맘때쯤 봄꽃 축제가 열리곤 하는데 이 기간과 겹쳐서인지 행사는 대성황을 이뤘다. 식품진흥원 본관 1층에 있는 푸드마켓과 같은 형태의 매장을 적은 비용을 들여 의원회관에 설치했더니 국회의 다른 행사와 달리 고급스럽다는 평가와 함께 먹거리, 볼거리가 많다고 칭찬일색이었다.

한쪽에는 푸드마켓, 다른 한쪽에는 청년 창업 제품들을 배치했는데, 이틀 동안 푸드마켓에서 약 500만 원, 청년창업Lab 참가자 매장에서 440만 원의 매출을 올렸다. 사실 몇몇 건강 기능 제품을 제외하면 가격이 2천 원부터 1만 원을 넘지 않는 상품들이 대다수라서 총 940만 원 매출도 매우 고무적이었다. 그만큼 우리 행사에 관심이 컸음을 짐작케

했다. 행사를 주최한 이춘석 의원, 조배숙 의원은 행사를 자랑스러워하면서 종일 표정이 밝았다. 식품진흥원과 국가식품클러스터가 어엿이 성장했다는 것을 국회에 알리는 데 큰 의미가 있었고 우수한 제품에 대해 호평을 받아 식품 산업 발전의 중요성을 홍보하는 효과를 냈다.

식품진흥원으로서는 국회에서 처음 해보는 행사라 준비 과정에서 시행착오가 있었고, 실무자들은 이사장의 잔소리를 많이 들어야 했지만 행사가 성공적으로 마무리되자 모두들 성취감과 즐거움을 만끽했다. 행사가 종료되고 직원들과 윤중로 벚꽃 길 산책과 저녁 식사로 피로감을 씻어 냈다. 어둠이 짙게 내려앉은 가운데 국회 본관의 환한 불빛이 우리 식품진흥원의 앞길을 비춰주는 듯 가슴 속으로 들어왔다.

입주 기업 제품을 그대로 국회 의원회관으로 옮겨 성황을 이룬 국회 상품전

입주 기업 법인세 감면법
국회 통과

　국내 첫 식품 산업단지라고 했다. 국가식품클러스터를 식품 산업의 동북아 허브로 만들겠다고 했다. 새만금 항구를 통한 식품 수출 전진기지를 만들겠다고도 했다. 취임 초 내가 받은 업무보고 내용이고 국내외에서 식품진흥원에 내방한 귀빈들에게 했던 얘기들이다. 취임 초기 몇 달 동안 대기업·중견기업·중소기업 대표들을 만나보고 난 후 이런 말들이 현실에 맞지 않는 허울 좋은 얘기라는 것을 깨달았다. 대화를 나눈 기업 대표들은 한결같이 익산에 있는 국가식품클러스터가 수도권에서 너무 멀다고 했다. 그때서야 현실을 깨달았다. 가공식품의 70%를 인구 50%가 모여 있는 수도권에서 소비한다. 식품 대기업들이 천안 이남으로 내려가지 않는다는 속설은 근거 있는 이야기였다.

　식품 대기업들이 수도권에 몰려 있다 보니 대기업에 납품하는 중소기업들도 남쪽으로 내려가려 하지 않는다는 사실도 알았다. 공장부지 가격은 수도권과 거리가 멀어질수록 싸지만 물류 비용은 그만큼 늘어난다는 것이다. 토지 비용은 한번 지불하면 되고 지불한 만큼 자산이 되지만 물류 비용은 계속 지출해야 하는 소모성 비용이라 마진이 낮은 식품 기업들에게는 큰 부담이다. 또 수도권의 경우 토지 비용이 비싸지만 비싼 만큼 가격 오름세가 강해 10년쯤 후에는 자산 증식에도 도움이 된다는 것이다. 그런데 국가식품클러스터는 익산에 위치하고 있다는 조건치고는 부지 가격이 그다지 싸지도 않은 편이다. 이런 맹점을 보완해 줄 만한 인센티브가 없었다. 입주 기업에게 기술 지원 사업을 해 준다거나 장비를 활용할 수 있게 해 주는 혜택이 있었으나, 대기업들은 우리가 보유한 장비들을 대부분 갖추고 있었고, 중소기업들은 우리 장비를 운용할 인력이 없는 데다 어떤 것을 어떻게 활용해야 하는지 정보가 어두워 활용도가 낮았다. 기술 지원 사업이 도움은 되지만 당장 식품 기업에게 더 절실하게 필요한 것은 낮은 땅값과 지원금 같은 현찰이었다.

취임 초기 입주 관심 기업을 찾아다니는 투자 유치 활동보다는 입주 기업들에게 도움이 될 수 있는 인센티브를 만들어 주는 것이 효율적이라고 판단했다. 2018년 5월 입주 기업에게 해 줄 수 있는 인센티브를 찾아봤다. 입주 기업에게 5년간 법인세를 감면해 주고 있는 오송첨단의료복합단지와 대구경북첨단의료복합단지의 유사 사례를 찾아냈다. 법인세를 감면해 주기 위해서는 '조세특례 제한법'을 개정해야 했는데 오송 의료복합단지 관련 법 조항을 인용해 '조세특례 제한법' 일부를 개정한 법률안 초안을 서둘러 만들었다. 개정 법률안이 성공적으로 처리되기 위해서는 대표 발의 국회의원을 찾아야 했는데 익산이 지역구인 이춘석 의원에게 제안하면 좋을 것 같았다.

2018년 5월 말 이춘석 의원을 찾아갔다. 예상은 적중했다. 이 의원은 아주 좋은 아이디어라며 흔쾌히 수락해 주었다. 의원실은 그 초안을 다시 성안하고 공동 발의할 국회의원을 섭외했다. 국회에 제출되기까지 꽤 시간이 걸렸다. '조세특례 제한법' 일부 개정안이 제출되자 입법 조사관들과 기획재정부로부터 부정적인 검토 의견과 반대 의견이 봇물처럼 터져 나왔다. 이런 리스크 관리는 전적으로 이춘석 의원이 맡아주었다. 식품진흥원은 진행사항을 점검하고, 반대 의견에 대한 대응 논리를 만들어 입법조사관 등 실무자들에게 설명하고 간청을 하면서 1년여를 보냈다.

기획재정부가 반대하는 이유는 중장기 재정 계획에도 없는 감면법이 이곳저곳에서 난무하고 있는데 이런 개정법들은 국가 재정 건전성을 해칠 수 있다는 것이었다. 책임지고 있는 부처로서는 타당한 논리였다. 그러나 식품진흥원은 국가 예산이 오송재단이나 대구경북재단에 비해 지나치게 낮았으므로 이번 기회에 형평성 있게 지원해 달라고 설득했다.

그런데 반전할 수 있는 희소식이 들려왔다. 대표 발의자인 이춘석 의원이 2019년 하반기부터 기획재정위원회 위원장이 된 것이다. 좋은 징조로 보여 우리는 환호를 했다. 아니나 다를까 난관을 딛고 긍정적인 신호가 오기 시작했다. 그러나 이미 입주한 기업은 소급 적용할 수 없다는 어두운 소식도 전해졌다. 만약 그렇게 된다면 먼저 입주한 초기 입주 기업들이 역차별을 받게 된다. 이런 사실을 잘 알고 있는 이춘석 기획재정위원장이 나서서 역차별 방안을 완강히 차단해 주었다. 결국 기존 입주 기업도 적용해 주는 개정안이 법안소위를 거쳐 기획재정위원회를 통과했다.

드디어 2019년 12월 10일 정기국회 마지막 날 늦은 밤 11시경, 문희상 국회의장은 한국당을 제외하고 4+1이 합의한 2020년 예산안을 의결했다. 이와 함께 우리 식품진흥원의 '조세특례 제한법' 개정안이 포함된 예산 부수법안도 일사천리로 처리되었다. 우리는 우여곡절을 겪으며 조세특례 제한법 일부 개정 법률안(입주 기업 법인세 감면법)이 국회에서 처리되는 감격을 맛봤다. 입주 기업에게 큰 선물을 준 셈이다. 거기다가 우대 지역 전환도 이미 이루어졌고, 땅값도 6.2% 인하되었다. 또 폐수 종말 처리 비용 50% 경감도 확보해 놨기 때문에 든든한 투자 유치 인센티브가 만들어진 것이다. 식품진흥원 창립 이래 전무후무한 축복이 쏟아지고 있었다.

말할래요~ 들을래요~
시즌 1

    2019년 6월 4일, 직원 워크숍을 개최하면서 이사장과 직원들 간의 색다른 대화 방법을 제안했다. 당시 유튜브에서 인기 있는 법륜스님의 '즉문즉설'을 응용하자는 것이었다. 직원들에게 미리 무기명으로 질문지를 받아 비치해 두고, 이사장이 직원 질문지를 하나하나 꺼내 읽으면서 즉답을 하는 방식이다. 직원들이 이사장 면전에서 하기 곤란한 질문을 무기명으로 허심탄회하게 대화해 보자는 취지였다. 물론 나는 행사 전까지 질문 내용을 모르고 있어야 애드립이 섞인 생동감 있는 답변이 나오면서 재미가 더해질 것 같았다. 행사 제목은 그 당시 인기 있는 개인방송을 패러디해 '말할래요~ 들을래요~'로 정해졌다.

    행사는 적절한 애드립을 넣은 솔직한 답변으로 지루함을 줄이면서도 직원들 고민을 진지하게 듣고 기관의 미래를 함께 고민해 보는 시간이었다. 직원들도 꽤 만족해했다. 질문 중에는 2080 파레토 법칙처럼 자신도 상위 20%의 우수 직원이 되고 싶으나 쉬운 일이 아니라며, 하지만 그 외 80%도 같은 직원이니 우대해 달라는 주문이 있었다. 심각할 정도로 고민과 갈등이 많은 직원이었다. 나는 "빨리 누군지 찾아서 술 한 잔 하면서 깊은 대화를 해야 할 직원이다."라고 너스레를 떨었지만 단순히 웃고 넘길 일은 아니었다. 나는 우리 직원 모두가 80%의 우수 직원이 되도록 하겠다고 답했고, 직원들 또한 노력을 아끼지 않을 것을 당부했다. 이 질문은 내게 많은 잔상을 남겼다.

며칠 지난 뒤 부장, 팀장들 회의를 소집했다. 나는 '부장, 팀장들은 숫자만 봐도 우리 기관 20%를 차지하는 리더'라며 솔선수범 리더십과 업무 능력을 더 높여줄 것을 주문했다. "직원들의 요구나 불만이 설사 황당하더라도 모두 들어주고 대화를 해야 한다. 불만의 원인은 대부분 윗사람이 잘못했거나 불통으로 인한 것이다."라고 하면서 직원들과의 소통을 강조했다.

직원들 간의 격의 없는 소통은 활기찬 기관을 만드는 필수 요소이다.

직원들과 즉석에서 질의응답을 자유로이 펼쳤던 간담회 내용을 소개한다.

≡ '말할래요 들을래요 시즌 1' 간담회 내용 ≡

직원　다른 팀 업무를 이해하고 직원 간 소통을 넓히기 위해 파일럿 생산, 동물실험실 우리 청소 등 일일 체험 알바를 하자.

이사장　신규 직원들 교육 과정에 포함시키고, 재직직원들도 견학 추진하자, 체험 근무는 직무를 감안하여 단계적으로 추진하는 게 좋겠음.

직원　업무용 PC 하드디스크 용량 증가가 필요함.

이사장　조속히 추진하겠음.

직원　주 52시간 근무제 확대에 따른 초과 근무, 대체 휴무 시행 계획 또는 가능성, 유연 근무 시간대 예측 어려우므로 자율적 선택 근무제 가능한지?

이사장　주 52시간은 지켜야 함. 유연 근무는 적극 권장, 다만 기업 지원 서비스 역할을 수행 중이므로 민원 대응 시간은 고려하여야 할 것임.

직원　국정감사 수감 준비를 위한 교육 기회 제공 필요함.

이사장　지속적인 교육을 하겠음.

직원　인조 잔디가 깔린 공간에 야외용 테이블과 벤치 비치 필요함.

이사장　예산이 확보되는 대로 추진하겠음.

⇒ 이후 2020년에 2층 테라스에 천막까지 포함된 야외용 테이블과 벤치 설치.

직원 승진 가산금액 인상 필요함.

이사장 공공기관 임금은 총액 인건비 제도를 적용하여 기재부가 통제하고 있음. 주어진 임금 예산 범위 내에서 배분하는 문제이므로 직원 합의가 필요한 사항임.

직원 일과 가정 양립 제도 확산 및 분위기 조성.

이사장 지속적으로 추진할 예정임. 또한 역설적이지만 우리 기관은 신설 기관으로서 일하는 분위기 조성도 할 것임.

직원 각 센터별 얼음 정수기 설치 요청함.

이사장 조속히 설치할 것임.

직원 과학기술인공제회 회원 기관 가입을 통한 전직원 공제 서비스 활용 여건 마련.

이사장 우리 기관은 과학기술인공제회 회원 가입 조건에 부합된 것으로 알고 있음.

직원 근무 성적 평점 관련하여 팀원 평가점수 산출법의 개정 필요함.

　　　 * 팀원의 경우 사업본부장까지의 직접 보고가 많지 않으므로 실제적인 업무 수행 정도 및 평가가 가능한 팀장급들의 평가 비율 증가 필요.

이사장 팀장만 평가할 경우 공정성을 헤칠 수 있음. 다양한 시각에서 평가되어야 더 공정하다고 봄. 100명 이하 기관으로서 기관장도 직원 개개인 성향을 잘 알고 있다고 봄.

직원 직원들의 자기계발을 위한 보너스 제도 제안. 외국어, 자격증 등 취득 상여금 요망함.

이사장 검토하겠음.

직원　　우리 기관 비전의 정량화 필요함.

이사장　경영 목표는 장비 가동률, 자립화율 등으로 정량화할 계획임.

직원　　조직에서 20%의 우등생이 80%를 끌고 간다고 함. 나도 20% 우수 사원이 되고 싶으나 어려움이 있음. 하지만 우등생 20%를 제외한 나머지 80%도 직원들인데 이사장이 그들에게도 충분히 대우해 주어야 한다고 봄.

이사장　우리 직원 80%를 우등생으로 만들 계획임. 직원들도 80% 우등생 목표 달성을 위해 지속적인 노력을 부탁드림.

직원　　이사장 퇴임 후 다음 행보는 어디인가?

이사장　현 직책에 최선을 다할 것임. 다만, 여기에서 얻은 성과가 향후 이사장 연임이나 공직자 선거 공천이나 이사장 입신을 위한 일에 어떠한 영향도 미치지 않는다는 것을 이사장은 잘 알고 있음.

그런데 왜 열정을 갖고 일하냐고 묻는다면, 이사장은 어느 곳, 어떤 직책을 주더라도 열정, 성실, 노력으로 성과를 얻음으로써 자기 존재감을 찾으려는 성격 때문임.

욕구 5단계설과
자아 실현

    미국의 심리학자 매슬로(Abraham Harold Maslow)는 인간의 욕구를 5단계로 분류하고, 하위 단계의 욕구가 충족되면 다음 단계의 욕구가 생긴다는 '욕구 단계 이론' 논문을 1943년 발표했다. 매슬로는 욕구 피라미드를 최하단인 생리적 욕구부터 시작하여 안전의 욕구 – 애정과 소속의 욕구 – 존경의 욕구 – 자아 실현의 욕구 순으로 분류했다.

매슬로의 욕구 피라미드

자아실현의 욕구

존경의 욕구

애정과 소속의 욕구

안전의 욕구

생리적 욕구

    하단 4개 층은 가장 근복적이고 핵심적인 욕구로 충분히 충족되지 않거나 부족할 경우 문제를 일으킬 수 있기 때문에 매슬로는 이들을

'결핍 욕구(deficiency needs)'라고 했다. 이러한 기본적인 욕구가 충족되고 나서야 사람들은 부차적인 혹은 상위 단계의 욕구에 대해 강한 열망을 가지게 된다는 것이다. 또 기본적인 욕구 충족을 넘어 지속적인 성장을 위해 노력하는 사람들의 동기를 상위 동기(메타동기, metamotivation)라고 했다. 상위 동기가 발달하면 자아 실현 욕구가 강해지게 되고, 자아실현의 욕구를 충족하는 과정에서 하위 욕구들을 통제할 수 있는 역량이 커지게 된다는 것이다.

생리적 욕구는 음식, 물, 성, 수면, 배설, 호흡 등과 같이 인간의 생존에 필요한 본능적이고 신체적 기능에 대한 욕구로서 충족되지 않으면 인간의 신체는 제대로 기능하지 못하고 생존이 불가능하게 된다. 생리적 욕구가 어느 정도 충족되면 안전의 욕구가 우위를 차지하게 되는데, 혼란이나 두려움이 아닌 평상심과 질서를 유지하고자 하는 욕구로서 현대 사회에서 보험 가입, 종교 귀의 등은 안전의 욕구를 실현하는 수단이기도 하다. 생리적 욕구와 안전의 욕구가 충족되면 대인관계로부터 오는 애정과 소속의 욕구가 나타난다. 매슬로는 인간은 누구나 규모가 크든 작든 사회 집단에 소속되어 수용되고자 하는 욕구가 있다고 보았다. 사회적으로 조직을 이루고 소속되어 함께하려는 성향인데 이 욕구는 특히 애착이 중요한 어린아이에게서 강하게 나타난다. 충족이 안 될 경우 왕따를 당하지 않으려고 자신의 생각과 반대되더라도 주류 의지에 따라가는 경향이나 친구한테 맞거나 물품을 뺏기면서까지 친구 관계를 유지한다든가 불편한 연인 관계를 유지하는 것처럼 비정상적인 행동이 표출되기도 한다. 요즘 주목받기를 원하는 부류를 '관종(관심종자)'이라고 하는데 여기에 해당한다.

다음 단계가 존중의 욕구이다. 모든 사람들은 존중받고자 하는 욕구를 갖고 있다는 것. 그래서 더 존중 받기 위해 성공하려는 자기발전의 노력을 한다는 긍정적인 측면이 있는 반면 성공을 위해 수단과 방법을 가리지 않는 부작용이 발생할 수도 있다. 존중의 욕구가 충족되지 않거나 욕구에 불균형이 생기면 자아 존중감이 낮아지거나 열등감을 갖기도 한다. 자아 존중감이 낮아지면 '강한 자에게 약하고, 약한 자에게 강하게' 행동하는 경향이 나타난다. 낮은 존중감을 가진 사람은 다른 사람에게 존중 받기를 원하는데, 주로 지위·명성·돈·권력 등에서 형성되는 존중감이라고 할 수 있다. 높은 존중감은 외적인 것과 무관하게 내면의 강인함, 숙달, 자신감, 독립성과 같은 가치를 지니고 있다. 더 많은 경쟁력을 갖기 위해 자기 내면을 더욱 성숙하게 하려는 모습으로 표출된다.

낮은 존중감과 높은 존중감이 조화를 이루어야 하나, 균형을 이루지 못할 경우 자아 존중감은 떨어진다. 내가 생각한 만큼 타인이 나를 존중하지 않으면 자존감이 떨어지고 그 이유를 외부에서 찾아 반발하거나 과대망상이 나타날 수도 있다. 반대로 타인이 나를 수준 높게 생각해도 스스로 자신을 존중하지 않을 경우 자기발전 노력을 강화하는 장점이 있지만 자기 기준에 도달하지 못하면 자기학대와 자괴감 등이 나타난다. 결국 존중의 욕구는 조화를 잘 이룬다면 삶에 긍정적 효과를 나타낸다고 볼 수 있다.

자아실현의 욕구는 타고난 능력이나 성장 잠재력을 실현하려는 욕구를 말하는데 사람마다 타고난 능력이 다양하고 다르므로 실현하고자 하는 각각의 가치도 달라진다. 자아실현의 욕구는 외부 환경에 영향을 받는 아래 4단계 욕구와는 차원이 다른데 아래 4단계 욕구가 충족되지 않더라도 이를 초월해서 5단계인 자아실현의 욕구를 실현할 수 있기 때문이다. 자아실현의 욕구는 일정 목표에 도달하면 중단하는 것이 아니라 더 나은 나를 위해 끊임없이 스스로 매진한다.

우리는 자아 실현 욕구가 높았던 인물들을 잘 알고 있다. 아프리카에서도 가장 오지이고 가난한 지역인 수단의 남부 톤즈에서 자신의 생명마저도 남을 위해 바칠 수 있었던 이태석 신부의 희생은 더 나은 자신을 만들기 위해 하위 욕구인 생리적 욕구나 안전의 욕구조차도 이겨낸 사례이다. 대다수 부모가 자식을 위해 희생하는 것도 이에 해당한다. 조용필은 가왕 대우를 받고 있지만 음악인으로서 예술의 무한 창조를 위해 끊임없는 자아실현을 추구한다. 간디는 식민지 시절에 옥살이를 하면서도 하위 4단계 욕구를 초월해 인도 독립이라는 자아실현의 욕구 달성을 끊임없이 추구한 인물이다. 트럼프는 자아 실현의 욕구보다 존중의 욕구가 강한 것으로 보인다. 스티브 잡스는 대학 졸업식 축사에서 졸업생들에게 "너 자신의 인생을 살아라."라고 했는데 이 또한 자아 실현을 얘기한 것이다.

우리가 추구하는 가장 소중한 가치는 무엇이며 나의 자아실현의 욕구는 무엇일까. 또 내가 가지고 있는 능력 중에 탁월한 것은 무엇이고 사회적 존재로서 나의 역할은 무엇일까. 적지 않은 나이를 먹고 꽤 오래 사회 경험을 쌓았다지만 나 역시 이러한 질문을 스스로에게 종종 던져왔다. 이사장으로 재직하는 동안 업무에 관한 이야기만이 아니라 이런 근본적인 주제들을 가지고 직원들과 풍부하게 대화를 나누고 나의 경험도 들려주고 싶었다. 그러나 마음과 달리 주어진 과제에 쫓기다 보니 시간을 충분히 갖지는 못했던 것 같다. 인생의 후배이기도 한 직원들과 이런 대화를 진지하게 나누고 싶었던 마음만큼은 헤아려 주었으면 하는 바람을 가져본다.

지역에서 **세계식품대전** 개최를 **꿈꾸다**

프랑스 음식은 이탈리아 음식과 함께 세계가 인정한다. 파리지앵 (Parisiens)의 식욕과 요리사들의 솜씨가 맞아 떨어져 진화를 거듭해 왔기 때문이다. 200여 년 전 프랑스 혁명으로 귀족들이 사형 당하자 일자리를 잃은 귀족 요리사들은 파리 거리로 나와 레스토랑을 개업하였는데 그 숫자가 하나둘 늘어가면서 파리는 독창성과 창조성을 갖춘 음식 문화 르네상스를 이루었다고 한다. 프랑스 음식 문화는 결혼·생일·출생·성공·재회 등을 기념하고 축하하는 관습에서 비롯되었는데, 좋아하는 사람들이 단란하게 함께 모여 음식의 맛을 즐기는 데 그치지 않고, 요리를 신중히 고르고, 다양한 요리법을 결정하고, 어울리는 재료를 구입하고, 음식에 맞는 와인을 고르고, 식탁을 아름답게 꾸미는 등 이 모든 과정을 음식 문화라고 한다. 프랑스 음식은 맛을 더 즐기기 위해 음식에 스토리텔링까지 입혔던 것이다.

프랑스의 화려한 귀족 문화와 사치가 음식의 품격을 더 높였다고 하는데, 프랑스 음식 문화에 까다로운 예법과 격식이 있는 것도 다 이런 이유라고 한다. 그런데 이런 프랑스 요리의 기원은 이탈리아에서 건너 왔다고 하니 반전 중에 반전이다. 이탈리아는 남북으로 길쭉한 지형으로 형성되어 다양한 기후가 펼쳐져 있고 여러 가지 농산물이 잘 자라며, 삼면이 바다라서 다양하고 신선한 해산물이 많아 무궁무진한 조리법 시도가 가능했던 것이 음식 문화의 기초가 되었다. 이런 풍미가 가득한 이탈리아 음식은 1553년 프랑스 국왕 앙리 2세가 이탈리아 피렌체 명문인 메디치가의 카트린과 결혼하면서 피렌체 출신의 요리사들과 함께 프랑스로 왔다. 메디치가의 조리법과 향신료가 프랑스 요리에 전수되면서 서양 요리의 대명사처럼 지칭되는 프랑스 요리가 소스와 함께 크게 발전했다고 한다. 이런 음식 문화는 프랑스뿐만 아니라 루마니아, 스페인, 슬로베니아, 크로아티아, 오스트리아 요리에도 큰 영향을 주었고, 아랍과 그리스 요리에까지 영향을 미쳤다.

20세기 들어서 세계 1차대전과 2차대전을 거치면서 세계 각지로 도피한 이탈리아인들에 의해 이탈리아 음식이 또 한 번 세계로 퍼져 나갔다. 생존을 위해 자신들의 요리 특기를 활용하여 각국 요식업에 진출했는데 피자와 스파게티 같은 이탈리아 요리가 이때 미국을 거쳐 세계로 퍼져 나간 것이다.

일본은 1960년대부터 정부와 민간이 역할을 분담하여 일식 세계화를 추진해 왔다. 1980년대 일본의 경제 호황 시절에는 헐리우드 영화사가 일본 기업에 매각되기도 하였다. 당시 헐리우드 제작 영화에 일본 전자제품이 빈번하게 노출되었으며 영화 주인공들이 자연스럽게 스시를 먹는 장면이 등장하기도 하였다. 이런 노력으로 인해 스시는 세계적인 음식으로 자리를 잡았다. 이제 일본은 스시를 넘어 가정식과 사찰 음식 등 다양한 형태로 세계인의 입맛을 공략하고 있다. 음식뿐만 아니라 식재료와 식품화, 요리법, 요리 장인까지도 일본 문화에 담아 전파하고 있는 것이다.

한국은 2009년부터 수천억 원의 예산을 투자해 한식 세계화를 추진했다. 그러나 맵다, 짜다, 달다 등 부정적 이미지가 강했고 비빔밥, 떡볶이 등 어느 하나 한국 대표 음식으로 자리잡지 못했다. 이와 더불어 한식 세계화를 추동했던 농식품부 산하 공공기관인 한식진흥원마저 제자리를 찾지 못하고 있다. 반면 2019년과 2020년 각종 세계 영화제에서 수상을 한 영화 〈기생충〉에서 짜파게티와 너구리를 적당량으로 배합해 소고기 구이를 곁들여 먹었던 이른바 '짜파구리'는 영화의 유명세를 타고 파급되었다. 세계 먹방 유튜버들이 앞다퉈 이 신기한 음식에 대한 조리법과 먹는 모습을 개인 유튜브 채널에서 다루었던 것이다.

가공 식품 수출도 세계인의 입맛에 맞춰야 한다는 점에서 음식과 똑같은 문제점을 갖고 있다. 사람은 태어날 때나 성장하면서 맛본 입맛을 쉽게 버리지 못한다. 이런 습성을 극복시키거나 경계심 없는 맛을 개발하여 맛의 신뢰감을 주는 것이 식품 세계화를 성공시키는 중요한 요소이다.

식품진흥원도 2018년 가을 40여 개 입주 기업이 참여하는 '작은 식품대전'을 치렀다. 처음 한 행사치곤 성공적이었다. 2019년부터는 참여 기업도 확대하고 외국 기업까지 참여하는 국제 행사로 성장시키려고 열심히 준비했는데 돼지열병과 연이어 코로나19가 닥쳐 행사를 몇 차례 연기한 끝에 2020년 가을에야 비대면으로 전환해 행사를 개최했다.

처음 닥친 변수와 처음 겪는 상황에서 행사 방향을 결정하는 데는 단호함이 필요했다. 비대면 '익산 식품대전'은 전주MBC와 공동으로 진행했는데 MBC 아나운서와 유명 유튜버가 상세한 제품 설명을 해 주며 실시간으로 방송했고 온라인 판매 기획전과 온라인 수출 상담도 이루어졌다. 비대면 행사의 성패를 가늠하는 누적 조횟수가 20만8천 명을 기록하는 등 우려와 달리 작은 성공을 거뒀다. 코로나19가 종식되더라도 대면 행사와 비대면 행사를 실시간으로 동시에 진행해야 하는 시대가 되었다. 식품대전을 치르며 쌓은 노하우가 다음 행사에 밑거름이 될 것이다. 여기에 만족할 것이 아니라 또 한걸음 더 나아가 국제 식품 행사로 진일보해야 한다. 외국인 입맛에 맞는 식품 개발이 선행된다면 익산 세계식품대전은 더 빛날 것이다. 그날을 기대한다.

2019년 9월 25일부터 27일까지는 식품진흥원과 독일DLG(독일농업협회)가 공동 주관했던 '독일DLG식품품평회'도 한 점 오차 없이 잘 치러냈다. DLG 행사는 국내에서 처음 치러졌는데 독일의 촘촘한 선진 검사 기법으로 우리나라 육가공 제품의 우수성이 검증되었고 이를 세계에 알리는 기회가 되었다. 이 협회는 130년 전통을 가지고 있어서 한국 식품 산업 발전에도 도움이 될 것이다.

식품진흥원은 또 2011년부터 식품 학술대회인 '국제컨퍼런스'를 매년 개최해오고 있는데 2020년에 벌써 10회째를 맞이했다. 이러한 국제행사 주관을 통해 식품진흥원은 세계 식품 기관들과 어깨를 나란히 하는 식품 공공기관으로 성장할 준비를 차곡차곡 쌓아가고 있다.

2020년 열린 제10회 국제 식품 컨퍼런스. 코로나로 인해 온라인 행사로 치렀다.

농업은 정치다

식품 산업의 근간이 되는 농업은 우리 민족 5천 년 역사를 지켜온 생명산업이다. 역사적으로나 경제·사회학적으로 중요한 역할을 해왔다. 농업에 종사하는 농민은 가장 중요한 경제 주체였으며, 농사는 부를 축적하고 고용을 창출하는 나라의 근간이었다. 그럼에도 불구하고 우리는 후진적 농업 기술과 협소한 경작지 등 악조건 속에 있었고, 일제 강점기, 한국전쟁 등의 근대 민족사를 겪으며 식량난에 허덕였다. 춘궁기마다 찾아오는 보릿고개가 누구나 한 해를 시작하는 통과의례일 정도였으니 그야말로 불쌍한 민족이었다.

1972년 농업생산 혁명이 일어난 이후 10년간 농업은 비약적으로 발전했다. 다수확 품종인 통일벼를 개발하여 꿈만 같았던 쌀 자급자족 시대를 열었다. 80년대와 90년대에는 시설작물 품종과 재배 기술이 개발되면서 소비자들은 365일 24시간 어디서든지 신선하고 안전한 먹거리를 살 수 있게 되었다.

그러나 공산품에 비해 농산물은 가격 탄력성이 높아 풍년이면 공급

과잉으로 가격이 폭락하고, 흉년이면 공급 부족으로 가격이 폭등하니 열심히 농사를 짓는다고 해결될 일은 아니었다. 특히 1993년 우루과이 라운드(UR) 타결과 세계무역기구(WTO) 체제의 출범에 따라 농업은 더 이상 국가의 보호막 아래에서 머무를 수 없는 상황이 되었고, 농민은 시장에서 스스로 살아남아야 했다. 농민들은 집단적인 시위와 극단적인 선택까지 불사하며 UR 철회를 주장했지만, 우리 농업의 글로벌 경쟁력을 강화시키고 세계 시장경제 흐름을 따르기 위해서는 어쩔 수 없는 정부의 선택이었다.

전 세계에서 유례없는 압축 성장을 이뤄낸 한국경제이지만 우리 농업은 산업화와 경제 성장 과정에서 늘 희생을 감수해야만 했다. 농촌의 청년들을 산업화의 현장으로 떠나보내야 했고, 나이든 부모님들이 남아 농사를 지어야 했다.

농업 인구는 매년 감소해 1960년대 1,424만 명에서 2019년 기준 224만 명으로 줄었다. 더군다나 그중 65세 이상의 비율이 42%로 우리나라 농업 인구는 점점 축소되는 추세이다. 또 국내 GDP에서 농업이 차지하는 비중도 1960년대 초 40%에서 2018년 1.8%로 감소했다. 농업은 이제 경제 규모로만 본다면 우리나라에서 더 이상 중요한 산업이 아니다. 사정이 이렇다 보니 일부 경제 전문가들은 "경제 논리에 맞게 1차 산업에 더 이상 투자하지 말고 자연도태시켜 국익을 도모하자."라는 주장까지 제기하고 있다. 다시 말해 농업에 들어가는 국가 예산을 대폭 줄이자는 이야기다.

우리나라 농업 보조금 비율*은 2017년 기준 약 29억 달러로 우리나라 농업 총생산액(430억불) 대비 6.7%인데 OECD 평균 10.6%나 유럽연합 EU의 17.1%보다 훨씬 낮은 수준이다. 2007년부터 2016년까지 농림축산식품부 농업 보조금 결산을 분석해 보면 농가구당 연평균 178만원을 지원한 것에 불과하다. 농가구당 월평균 15만원씩 받은 것이다. 만 65세 이상의 어르신에게 지급하는 기초연금액이 약 월 30만 원인 것에 비춰볼 때 적극적인 농업생산 활동을 하며 지급받는 농업 보조금 치고는 적은 금액이 아닐 수 없다. 그럼에도 불구하고 일부 국민은 "농업 보조금을 퍼주고 있다."라든가 '다방 농민' 운운하며 정부의 농업 보조금 정책을 비판하기도 한다.

경제적 관점에서만 본다면 우리나라 농업은 존재의 이유가 없다. 외국에서 값싼 농산물을 사다 먹으면 되기 때문이다. 그러나 OECD나 EU 보조금 비율이 높은 것과 무역 분쟁 시 상대국이 농업 개방을 끈질기게 요구하는 것을 보면 알 수 있듯이 미국이나 유럽 등 선진국일수록 경제 논리보다는 정치 논리로 농업에 접근하고 있다. 또 먹거리는 국민의 삶의 질에 직간접적으로 영향을 미치기 때문에 오히려 미래 식량 전

---

* 농업 총생산액 대비 농업 보조금 비율도 선진국과 비교하면 초라한 수준이다. 우리나라의 농업 보조금은 2017년 기준 28억 9,800만 달러로 농업총생산액 429억 8,800만 달러 대비 6.7%에 불과하다. (농민신문 기사 2019.6.12.)

쟁을 대비하여 더 강화된 지원 정책을 추진하고 있다. 코로나 팬데믹으로 해외 의존도 100%인 백신이 우리나라에 제때에 공급되지 못하자 불안이 닥쳤었다. 마스크마저 해외 유출을 통제하기도 했다. 만약 세계 기근이 찾아와 식량 수출국들이 수출을 통제하고 수입국들이 식량 확보에 혈안이 된다면 어떤 일이 벌어질까? 우리나라 곡물 자급률은 고작 21%에 불과한데 이런 상황을 지켜보는 국민은 어떤 마음일까?

다행히 우리나라도 농업 경쟁력을 갖추기 위한 투자를 계속 진행해 오고 있는데, 조금씩 결실을 맺고 있는 중이다. 관개시설 사업을 통해 전국에 1만 7,000여 개의 저수지와 댐 등을 확충하였고, 홍수나 가뭄 걱정을 해소하였다. 또 그간 축적된 농업기술은 공적개발원조(ODA)의 일환으로 전 세계 20여 국가에 KOPIA 사업을 추진하여 개도국의 농업 생산성 향상과 농가 소득에 도움을 주고 있을 뿐만 아니라 40여 개국에서 우리나라 농업의 기술과 경험을 배우려고 하고 있다.

4차 산업혁명과 연관하여 빅데이터 기술을 활용한 스마트팜을 통해 생산성과 편리성을 도모하고, 농촌 공간은 농산물의 생산 기능뿐만 아니라 체험 관광 등 6차산업화(융복합화)를 통해 소비하는 공간으로 발전시켜야 한다. 농촌에 일자리를 만들어 청년들이 다시 돌아오게 해야 한다. 그러기 위해서는 기존 농업 인프라를 기반으로 농업 기술을 한 단계 끌어 올릴 신규 기술 투자가 이루어져야 하고, 1인당 경작 면적을 확대하면서 적정 수준의 보조금도 지원해야 한다.

농업은 농민만을 위해 존재하는 것이 아니다. 국민의 안전한 먹거리와 도시민의 삶의 질에도 크게 영향을 미칠 뿐만 아니라 고용 증대 효과, 지역 균형 발전, 도시 문제의 확산 차단 효과, 전통문화·자연경관 계승 효과, 식품 산업과 물류 산업 등 전후방 연관 산업 발전 효과 등 다양한 분야에 기여하기 때문에 매우 중요한 산업이다.

한때 국회에서 농해수위원회 담당을 하면서 여야 국회의원들과 정부가 함께 여야정 협의체를 구성하여 한미 FTA 13개 대책, 한EU FTA 4개 대책, 한호주 FTA 대책, 한중 FTA 대책 등을 그때그때 논의하고 내놓았다. 그것은 경제성을 따졌던 게 아니라 피해 산업인 농어업에 대하여 지원책을 놓고 정치적 결단을 한 것이었다. 그런 정치적 결단은 FTA로 질식할 것만 같았던 농업에 숨통을 틔워 주는 것이다. 축산업계에 가장 문제가 되고 있는 '무허가 축사 문제'도 마찬가지다. 경제 논리로만 따지면 값싼 수입 농산물로 우리 밥상을 채워야 한다. 하지만 국민을 위해서는 농업 문제는 경제가 아니라 정치로 풀어야 한다.

테스형,
우린 '**푸드파크**' 만들거야

    가수 나훈아는 "아! 테스형~ 세상이 왜 이렇게 힘들어"라는 노랫말로 그리스 철학자 소크라테스를 소환했다. 고대 철학자를 통해 삶의 모가지를 잡고 끌고 가지 않으면 우리가 삶에 끌려간다는 사실을 그는 인문학적 감성을 자극하며 들려주었다. 스티브 잡스는 '기술은 궁극적으로 인간의 생각과 가치, 인격적인 표현을 위한 도구일 뿐'이라는 인문학적 식견으로 놀라운 창의력을 발휘하여 애플을 세계 최고의 IT기업으로 만들었다. 잡스는 컴퓨터 산업에서뿐만 아니라 인문학 붐을 일으키는 데에도 큰 역할을 했다.

    우리는 "인간이란 무엇이고 나는 또 누구인가?"라는 질문을 늘 가지고 산다. 이를 꿰뚫는 통찰력을 제공하는 데 인문학만한 것이 없다. 인문학은 우리 인생의 기초체력을 만들어 주고 인간다운 삶을 만들어 준다. 요즘 인문학이 다시 관심을 받게 된 이유이기도 하다.

    기업들은 회사나 상품의 이미지를 높이고자 할 때 흔히 인문학을 접목한다. 특히, 회사 이름을 작명할 때 고전에서 아이디어를 얻는 사례가 많다. 고전은 책으로든 구전으로든 남녀노소가 한 번쯤 들어본 내용이어서 소비자들이 더 빨리 친숙함을 느끼게 해 주며 상품 매출에도 도움이 된다. 중국의 전자상거래 업체 '알리바바'는 동화 『알리바바와 40인의 도둑』에서, '롯데'는 괴테의 소설 『젊은 베르테르의 슬픔』에서 사랑과 자유를 찾고자 했던 여주인공 '샤롯데'에서 따온 것이다. '스타벅스(Starbucks)'는 소설 『모비딕』에 등장하는 포경선 피쿼드호의 일등항해사 '스타벅(Starbuck)'의 이름을 딴 것인데 그가 커피를 무척 좋아했던 데서 착안한 것이라고 한다. 또 외식 브랜드 '파파이스(Popeyes)'는 미국 만화 '뽀빠이(Popeye)'에서 이름을 가져온 것이다.

국가식품클러스터 입주 기업 중 '1킬로 커피' 브랜드도 인문학적 감성을 담았다. 이 기업의 대표는 수입을 위해 커피 주산지 8개국을 여행하면서 받았던 감흥을 그대로 제품 이름에 담았다고 한다. 탄자니아에서는 만년설로 덮인 킬리만자로를 눈앞에 두고 커피를 마시며 '은빛 정상의 위로'라고 이름을 지었고, 케냐에서는 초원의 야생 동물과 함께 저물어가는 석양이 천국 같았다고 하여 '오렌지 빛 석양'이라고 명명했다. 그 외 에디오피아, 르완다, 코스타리카, 콜롬비아, 인도네시아, 과테말라에서도 느낀 감상을 각각 이름에 담았다. 커피 명칭부터 문학적 감각을 담은 이 제품은 사용의 간편함과 8개국의 각각 다른 커피 맛을 골라 먹는 재미까지 더해져 주부들에게 큰 인기를 끌고 있다.

나는 이런 사례에서 한 발 더 나아가 국가식품클러스터에 식품과 인문학을 접목한 '푸드파크'에 큰 관심을 가져왔다. 비록 푸드파크가 완성되는 것은 내가 퇴임하고도 한참 후이겠지만, 푸드파크는 향후 식품진흥원의 주요 사업으로 떠오를 것으로 전망한다. 그 밑그림 작업에 나도 크게 한몫 했다는 자부심을 가지고 싶다.

푸드파크 상상도

'기능성원료은행 구축 사업'을 **수주하다**

식품진흥원이 '기능성원료은행 구축 공모사업'(국내 기능성 식품 원료의 연구·보관·분양을 목적으로 150억 원의 공사비로 구축)에 최종 선정되기까지의 과정은 순탄치만은 않았다. 식품진흥원이 2011년에 출범해 어느덧 10주년을 맞이하였지만 제2의 도약을 위해서는 기존 업무 영역만으로는 성장에 한계가 있었다. 새로운 시대에 걸맞은 미래 먹거리를 지속적으로 확보하기 위해서는 새로운 도전이 필요했는데 순창 발효미생물산업진흥원의 정도연 원장이 도전의 불씨를 지펴줬다.

2020년 8월 월례회의 특별강사로 나선 그는 강연 말미에 "기능성원료은행 구축 사업은 꼭 식품진흥원에서 수주했으면 좋겠다."라고 조언해 주었다. 왜 우리는 이런 정보를 사전에 알지 못했을까, 통탄할 겨를도 없이 공모 마감이 한 달도 채 남지 않은 긴박한 현실이 눈앞에 놓여 있었다.

더욱이 어떤 시도에서는 이 사업을 유치하기 위해 오래전부터 도지사가 앞장서 준비해 왔다는 정보를 듣고 우리는 잠시 도전을 망설였다.

하지만 기능성원료은행 최적지가 우리 기관이라는 확신을 가지고 전열을 다시 가다듬었다. 식품진흥원은 이미 2개의 기능성 식품 관련 센터를 갖고 있었기 때문에 서로 연계하면 시너지를 높일 수 있었다. 우리는 우선 일주일 정도의 시간을 가지고 우리 기관이 기능성원료은행을 수주했을 때를 가정한 타당성을 검토했다. 건강 기능 식품의 시장 규모는 코로나까지 더해져 계속 확대되고 있지만 기능성 원료 대부분은 수입에 의존하고 있다. 또 국내에는 우수한 기능성 식품 자원이 널려 있는데도 제대로 활용하지 못하고 있었다. 이런 상황에서 우리 기관의 선제적인 대응과 주도적인 역할이 필요하다는 분석이 나왔다. 우리가 수주해야 할 타당성과 확신이 생긴 것이다. 더 이상 지체할 시간이 없었다.

전라북도 담당국장, 익산시장과 담당자에게 수주 필요성을 설명하고 설득했다. 이 공모에 참여하기 위해서는 지자체가 비용의 30%를 분담해야 했기에 두 지자체의 협조는 절대적인 것이었다. 지자체 담당관들은 "이건 이미 ○○도가 가져갈 사업이다."라며 오히려 우리가 꼭 해야겠냐고 반문했다. 설득에는 긴 시간이 필요했다.

나는 "전라북도 자립도가 전국 꼴찌인데, 신사도 정신만 내세울 때가 아니다. 전라북도는 남의 입 속에 들어있는 것도 손가락을 넣어 뺏어 먹어야 할 상황이다."라고 절실함을 주장했다. 결국 지자체 담당관들도 우리의 집요함에 "대단한 열정이다."라며 설득당해 주었다. 그러나 우리 내부 직원 중에서조차 "이미 낙찰 지역이 정해졌다고 하는데, 불필요하게 시간과 역량을 낭비하지 말아야 한다."는 소극적인 반대 의견이 일부 있었다. 이런 대내외적 어려움 속에서도 담당자인 배민정 팀장은 "아직 제대로 겨뤄보지도 못했는데 포기할 수는 없다."며 이사장의 "할 수 있다."는 말을 믿고 흔들림 없이 준비를 계속했다.

두 지자체를 설득한 후 긴박한 시간과의 싸움이 시작되었다. 아직 국내 사례가 없고 실체도 없는 기능성원료은행 센터를 구축하겠다는 제안서를 2주 안에 작성해야 했는데, 실무자들이 매일 새벽에 퇴근하기 일쑤였다. 모두가 지칠 대로 지쳐 있는 상황이었다. 그럼에도 팀원들은 그 어느 때보다 열정에 불타올라 모두들 눈이 반짝였고, 얼굴에서 빛이 났다. 늦은 밤에 모두가 고생한다며 달달한 간식거리를 잔뜩 들고 사무실로 찾아온 동료 직원들을 비롯해 밤늦은 시간에 찾아와 함께하겠다며 응원해 주는 직원들의 따뜻함이 지친 실무자들을 재충전시켰다. 갓 들어온 신입사원부터 과장, 팀장, 부장, 처장, 실장, 본부장까지 모두가 힘을 모아 정해진 시간에 제안서를 제출했다.

제안서 제출 뒤에는 현장 평가와 발표 평가라는 더 큰 산이 기다리고 있었다. 현장 평가를 위해 뜨거운 가을볕도 마다않고 달려가 제초 작업을 해 준 경영지원부 시설팀 직원들, 부지 선정과 건축 설계를 적극적으로 검토하고 현장평가위원들의 의문점을 해소해 준 인프라조성부 직원들, 건축 조감도를 하루 만에 만들어 준 기획홍보부 직원들, 식품진흥원 소개 PPT를 위해 밤늦게까지 자료를 준비해 준 경영기획실장, 현장에서 구축계획을 멋지게 발표해 준 기술지원처장, 이 모든 과정을 총괄 지휘해 준 사업본부장, 또 현장 평가 일에는 평가에만 집중할 수 있도록 사사로운 준비 과정을 여러 직원들이 묵묵히 도맡아 해 주는 등 식품진흥원 임직원이 하나라는 걸 깨닫게 해 준 축제의 장이었다. 덕분에 현장 평가도 무사히 마칠 수 있었다.

마지막 관문인 발표 평가만이 남았다. 발표는 그동안 평가 준비를 주도했고 전문성을 갖춘 배민정 팀장이 하기로 했다. 첫 발표 연습장엔 이사장, 본부장, 실처장들이 참석해 수정해야 할 것들을 쏟아냈다. 배 팀장은 다소 지쳐 보였다. 나는 "지금까지 잘하고 있으니 조금만 보완하자."며 자신감을 북돋아 주었다. 이후 며칠 동안 두 번, 세 번의 연습과 수정의 시간들이 반복되면서 배 팀장은 조금씩 자신감을 회복해 갔다. 한데 이번에는 준비를 주도하던 기능성평가지원 팀원들의 긴장감이 극도로 높아져 갔다. 이 긴장감은 발표 평가를 하는 당일까지 이어졌다. 평가가 두 시간도 채 남지 않은 상황에서 평가위원들에게 나눠 줄 제안 책자가 제시간에 도착할 수 없다는 연락을 받았다. 결국 사고가 터져 버린 것이다.

배 팀장은 세종시에서 긴급하게 제본해 줄 수 있는 모든 업체를 수소문했다. 결국 본래 제시간에 올 수 없다고 했던 제본 회사에서 최대한 빨리 서둘러 도착하여 아슬아슬하게 받을 수 있었다. 손에 땀이 나는 상황에서 배 팀장의 발표가 시작되었다. 다행히 배 팀장은 차분히 절제하며 발표를 잘 마쳤다. 곧바로 평가위원들의 날카로운 질문이 쏟아졌다.

A 위원은 빅데이터 플랫폼 구축 계획이 구체적이지 않다며 실행 방안의 조잡함을 꼼꼼히 지적했다. 사실 과업 지시서에도 없는 사업을 우리 기관이 추가로 제안한 부수사업이라 구체적인 사업 계획을 준비하지 않았기에 당황했다. 배 팀장이 제대로 답변을 하지 못하고 이야기가 계속 맴돌자 A 위원의 질문은 더욱 날을 세웠다.

내가 나설 차례였다. "저는 식품진흥원 이사장입니다."라며 정중히 인사하고 발언권을 얻었다. "빅데이터 플랫폼은 우리의 추가 구상인데 우리 기관에 아직 빅데이터 전문가가 없어 구체적 실행 계획을 만들지 못했습니다. 우리가 본 사업을 맡게 된다면 전문가들과 상의해서 수요자인 기업들에게 유익한 플랫폼을 만들겠습니다."라고 했다. 솔직한 답변이 평가위원들에게 어느 정도 진정성 있게 전달된 듯했다. 분위기가 전환되자 우리 기관에 호의적인 질문이 이어졌고 잘 마칠 수 있었다. 심사장을 나오면서 배 팀장은 홀가분하기보다는 못내 아쉬운 마음이라고 심경을 밝혔다. "잘 했다. 이제 다 끝났다. 최선을 다했으니 홀가분하게 결과를 기다리자."라며 직원들을 격려했다.

결과 발표는 예정보다 늦어져 그해 추석 이후로 미뤄졌다. 결과에 연연하지 않겠다는 마음가짐에도 불구하고 우리는 초조한 하루하루를 보냈다. 2020년 10월 12일에야 우리 식품진흥원이 최종 선정되었다는 통보를 받았다. 그동안의 시간들이 주마등처럼 머릿속을 스치고 지나갔다. 밤을 지새우고, 머리를 맞대어 고민하던 시간들이 모여 이뤄낸 쾌거였다. 우리 기관은 지난 10년 동안 한 번도 이런 경험을 해보지 못했다. 스스로 신규 업무 영역을 수탁 받아 확장할 상상조차 하지 못한 것이다. 그저 정부가 시키는 업무만 하기에도 힘이 부쳤다. 그러나 이번 수주를 통해 '우리도 할 수 있다'는 자신감과 자긍심을 갖게 됐다. 기관 도약의 발판이 되는 기회였다. 아니나 다를까 그 이후 직원들 눈빛이 달라졌다. 저마다 기관을 키우는 데 앞장서서 각종 공모 사업에 적극적으로 나섰다. 마침 2021년 들어서 코로나19로 인한 경기 활성화 대책 일환으로 정부 공모 사업이 쏟아졌다. 그중 식품진흥원이 공모에 참여했던 '고령 친화형 산업 지원센터'와 '맞춤형 식이설계 플랫폼 개발 사업'은 2021년 3월 식품진흥원으로 지정되었고, 발효미생물산업진흥원과 공동 추진 중인 '스마트 특성화 기반 구축 사업'(산업부), 식품 유연포장 분야 '5G 스마트공장 프레임워크 개발 사업'(과기부), '콜드체인 상태 정보 관리 및 실시간 모니터링 체계 구축 사업'(국토부)에 대한 도전이 시작되었다.

기능성원료은행 수주는 단지 150억 원 사업을 따낸 것에 그치지 않고 직원들에게 성공 에너지를 불어넣었으며 성공 DNA를 장착시킴으로써 식품진흥원의 잠재력을 끌어 올리고 확장시킨 데 더 큰 의미가 있다. 그 성공 DNA는 식품진흥원의 저력으로 남아 어떤 사업을 하더라도 살아 숨 쉴 것이다. 함께했던 직원들에게 다시 한 번 경의를 표한다.

4장

슬기로운 공공기관
생존법

바람직한
공공기관이란?

내가 재직했던 식품진흥원을 넘어서 우리나라의 공공기관 전반에 대해 잠시 살펴보기로 하자. 우리나라에서 '공공기관 운영에 관한 법률(공운법)'을 적용받고 있는 기관(공기업, 준정부기관, 기타공공기관)은 약 350개가 있다.

2021년 공공기관 유형별 기관 현황

구분		공기업			준정부기관		기타공공기관		
		시장형	준시장형		기금관리형	위탁집행형		그 외	연구개발목적기관
350	36	16	20	96	13	83	218	149	69

그중 농진청을 포함한 농식품부 산하 공공기관은 마사회(3,158명), 한국농어촌공사(6,785명), 한국농수산식품유통공사(885명), 축산물품질평가원(449명), 농림식품교육문화정보원(169명), 농림식품기술기획평가원

(89명), 가축위생방역지원본부(1,257명), 한식진흥원(43명), 국제식물검역 인증원(49명), 한국식품산업클러스터진흥원(103명), 축산환경관리원(40명), 농업기술실용화재단(324명) 등 총 13개 기관이다.

공공기관을 설립하는 이유는 독과점 사업으로 민간 기업에게 맡길 경우 특혜를 줄 사업(마사회, 강원랜드, LH 등), 국가 기간사업이나 국민 생활에 밀접한 사업으로 민간이 주도한 시장 거래를 제한할 필요가 있는 사업(한전, 수자원공사, 가스공사, 도로공사, 철도공사 등), 정부가 직접 수행하기 곤란하여 위탁이 필요한 사업(농경연, 식품연 등 각종 연구소와 at, 코트라, 한식진흥원, 식품진흥원 등) 등 민간 기업이 추진하기에는 부적절한 사업을 맡아 수행하기 위해서다. 각각의 공공기관은 법률이나 정관으로 정한 설립 목적에 따라 각각 업무를 수행하고 있다.

공공기관의 관리는 소관 부처에서 맡아 왔으나, 부처 이기주의와 온정주의가 앞서 객관적인 관리가 어렵다고 보고 기획재정부가 2007년 4월 '공공기관 운영에 관한 법률(공운법)'을 제정하여 총괄 관리하게 되었다.

1986년부터 공공기관에도 민주화 바람을 타고 노동조합이 하나둘씩 설립되기 시작하였는데, 공공기관 노동조합이 활성화되면서 1980년대 말부터 1990년대 중반까지 공공기관 임직원 임금이 큰 폭으로 상승했다. 또 88올림픽 이후 한국경제가 호황을 맞으면서 공공기관들이 더 확장되었고 신설 기관도 늘어남으로써 우리나라 공공기관 수와 인력이 전반적으로 대폭 확대되었다. 이렇게 공공기관이 경쟁적으로 늘어난 가운데 조직과 임금의 방만 경영, 세금 도둑 등 부정적인 여론이 생겨 통제할 필요성이 대두되었다.

공공기관은 기재부와 소관부처로부터 예산과 정원(인력)을 통제받고 있으며, 매년 경영 평가를 받고 있다. 또한 감사원과 주무부처 감사실로부터 감사를 받고 있으며, 총리실이나 주무부처 감사실의 공직 기강 점검과 같은 불시 점검도 받는다. 각 공공기관들은 감사실을 운영하면서 일상 감사, 정기 감사와 주무부처 감사실의 지시를 이행하고 있다. 공공기관 임직원은 공직자로서 '공직자 윤리법'과 '부정청탁 금지법'의 대상이 되며 공직자로서 강도 높은 사명감을 부여받고 있다. 즉, 감사와 같은 통제의 틀을 벗어나지 못한다는 의미이다.

이런 통제와 감독에도 불구하고 공공기관은 주인이 없다는 단점을 가지고 있어 임직원들의 주체성과 책임성이 부족할 수밖에 없으며 이로 인하여 도덕적 해이, 방만 경영이 언제든지 발생할 소지를 안고 있다. 조직의 연속성과 고용안정성을 가지고 있어 근로자에게는 장점이나 조직과 사업의 경직성, 형식성, 폐쇄성과 관료주의 병리 현상이 발생할 수 있다.

공공기관은 직간접적으로 국가 재정을 지원받고 있기 때문에 최소한의 비용으로 최고의 서비스를 제공하여야 한다. 그러나 빠른 속도로 변화하는 사회경제 환경 속에서 예전과 같은 방식으로 공공기관을 운영하다 보면 업무 효율성이나 제공하는 공공 서비스의 품질이 시대에 역행할 수 있다. 이를 방지하기 위해 기관이 끊임없이 혁신하고 효율성을 추구해야 하나 민간 기업이 갖고 있는 절실함보다는 온정주의가 우선 작동하는 구조이고 개혁의 대상이 개혁의 주체여서 자체 혁신이 매우 어려운 구조이기도 하다. 이에 정부는 방만 경영을 하거나 경영 평가 실적이 미흡한 경우 인센티브 차등 지급, 예산 통제 등으로 제재를 주고 있지만 350개나 되는 공공기관을 세세한 부분까지 통제하기 어려운 측면이 있어 최소한의 통제에 그치는 실정이다. 다만, 정부는 공공기관의 체질 개선을 위해 공운법을 근거로 지속적인 공공기관 기능 조정(통합, 폐지, 분할 등)을 추진하고 있다. 주택공사와 토지공사가 합쳐져 한국토지주택공사(LH)가 탄생한 것은 공공기관 기능 조정의 대표적 사례이다. 문화콘텐츠진흥원과 게임산업진흥원, 방송영상산업진흥원이 합쳐져 한국콘텐츠진흥원으로 통합된 사례도 있고, 과학재단과 과학기술협력재단, 학술진흥재단이 합쳐져 연구재단이 설립된 사례도 있다. 또 정리금융공사와 한국노동교육원, 코에일애드컴처럼 폐지된 경우도 있다.

농림·수산 분야도 2015년 농림부·산림청 산하 16개 공공기관을 대상으로 기능 조정을 했는데 식품(식품안전관리인증원)과 축산물(축산물안전관리인증원)로 이원화되었던 HACCP 인증 기관을 '한국식품안전관리인증원'으로 통합하였고, '녹색사업단'은 산림경제 업무(해외산림자원 개발, 산림탄소 등)는 임업진흥원으로, 산림복지 업무(녹색자금 관리, 산림체험교육 등)는 산림복지진흥원으로 업무를 기능별로 이관한 후 폐지하였다. 한편 농어촌공사 설계·감리, 저수지 수변 개발 사업 등은 민간에 개방했고, 유통공사 전시장 운영(aT컨벤션)도 민간에 위탁시켰다. 경영 효율화를 위해 실용화 재단의 과도한 지원 부서를 축소했고, 농어촌공사의 수리 시설 유지·관리 업무 인력을 일반직에서 기사직으로 활용하도록 조정했다. 한국마사회 테마파크, 승마 교실은 민간 위탁과 함께 유휴자산 매각 등으로 떼어냈고 경마 사업 위주로 조직 운영을 바꿨다. 이처럼 우리가 모르고 있는 사이에도 공공기관에 대한 조정과 관리는 지속적으로 일어나고 있는 중이다.

과거로 좀 더 돌아가면 문민정부 때에도 공공기관 민영화가 추진되었고, IMF 체제에서는 강도 높은 민영화와 통폐합이 이루어지기도 했다. 이처럼 공공기관도 영원하지 않다는 점을 간과해서는 안 된다. 자칫 방심한 사이에 기능이 폐지된다거나 민영화되기도 하고 통폐합도 이루어진다. 요즘 젊은 취업 준비생들은 공공기관의 고용 안정이 영원할 것으로 알고 있지만 그러지 못한 경우가 종종 발생한다는 것을 알아야 한다.

그러므로 공공기관 임직원은 공공기관이 주는 안정성에 안주하지 말고 생존과 지속가능성을 위해서 변화에 능동적으로 대처하고 자율적 혁신을 하는 것이 매우 중요하다. 이러한 노력은 결국 자기 자신을 위한 좋은 직장, 평생직장을 만드는 일이기 때문이다.

식품진흥원이 민간 기업 경영 전략이라 할 수 있는 경영 자립화라는 선제적 과제를 수립해 각 부서별 목표를 달성하도록 추동하는 것도 자율적 혁신의 좋은 사례라고 할 수 있다. 이밖에도 기획 기능을 높여 행정 체계를 정립하고 사업 부서의 조직·예산 관련 사업의 컨트롤 타워 역할과 사업 부서 간 업무 조정 기능을 하도록 체계화했다. 또 모든 목표를 계량화하고 기관의 추구하는 방향이 경영 목표, 조직, 사업, 직원 성과 지표 등에 일관되게 반영되도록 설정한 것도 초기 공공기관으로서 기반을 조성하기 위한 것이었다. 나는 시간이 날 때마다 직원들에게 공공기관에 대한 이해 및 공직자 자세를 함양하도록 하고 업무 능력이 배가될 수 있도록 지속적인 교육을 실시했다.

공공기관 직원은 예산, 경영 평가, 감사라는 필수적인 3대 업무 테두리 내에서 일을 해야 한다. 예산 범위 내에서 사업이 추진되어야 하고, 경영 평가를 염두에 두고 업무를 추진하되 하고 있는 일에 관해서는 감사를 받는다고 보고 어떻게 대처해야 하는지를 가정하면서 일을 한다면 공공기관 기준에 어긋남이 없으면서도 일 잘하는 직원 대우를 받게될 것이다.

마지막으로 공공기관 임직원은 주인의식·책임의식을 가지고 일을 스스로 찾아 솔선수범하는 자세로 일을 해야 한다. 그러면서 한편으로는 자기 권한 내려놓기를 끊임없이 해야 한다. 공공기관은 국가적 사업을 책임지면서 국민을 위한 서비스를 제공하는 기관이기 때문이다.

공공기관 지정,
독인가 득인가?

취임 1년이 막 지난 시점인 2019년 1월 30일, 식품진흥원은 '공공기관'으로 지정되었다. 그 한 달 전쯤 공공기관으로 지정될 것이라는 통지를 받고 식품진흥원은 1년만 유예해 달라고 재정당국에 요청했다. 공공기관 지정은 기관의 위상을 높이는 일인데도 유예 요청을 했다니 사정을 모르는 사람들은 매우 의아해 할 것이다. 식품진흥원은 설립된 지 8년이 되었지만 그동안 국가 예산이나 인력 배정이 변변치 못하여 사업이 지지부진하다가 1년 전인 2018년부터 활성화되어 가고 있는 시점에서 덜컥 공공기관으로 지정되면 인력 통제, 예산 통제가 심해져 성장 동력이 멈출 수 있다는 우려 때문이었다.

여러 경로를 통해 유예 노력을 한 후 직접 담당관을 찾아가 정중히 우리의 입장을 설명했다. 담당관도 우리 처지를 이해해 주었다. 하지만 식품진흥원 정원이 50명을 넘었고 국가 예산이 전체 사업비의 50%를 넘었기에 공공기관 지정을 피할 수 없었다. 다만, 우리 기관의 어려운 여건을 감안해 기타공공기관으로 지정해 주면서 2년간 제반 제도나 체제를 구축할 수 있는 시간을 주었다. 그리고 식품진흥원 사업들이 순조롭게 진행될 수 있도록 인원 배정 시 증원을 우선 검토해 보겠다는 덕담도 들었다.

공공기관으로 지정된 이후 기본적으로 해야 할 일이 태산 같았다. 일복이 터진 것이다. 아직 감사 규정도 없어서 제정해야 하는 등 공공기관이 되면 갖추어야 할 규정들을 정비해야 했다. 34건의 규정을 새로 제정했고 126건을 개정했다.

공공기관으로 지정되자 직원들은 매우 좋아했다. 공공기관 공직자가 되었다는 자부심을 느끼는 것 같았다. 그러나 그들은 공공기관 지정이 앞으로 자신들에게 닥칠 통제와 절제의 시작임을 모르는 것 같았다. 전 직원이 모인 월례조회를 통해 공공기관 공직자로서 갖춰야 할 자세에 대해 알려주었다.

"공공기관 직원이 되면 부정청탁법, 공직자윤리법 등에 따라 공직자가 되는 것입니다. 공직자와 민간인의 차이점은 전쟁이 나면 민간 직장인은 가족들을 피난시키기 위해 집으로 가지만, 공직자는 공공의 안녕과 질서 유지 등을 위해 맡은 소임을 해야만 합니다. 명령 없이는 집에 못 간다는 말입니다. 또 공직자는 각종 법률에 근거해 청렴해야 하고 국가를 위한 책무를 가져야 합니다. 자부심은 갖되 갖춰야 할 건 갖춰야 하는 것입니다. 우리 기관도 이제 공공기관으로서 좀 더 확고한 국가관과 기관 위상에 맞는 제반 규정을 제정, 개정하고 공공기관 체계를 구축해야 하는 등 할 일이 많습니다. 또 작년보다 인력과 예산 확보에 어려움이 클 것입니다. 하지만 이번 공공기관 지정을 계기로 우리 기관이 도약하는 기회로 삼기를 바라며 함께 노력해 주시길 당부 드립니다."

공공기관 지정이 썩 내키지 않지만 그렇다고 나쁘다고 할 수도 없었다. 또 어차피 언젠가는 거쳐야 할 일이었다. 결국 내가 감당하고 맡아야 할 일이었다. 그렇다면 공공기관 지정을 좋은 기회로 만들어 가는 것이 기관장의 역할 아니겠는가.

공무원 '갑질'이
나라를 망친다

2018년 1월 취임 당시, 식품진흥원 경영 환경 중 가장 잘못되었다고 느꼈던 것은 공무원들의 '갑질'이었다. 모든 공공기관이 공무원과 뗄래야 뗄 수 없는 갑을 관계인지라 소소한 갑질은 업무 중에 자연스럽게 일어난다 치더라도 우리 기관에 대한 갑질 경영 환경은 사회 통념을 넘어 이해할 수 없는 부분이 많았다. 식품진흥원에 부임하기 이전에 이미 13년간 공공기관에서 근무한 내 경험에 비추어 보아도 과도했다.

물론 대다수 공무원들은 공직자로서 사명감이 투철하고 청렴하다. 또 많은 장점을 가지고 있다. 업무 면에서도 체계적이고 꼼꼼하며 다양한 경험과 지식을 가지고 세세한 부분까지 실무에 밝다. 어떤 분들은 진취적인 성향까지 겸비한 경우도 많다. 반면 폐쇄적인 사고와 나태하고 무사안일한 업무 형태, 뒤끝이 있는 부정적인 면이 공무원들의 단점이다. 동일한 조직 체계에서 비슷한 형태의 업무를 수십 년간 해 왔기 때문이리라.

공공사업을 함에 있어 공무원이 차지하는 비중은 매우 크다. 흔한 말로 "공무원은 되게는 못해도 안 되게는 할 수 있다."라고 하듯이 공무원 한 명의 행동과 말 한마디가 해당 사업에 막대한 영향을 미치기 때문이다.

식품진흥원에 대한 공무원의 지나친 갑질이 발생한 이유는 무엇일까? 첫째, 식품진흥원 직원 45명 대비 식품진흥원을 관리하는 공무원 수가 무려 28명으로 지나치게 많았다.* 직원 6,800명인 농어촌공사나 직원 900명인 농수산물유통공사도 농식품부 관리 공무원은 한두 명에 불과하다. 담당 공무원이 많으면 많을수록 불필요한 참견과 부당한 지시를 하는 갑질 공무원을 만날 확률이 커지기 마련이다. 또한 공무원들은 각각 자기 중심의 업무 스타일을 요구하는데 담당 공무원 수가 많다는 건 그만큼 공공기관 경영을 자기 방식대로 좌지우지하려는 부작용도 발생하기 쉽다는 뜻이다. 이는 '공공기관 운영에 관한 법률'에서 공공기관에 보장된 자율 경영과 책임 경영에 역행되는 일이다. 아무리 좋은 공무원 100명이 도와주더라도 1명의 갑질 공무원이 있으면 사업이 퇴보하거나 지연될 수도 있다.

둘째, 진흥원 회계 방식은 '지자체 보조사업'이라서 보조금 정산을 지

---

* 농식품부 국가식품클러스터추진팀(과) 8명, 전라북도청 농식품 산업과 식품클러스터팀 4명, 익산시 국가식품클러스터담당관 소관 16명으로 편제

자체가 책임지고 있었다. 정산을 책임진다는 것은 볼펜 한 자루, 노트 한 권 사는 것까지 간섭할 수 있다는 의미이다. 국가클러스터 사업이 국가 주도 사업인데도 지자체의 권한 남용이 언제든지 발생할 수 있는 구조였다.

셋째, 국가식품클러스터 사업에 대한 지자체 분담금이 과다했다. 식품진흥원 기관 운영비의 50%를 분담하고 있었을 뿐만 아니라 7대 기업을 지원하는 시설 부지 매입비와 폐수 처리장 등 공공시설 설치 비용 전액을 부담하고 있었다. 국가 사업임에도 자립도 전국 최하위 지자체로서는 큰 짐을 지고 있었고 그 대신 그만큼 진흥원에 대한 권한도 많이 가지고 있었는데 이 역시 식품진흥원의 자율 경영에는 유리할 것이 없는 구조였다.

넷째, 우리 기관 구성원 중 공공기관 경력 직원이 거의 없어 공무원 갑질과 업무 지시를 잘 구분하지 못하였고 그런 시간이 오래 지나다 보니 공무원 갑질을 당연한 것으로 받아들이고 있었다.

이런 식품진흥원의 경영 구조는 담당 공무원의 성향에 따라 언제든지 '갑질'로 돌변할 가능성을 안고 있었다. 이에 따른 폐해는 고스란히 식품진흥원으로 돌아왔다. 내가 직접 겪은 몇몇 사례를 보면 공무원 갑질의 실상과 그로 인해 공공기관이 입는 피해를 짐작할 수 있을 것이다.

익산시청 모 공무원은 내가 이사장으로 취임한 지 한 달도 채 되지 않은 2018년 2월 초 단둘이 마주앉은 자리에서 불쑥 건축부장을 자르라고 일방적으로 얘기를 꺼냈다. 의견이나 권고가 아닌 통보로 느껴졌다. 소스센터 건립을 맡고 있지만 소스에 대한 전문성이 떨어지고 시청 공무원들과 협업이 되지 않는다는 것이 그 이유였다. 그 공무원의 "잘라라."라는 말의 의미가 '해고'로 해석될 경우 노동법상 기관장이 할 수 없는 일일 뿐만 아니라 시청 공무원이 공공기관장에게 직원 해고를 명령하거나 요청한다는 것도 말이 되지 않기에 어떤 의미로도 황당한 경우였다. 만약 그 의미가 해고가 아닌 '보직 해임'을 뜻한다면 보직 해임 이유가 타당하지 않았을 뿐만 아니라 해당 공무원 개인의 사적 감정이 앞선 건 아닌지 의구심이 갔다. 취임한 지 얼마 되지 않아 인사 파악도 충분하지 않은 기관장에게 그런 요구를 한다는 것은 더더욱 타당하지 않았다. 공무원의 월권이고 갑질이라고 판단할 수밖에 없었다.

나는 평정심을 유지하려 애쓰며 검토해 보겠다고 답했다. 그리고 도저히 권고라고 해석할 수 없는 그의 일방적 통지를 시쳇말로 '개무시' 해 버렸다. 그 후 한 달쯤 지난 3월 초, 익산시청 담당과 직원들이 보조금 사전 집행 점검을 한다며 식품진흥원에 들이닥쳤다. 점검을 나온 책임자는 3월 초부터 보조금 사전 점검을 한다는 게 좀 멋쩍었던지 "사전 계도 점검하는 것입니다."라고 말하며 점검장으로 들어갔다. 그렇게 그들은 이틀간 계도 점검을 했는데도 3월 20일경 또다시 점검을 나왔다. 점검 결과 전기 포트를 자산 계정으로 사지 않고 운영비로 샀다는 것 등 몇 가지 지적 사항이 나왔다. '이런 식으로 새 기관장 군기를 잡는 구나'라는 생각이 들었다.

2018년 4월에는 식품진흥원 직원이 '직원 숙소 임차 방안'을 보고했는데 당초 예산안은 1억5천만 원짜리 아파트를 임차해서 1채당 직원 2~3명씩 입주시키겠다는 것이었다. 나는 그 방안에 반대했다. 요즘 세대들은 개인 사생활을 중요하게 여긴다. 직원들이 함께 거주할 경우 퇴근 후까지도 직원 상하 관계가 작용할 수 있어서 휴식 공간이어야 할 숙소가 근무의 연장 공간으로 퇴색할 우려가 있다는 이유였다. 그러면서 개개인이 살 수 있도록 12~15평형의 소형 주택을 얻어 주는 것이 좋겠다고 수정 제안했다.

내가 제시한 직원 숙소의 임차 수정 제안 건은 다시 정부와 지자체를 상대로 재승인에 들어갔다. 우여곡절 끝에 농식품부 승인을 받고 전라북도청 승인도 받았다. 그런데 익산시청 담당관은 본 건이 사업 계획 변경 사항이므로 절차를 다시 밟아야 한다며 승인해 주지 않았다. 그 순간 그 사업은 멈춰 버렸다. 중앙정부와 지자체 간 갈등과 불만이 엉뚱한 곳으로 튄 격이었다. 고래 싸움에 새우등이 터진 순간이었다. 국가식품클러스터 사업에 익산시가 과도한 보조금을 내고 있었는데 모든 결정은 중앙정부가 하면서 지자체에 이래라 저래라 지시만 한다는 불만이었다. 이런저런 불만이 복합된 상태에서 마침 직원 사택 임차 건은 희생양이 되어 익산 시청 직원의 몽니 대상이 된 것이고 애꿎은 우리 기관만 어려움에 봉착하게 되었다. 목마른 자가 우물을 판다고 지자체를 재차 설득할 수밖에 없었다. 우리 입장에서 농식품부에 가서 지자체가 반대한다고 고자질할 수도 없는 노릇 아닌가. 만약 농식품부가 익산시에 사업 추진을 다시 지시한다 해도 지자체는 이런저런 이유를 대며 사업을 또 지연시키면 해결할 방법이 없다. 또 그런 과정에서 우리 기관 직원들만 괴롭힘을 당할 수밖에 없는 구조였다. 우여곡절 끝에 논의된 지 6개월이 지난 9월 말에 재추진되어 10월에 와서야 직원 숙소를 마련해 줄 수 있었다.

식품진흥원은 연초가 되면 당해년도 예산을 기준으로 한 사업 계획을 농식품부, 전라북도, 익산시에 승인을 받는다. 이렇게 승인을 받았음에도 다시 개별 사업을 집행할 때마다 또다시 농식품부와 지자체 승인을 받아야 한다. 물론 사업 변경이 있을 경우 재승인 받는 것은 당연한 일이지만 특별한 변동 사항이 없는데도 또 승인을 받는다는 것은 행정 낭비였다. 그러다 보니 식품진흥원 부장, 팀장들은 오후가 되면 거의 자리에 없었다. 모두들 농식품부가 있는 세종시, 전북도청이 있는 전주시, 그리고 익산시청으로 달려가 같은 사안을 세 곳에 들러 담당 공무원들에게 설명하고 승인받기에 바빴다. 너무 비능률적인 시스템이어서 당장 고쳐야겠다고 생각했다. 하지만 고치는 게 쉽지 않다는 것을 나는 잘 알고 있었다. 담당 공무원들은 기관 관리, 사업 관리를 위한 행정 행위라고 하며 기득권을 내려놓지 않을 것이 뻔하기 때문이다.

잘 쓰면 **추진력**,
남용하면 **갑질**

권한은 잘 써야 추진력이 생기고 일이 수월하게 진행된다. 반면 권한을 남용하면 갑질이 된다. 두 경계선이 애매할 것 같지만 권한을 자신의 사익을 위해 쓴다면 갑질이고, 보편타당한 기준을 먼저 준용하면서 공익을 위해 쓴다면 추진력이 될 것이다. 내가 부임한 2018년도에 식품진흥원 직원들은 공무원들의 갑질에 휘둘리면서 공무원에게 유별나게 잡혀 살아가고 있었다.

이런 불합리한 구조를 깨기 위해서는 대안을 찾아야 했다. 먼저 지자체 보조사업을 직접 보조사업으로 변경했다. 지자체 보조금 정산을 빌미로 해왔던 경영 간섭에서 자유로워질 필요가 있었다. 또 국비 비율을 늘려 지자체 부담을 덜어줄 필요가 있었다. 지자체 보조금도 출연금으로 전환을 추진하고, 이를 위해 '식품 산업 진흥법'을 개정하여 출연 근거를 만들 필요가 있었다. 우리가 할 수 없는 영역이었지만, 식품진흥원을 담당하는 공무원 수도 줄여주길 희망했다.

2018년 12월 18일 오후 4시경, 지자체 모 공무원이 찾아왔다.

"이사장님, 국비 50%에서 90%가 됐지만 우리 지분은 여전히 있는 거지요?"

그야말로 훅~ 들어오는 말이었다. 나는 순간 속으로 '무슨 지분?' 했다. 그 공무원은 국비 비율이 90%로 올라가고 지방비 비율이 10%로 떨어지니 그동안 누려 왔거나 남용했던 지자체 공무원의 권한이 축소될 것을 우려했던 것 같다. 그래서 이사장과 단독 면담을 하고자 찾아왔던 모양이다.

나는 황당한 표정을 감추고 단호하게 답변했다.

"○○○님, 내가 정치권 낙하산으로 식품진흥원에 왔든, 전문 경영인으로 왔든, 대통령님께서 식품진흥원 경영을 이사장인 저에게 맡겨주신 겁니다. 식품진흥원에 문제가 생기면 ○○○님이나 지자체가 책임을 져줍니까? 진흥원이 잘못되면 기관장이 책임을 지는 것이고, 잘되면 잘 되는 대로 기관장이 칭찬을 받는 것입니다. 그러니 이사장에게 맡겨 줏씨요~."

일부러 사투리를 쓴 것은 분위기가 지나치게 경색되는 것을 피하기 위함이었다. 속으로야 화가 치밀어 '공공기관에게 지자체가 무슨 지분 타령입니까?'라고 독설을 날리고 싶었지만 꾹 참았다. 내 답변을 들은 그 공무원은 아무 말도 하지 못했다. 그동안 누려 왔던 특권과 갑질을 내려놓아야 할 때임을 깨닫고 태도를 바꾸면 좋으련만, 그 이후로도 빈번하지는 않지만 예전처럼 그 공무원의 갑질은 계속되었다.

2018년에는 내빈들뿐만 아니라 외국 손님들이 우리 기관을 빈번히 방문했다. 외국이라고 해야 주로 중국, 베트남, 미얀마 등 저개발국가였는데 그들 중에는 그 나라 전직 차관급도 있었지만 모든 방문자 신분을 내가 일일이 확인할 길은 없었다. 우리 기관은 귀빈들이 오면 격식을 맞추기 위해 대회의실에서 각각 내외빈 소개와 인사말을 하고 식품진흥원 브리핑을 하는 등 행사와 선물을 준비해 주곤 했는데 나는 이런 실리도 없고 의미도 없는 행사가 못마땅했다.

귀빈들을 모시고 오는 주체가 대부분 그 나라 한인회 직함을 가지고 있었으며 주로 익산 출신들이었고 지자체가 그들과 식품진흥원 간에 다리를 놔주고 있었다. 지자체는 외빈들 초청 목적이 국가식품클러스터 글로벌 존에 투자하기 위함이라고 소개하곤 했다. 그러나 정작 간담회 자리에서 대화를 나눠 보면 외국에서 온 손님들은 자기 나라에 투자하기를 원하거나 그 나라 원료로 생산해 줄 수 있는 한국 기업이 있는지 또는 기계나 설비를 투자 받아 도입할 수 있는지 등에만 관심이 있었다. 우리와 동상이몽이었다. 그도 그럴 것이 우리보다 훨씬 후진국인 동남아에서 자국보다 매우 비싼 한국의 국가식품클러스터에 투자할 여력이 있겠는가? 식품진흥원이 익산으로 온 2016년 8월부터 4년 동안 기관을 방문한 외국 귀빈은 총 22건이었다. 몇몇 귀빈들을 맞이해 본 후 이러한 정황은 금세 파악할 수 있었다.

외국 귀빈을 모시고 온 한인회 사업가는 타국에서 사업을 하려면 그 나라 귀빈들을 활용해야 할 것이고, 그러자면 자신이 고국에 많은 인맥과 네트워크를 갖추고 있음을 그들에게 과시하고 싶을 것이다. 그렇다면 식품진흥원은 실리도 없는 일을 일부 사업가의 편익을 위해 들러리 선 꼴이 아닌지 의구심이 들었다. 그래서 2019년부터는 찾아오는 외국 귀빈을 막을 수는 없지만 과도한 환영 행사를 축소하고 간단한 티타임과 기관 로고가 새겨진 에코백과 같은 검소한 기념품을 주는 수준으로 행사를 대폭 축소해 버렸다.

한편 주말과 공휴일에도 익산시를 통해 외국이나 서울 등 타지에서 견학을 오곤 했다. 이들을 맞이하기 위해 우리 기관 몇몇 직원들은 주말에 출근해서 회사 소개 프리젠테이션을 하고 시설 견학도 시키는 등 접대를 해야 했다. 나는 이 또한 투자 유치와 무관한 불합리한 일이라고 보고 2019년 새해 들어서부터는 '식품진흥원 휴일 견학 금지령'을 내렸다.

그런 얼마 뒤인 2019년 3월쯤 지자체 모 공무원이 중국 귀빈들이 방문할 거라며 토요일인데도 시설을 오픈하라고 우리 직원에게 지시했다. 보고를 받은 나는 당연히 '견학 금지'를 다시 지시했다. 그러자 곧바로 해당 공무원이 내게 전화를 걸어 왔다. 나는 시설을 개방해 줄 수 없는 이유를 차분히 설명했다.

"진흥원은 공공기관 근무지이지 관광지가 아닙니다. 공휴일에 귀빈이 오시면 시설 보안에도 문제가 있고, 우리 직원에게 견학을 위해 휴일 근무 명령을 낼 수도 없습니다. 또 오시는 손님 입장에서 보면 출근한 직원 한 명 없는 멈춰서 있는 썰렁한 시설을 보여주는 것도 우리 기관으로서는 예의가 아닙니다."

그러자 공무원은 이번 토요일에 진흥원 직원 한 명만 출근시켜 세팅만 해 주면 자신이 프리젠테이션하겠다고 했다. 이번 한 번만이라는 부탁을 차마 냉정히 거절할 수 없어 '마지막'임을 강조하고 허락해 주었다. 그 일 이후 우리 기관 공휴일 오픈은 사라졌다. 그동안 시도 때도 없이 발생했던 주말 견학을 위한 시설 개방은 대부분 잘못된 일이었고, 이 또한 갑질의 일부분이다.

2019년 5월 1일 지자체의 한 공무원이 우리 직원에게 "우리나라 삼성그룹쯤 되는 태국의 대기업인 CP그룹 고문들이 익산을 방문하니 투자 유치 차원에서 익산 웨스턴라이프호텔을 예약해 주라."는 지시가 들어왔다. 지시를 받은 우리 직원은 예산 항목 어디에도 손님 접대용 호텔 비용이 없고 사례도 없다는 보고를 했다. 그러면 편법을 쓰든지 사비를 쓰는 수밖에 없는데 생면부지인 그들을 위해 사비를 쓰고 싶은 마음이 전혀 없었다. 5월 3일 호텔 예약을 지시했던 공무원에게서 전화가 걸려 왔다. 그는 "식품진흥원 직원이 호텔 비용을 부담해 줄 것처럼 하더니 왜 안 된다고 하는지 모르겠다. 또 가부를 빨리 결정해 주지 않는다. 그 직원은 사례가 없다고 하는데 사례는 만드는 것 아니냐. 기분이 거지 같다."라며 화를 감추지 못하고 감정을 섞어 가며 말했다. 요구가 부당할 뿐만 아니라 적반하장 식 책임 전가를 하고 있는 행태에 화가 치밀어 올라왔지만 억누르면서 "한번 보고 얘기하자."는 말만 되풀이하며 그 공무원을 달랬다.

며칠 후 태국의 CP그룹 고문이란 분들이 우리 기관을 방문해 이사장실에서 차를 대접했다. 이야기를 나눠 보니 그들은 모두 익산 출신으로 70대 이상쯤 되어 보이는 한국 사람이었다. 그들은 "태국 CP그룹은 국가식품클러스터에 투자하지 않는다. 다만 CP그룹과 식품진흥원의 협력 방안을 찾아보자."는 구체적인 제안도 없이 인사치레 말만 남기고 떠났다. CP그룹 '고문'이 뭘 하는 직책이고 해당 기업에서 어떤 영향력을 갖고 있는지 등 어떤 정보도 갖고 있지 않는 상태에서 지자체 공무원의 말만 듣고 무작정 접대를 했다면 바보스러운 일이 발생할 뻔했다. 이 또한 잊지 못할 공무원의 갑질 중 하나였다.

심지어 식품진흥원 신입사원 채용 면접에 지자체 공무원이 면접 심사위원으로 참여하는 점도 특이했고 문제가 있었다. 채용을 좌지우지할 수 있는 지자체 담당 공무원이 신입사원 채용 심사위원에 선임된 것부터가 공정하지 못한 것일 뿐만 아니라 채용 절차와 지침을 무시한 사례까지 있었다. 공공기관에 지자체 공무원이 과도한 권한을 행사한 사례로 보였다.

내 임기 동안 겪은 사례들만 해도 이 정도라면 식품진흥원 직원들에게는 그동안 얼마나 많은 갑질을 했을지 짐작이 되었다. 2011년 4월 기관 창립 이래 지금까지 몇몇 자질이 부족한 공무원들에게 이런저런 갑질과 수모를 많이 받았을 것이다. 그간 내가 만나본 우리 기관 담당 공무원 대다수는 실력이 있고 기관을 돕고자 하는 열의도 높은 좋은 분들이었다. 내가 겪은 갑질 사례들은 고작 2~3명의 공무원에 불과한 것으로 볼 때 한두 명의 나쁜 공무원만으로도 공공기관 경영이 크게 왜곡되거나 위축될 수 있음을 알 수 있다.

또 이런 일도 있었다. 담당 공무원이 노사합의 없이는 직원 임금이나 복지를 줄일 수 없음에도 초법적인 삭감 지시를 한다거나, 기관 직원의 부서 이동이나 승진을 보이지 않는 손으로 개입하거나 조직 개편을 압박하고, "상위 직급 임금이 많고 하위 직급 임금이 오히려 적다."는 다소 개인 감정이 들어간 자기 기준을 들이대며 상위 직급 급여 삭감을 지시하기도 한다. 2019년 경영 평가 때는 평가위원을 편파적으로 선정해서 좋은 등급을 받지 못하도록 간접적으로 영향력을 발휘했다. 또 '푸드파크 구축'이라는 신규 사업의 확보 활동을 하지 못하도록 압박하기도 했다.

대다수 공무원들은 자신의 권한 남용이나 일명 '갑질'이 해당 공공기관 직원들에게 얼마나 큰 고통을 주는지 느끼지 못하고 있는 것 같다. 자신의 말이나 행동이 갑질인지조차 모르는 경우가 더 많을 거라고 본다. 보통 "대부분의 공무원들은 선량한데 몇몇 공무원이 갑질을 한다."라거나 "예전에는 갑질이 있었지만 최근에는 없다."라며 덮어 버리려는 경향이 있다. 그러나 공무원의 권한은 크고 담당 사업에 미치는 영향 또한 아직 엄청나다. 그러기 때문에 갑질은 언제든지 스멀스멀 나올 수 있는 구조라는 점을 알아야 한다. 공공기관이 공무원과 업무를 진행할 때 대부분은 문서로 확정되기 전, 구두로 또는 문서 초안을 가지고 업무를 조율한다. 이 또한 우스꽝스러운 관행이다. 그 과정에서 공무원의 말 한마디나 단 며칠간의 행정 처리를 지연시키는 일조차도 공공기관이나 민원인은 큰 피해를 입는다. 공무원들이 이런 점을 감안하여 민원인 눈높이에서 검토하고 민원인 심정에서 처리해 주기를 바란다.

　이런 공무원 갑질 현상은 경영이 안정된 기존 공공기관보다는 식품진흥원 같은 초창기 공공기관에서 더 많이 발생한다. 대다수 초창기 공공기관들은 구성원 대부분이 공공기관 경험이 없는 직원들로 구성될 가능성이 크고 설사 공공기관 출신이 있다 하더라도 일 잘하는 공공기관 엘리트 직원은 없을 확률이 높다. 따라서 그들은 공공기관 업무 추진에 자신감이 떨어진 데다 갑질을 갑질로 인식하지 못한다. 또 공무원의 부당한 지시를 오히려 공공기관 직원이 부하 직원에게 반복하는 악순환이 일어나기도 한다. 자칫하면 일그러진 직장 문화가 공공기관에 고착화되어 그 폐해가 심각하게 확대될 수 있음을 알아야 한다.

　그러므로 공공기관이나 정부지원 특수법인을 설립할 때에는 좀 더 세심한 제도적 장치와 경험 있고 공정한 인성을 갖춘 공무원들이 사업에 참여하도록 하여 신생 사업뿐만 아니라 신생 공공기관의 직장 문화까지 선도할 수 있도록 세심한 배려가 필요하다.

기관에 대한 공무원의 과도한 관리를 줄이기 위해 나는 재직하는 동안 식품진흥원을 관리하고 있는 농식품부의 한시적 조직인 '국가식품클러스터추진팀'의 4번째 연장에 반대했다. 그간 8명의 공무원에게 8년 동안 과도한 관리를 받아왔으나, 2019년부터 공공기관이 된 만큼 공운법에 적시된 취지와 같이 책임 경영, 자율 경영을 할 수 있도록 기반을 마련해 달라는 취지였다. 그렇다고 농식품부 관리에서 벗어나는 것도 아니며 농식품부 식품진흥과 소속으로 편제될 뿐이다. 직원 100명인 공공기관을 공무원 28명이 관리하는 기형적인 관리 체계를 개선하자는 의미였다.

그러나 이런 노력에도 불구하고 나의 부덕 탓인지 농림부의 '국가식품클러스터추진팀'은 2021년부터 다시 3년 더 연장되고 말았다. 그렇다 하더라도 앞으로는 식품진흥원이 명실상부한 공공기관으로 우뚝 설수 있도록 기관에 대한 과도한 공무원 관리 체계가 수정되고 개선되기를 간절히 바란다.

직원 직급별
기대치

　대다수 공공기관 입사 지원자들은 입사를 위해 NCS(National Competency Standards)라는 국가 직무능력 표준을 기반으로 한 공공기관 채용 시험에 대비해 열심히 공부한다. 그러나 일단 입사한 후에는 그다지 열정적으로 일한다거나 열정적으로 공부를 하지도 않는다는 불편한 사실 또한 존재한다. 물론 공정한 기준으로 지속적인 신상필벌을 하면 되겠지만 직원들이 신상필벌 메시지를 확인하기까지 기관장 3년 임기는 너무 짧다. 어떻게 하면 더 효율을 높이고 직원들을 독려할 수 있을지 생각했다. 그래서 직원들에게 승진 기준이 될 수도 있는 명확한 메시지를 주어 분발을 독려해야겠다는 생각이 들었다.

　예전 공공기관 인사과장으로 재직할 때의 경험인데 직원들은 자신의 일의 많고 적음을 비교할 때는 일을 못하거나 일이 없는 직원을 대상으로 하여 하향평균점을 잡아 자신을 비교하고, 승진 인사에 대해서는 자신과 유사한 이력자 중 가장 잘 풀린 직원을 대상으로 삼아 상향평균점으로 잡고 자신을 비교했다. 어찌 보면 이기적이지만 당연한 비교 방법이다. 누구나 자신의 승진 당위성을 얘기할 때는 자신과 비슷한 나이 혹은 비슷한 경력을 가지고 있으면서 가장 빨리 승진한 사람을 거론하니 말이다. 사실 직원 직급이라는 것은 입사 조건이 출발점이 되고 입사 후에는 능력이 중요한 부분을 차지하는데, 직원들의 이런 '이기적인 승진 비교법'과 기관의 승진 기준이 충돌을 일으키곤 한다. 그래서 이런 주관적 기준을 객관화하기 위해 나는 '직급별 기대치'를 다음과 같이 직원들에게 제시했다.

5급 직원은 어떠한 품의도 척척 해야 하며 2년차쯤부터는 보고서나 보도자료 초안을 작성할 줄 알아야 한다. 우리 기관 대리는 다른 회사 1년 이상 경력자가 입사하는데 입사 후 6개월 후면 이런 수준이 가능하다고 본다.

4급 직원은 5급 대리의 기준을 갖고 있으면서 대리를 지도할 수 있어야 하고, 대리에게 사업 방향 제시가 가능해야 한다.

3급 직원은 4급 과장의 조건을 갖추고 있으면서 기관 경영 방향뿐만 아니라 기관의 분위기도 잘 파악하여 후배들에게 긍정적이고 합리적인 조언을 해 줄 수 있어야 한다. 중간간부인 팀장은 3급 직원의 조건을 갖추는 것은 물론, 솔선수범 리더십을 갖추고 기관의 경영 방향을 잘 알아 부장을 도와 팀의 리더 역할을 해야 한다.

2급 직원은 팀장 조건을 갖추고 있으면서도 경영이나 업무의 개선점을 찾아 혁신을 제안하고 선도하며 기관 대내외적 환경 변화를 파악하고 유연한 사고와 현명한 정무적 판단을 할 줄 알아야 하고, 이사장에게 필요한 제안을 할 수 있는 능력도 겸비해야 한다.

직원 중 최고 직급인 1급 직원은 2급 직원 조건을 갖추고 있는 자 중 능력이 있는 직원을 발탁한다. 바람직한 직원 상은 직급별 역할에 대한 기대치를 갖춘 직원으로서 '겸손'을 겸비하고 다른 기관이나 다른 부서와 '협업'을 잘하면서 어떠한 위치에서도 타인에게 군림하지 않는 직원이다.

어떤 기관이나 직원들이 자신의 직급에 맞는 능력을 갖추고 있고 신상필벌을 엄격히 적용할 때 발전한다. 공공기관은 한편으로 '신의 직장'이니 뭐니 해서 일단 입사만 하고 나면 무사안일과 철밥통의 상징처럼 인식되고 있는 것도 사실이다. 이러한 따가운 시선을 극복하고 공공기관이 자신의 사명을 다하기 위해서라도 공정한 기준에 따라 성실하게 일 잘하는 직원이 승진하고 대우받는 기관이 될 수 있도록 끊임없이 박차를 가해야 한다.

인력 증원은
하늘의 별 따기

2021년 식품진흥원의 인력 증원이 최종 8명으로 확정되었다. 또 4월에 확정된 수시 인력 증원 3명까지 합하면 11명을 확보했다. 애초에 정부 심사 결과는 4명이었는데, 장비 가동을 위해서는 증원이 절실한 우리 상황을 설명하고 다닌 결과 가까스로 4명의 추가 증원을 이끌어냈다. 공공기관의 인력 증원은 '하늘의 별 따기'란 말을 새삼 느끼는 순간이었다.

식품진흥원은 2010년 기관 창립 준비단이 꾸려진 지 5년이 지난 2015년에 정원 35명과 현원 25명으로 운영되었다. 기관을 운영하려면 최소 절대인력이 필요하다. 인사·경리·총무·후생복지를 담당하는 직원과 당시 가장 심혈을 기울였던 투자 유치 담당 직원을 빼고 나면 기업 지원 업무에 투여할 직원 수가 터무니없이 부족한 상태였다. 사업 형태가 유사한 오송의료복합재단이나 대구경북의료복합재단의 경우 2010년 창립하여 5년이 지난 2015년에 각각 411명과 441명의 정원을 이미 확보했고, 현원은 170명과 179명을 확보하여 사업이 본궤도에 올라 있었다.

내가 이사장으로 취임한 2018년에 식품진흥원은 각종 검사, 시험, 시제품 제조 장비 등 약 350억 원어치를 구비하고 있었는데 당시 직원 45명으로는 도저히 정상 가동이 불가능했다. 무언가 균형 잡히지 않은 예산 투자가 이루어졌다고 느꼈다. 균형을 맞추기 위해서는 인력 확보가 시급한 문제였다. 하지만 정부의 인력 확보 승인 절차는 매우 까다롭고 어렵다. 정부 입장에서도 공공기관 방만 경영을 피하기 위해 그 단초가 될 수 있는 증원에 대해서는 350개 공공기관을 총원 관리로 통제하고 있기 때문이다. 또 인건비 예산을 통제하는 예산 부서가 관리하는 것이 아니라 기획재정부 별도 부서에서 관리하면서 예산실과 상호 보완 관계를 유지하고 있었기 때문에 적당한 논리로는 증원을 설득할 수 있는 구조가 아니어서 예산 확보보다 한결 더 어려운 작업이기도 했다.

남다른 전략과 대책을 고민해 봤지만 모두 어설픈 연출에 불과하다고 판단되었다. 예산 확보 때와 마찬가지로 그동안 식품진흥원이 인력을 확보하지 못한 현실과 절실한 필요성을 솔직하게 설명하고 동의를 받아내는 수밖에 없었다.

사실 그동안 '홀대 예산, 홀대 정원'이라는 표현을 쓰고 싶었지만, 민감한 표현을 쓴다고 정부로부터 동정심을 받을 것도 아니고 반발심만 키울 것이 뻔했으므로 조심스런 표현을 써가며 도와줄 것을 솔직하게 호소했다.

그 결과 2019년 예산의 국회 심사 막바지에 7명 증원이라는 기적을 만들 수 있었다. 2019년 수시 증원에서 9명과 정시 증원에서 11명, 2020년 수시 증원에서 3명과 정시 증원에서 8명, 2021년 수시 증원 3명 등을 합해 총 101명이 되었다. 또 임금 피크제 2명, 계약직 전문직원 2명도 얻어내 105명의 직원을 확보한 중견 공공기관이 될 수 있었다. 당초 목표했던 3년간 50명 증원에 다소 미치지는 못했지만 다른 기관들이 3~4명 증원 확보를 위해 몇 년간 노력을 기울여야 했던 상황에 비하면 나무랄 데 없는 성과였다. 증원은 예산 확보보다 더 뛰어야 했는데, 그 노력에 중심이 되었던 직원들과 우리의 솔직한 설명을 담백하게 받아주고 배려해 준 정부 관계자들에게 다시 한 번 감사하는 마음이다.

경영은
사람과의 전쟁

식품진흥원의 역할을 보면 권한은 없고 책임만 있다. 국가식품클러스터를 활성화하는 임무는 있는데 농식품부 장관이 갖고 있는 산업단지 관리 권한은 한국산업단지공단에 위탁을 주었다. 또한 국가식품클러스터 개발권과 소유권은 한국토지주택공사(LH)가 가지고 있다. 식품진흥원은 투자 유치를 위해 고군분투하며 관심 기업들을 만나 투자를 유도한다. 한데 정작 투자가 결정되고 나면 식품진흥원 직원은 투자자와 함께 산업단지관리공단에 입주 심사를 신청하고 허가를 받는 곳에 동행하여 안내하고, LH에서는 건축부지 매매 계약 체결을 지켜봐 주고, 익산시와 전라북도를 찾아가 보조금 신청을 도와주는 역할을 한다. 즉 우리가 할 수 있는 일은 투자자를 관련 기관에 데려가서 고작 안내하는 도우미 역할에 그치고 있다.

이렇듯 권한은 없으나 기업들로부터 민원은 그치지 않는다. 일부 입주 기업들은 우체국, 은행, 심지어 담배 살 편의점을 열어달라는 민원까지 제기한다. 그런데 이런 편의시설들은 온라인 시대에 점차 줄어드는 추세인 데다 입주 기업이 고작 40개 정도에 불과해 수요가 별로 없다는 이유로 설치를 꺼려왔던 터였다. 이러한 실태를 입주 기업 간담회를 통해 수차례 설명했지만 민원은 불만이 되었다. 결국 입주기업협의회는 전북 지역 국회의원 보좌관을 별도로 초대해 불만을 표출함으로써 우리 입장을 난처하게 만들었다.

입주 기업들의 불만을 해소하기 위해 어쩔 수 없이 편의점 유치 작업에 나섰다. 먼저 편의점을 유치하기 위해 임대료를 면제해 주고 관리비를 최소화시켜 주는 조건으로 입찰 공고를 냈지만 입주하겠다는 업주는 없었다. 결국 친분이 있는 농협에 협조를 부탁했다. 농협은 검토에 검토를 거듭한 결과 추진 의사를 냈지만, 이번에는 농협 내 조합끼리 교통정리가 되지 않아 또다시 몇 개월 추진이 지연되다가 드디어 농협 하나로 편의점을 입점시키는 데 성공했다. 하지만 예상대로 적자를 면치 못하고 있어 안타깝다. 입점만 하면 대량으로 빈번하게 구매해 주겠다는 기업들의 말은 공염불이 되어 버렸다. 어떠한 정책도 시장을 무시하면 안 되며 절실하더라도 어느 정도 시장 원리가 뒷받침되어야 한다는 진리를 다시 한 번 깨우친 사례였다.

한번은, 입주기업협의회가 2019년 5월 워크숍을 추진하면서 식품진흥원 예산을 사용하려는 사실을 행사 15일 전에야 알게 되었다. 실무자가 워크숍 계획서와 자금 집행 계획을 명확히 해야 함에도 품의나 절차가 적절치 못해 벌어진 일이었다. 실무자와 관리자인 나도 책임을 통감하지 않을 수 없는 일이었다. 하지만 협의회가 제시한 제주도 2박3일 워크숍 제안은 실리도 없었고, 효율성도 없는 호화 계획이라고 판단되어 기관장으로서 취소 결정을 내릴 수밖에 없었다. 국민 세금을 비효율적인 일에 낭비할 수는 없었다. 그런데 입주기업협의회는 이 건을 농식품부 차관에게 전화로 문제를 제기한 데다 모 국회의원 보좌관에게는 "국가식품클러스터는 관리도 엉망이고 정주 여건도 형편없다."는 취지로 문제를 제기해 우리를 곤혹스럽게 했다.

또 한 번은, 입주기업협의회의 협력 기업인 건축사사무소, 변리사, 세무사, 쓰레기 처리업자, 사무기기 임대업자 등으로 단체를 구성하여 MOU를 체결했는데, 그들이 나를 찾아와 협조를 요청했다. 입주기업 협의회의 역할이 도를 넘는다고 생각하여 입주기업협의회 회장을 만나 우려를 표명했다. 그런 후 우리는 입주 기업들과 더 많은 소통이 필요하다고 보고 분기별 간담회를 열어 오해와 불신의 틈을 줄이기로 했다.

나는 즉시 입주 기업 간담회를 열어 지원 사업에 대한 정보를 안내한 후 케네디 대통령의 명연설인 "국가가 나를 위해 무엇을 해 주기를 바라기 전에 내가 국가를 위해 무엇을 할 것인지 생각해야 한다."는 말을 인용했다.

"이것은 국가가 아무 것도 하지 않겠다는 뜻이 아니라, 국가가 국민을 위해 열심히 돕고 할 일을 찾을 것이니, 국민도 국가를 위해 해야 할 일을 충실히 이행해 달라는 뜻이 아니겠습니까."

식품진흥원이 해야 할 일을 선제적으로 할 것이니, 입주 기업들도 국가식품클러스터 발전을 위해 각자 역할을 해달라고 요청하고 협조를 구했다. 그간 입주 기업의 부당한 행동에 대해서도 솔직하게 얘기했다. 진흥원이 내놓은 지원 사업 선정에서 탈락한 모 입주 기업이 불만을 품고 식품진흥원 사무실에 와서 도를 넘어 고함을 치고 욕을 하는 등 행패를 부린 일, 입주 기업이 공무원과 동행하여 식품진흥원을 방문해서 업무 처리 유연성이 부족하다며 진흥원 직원을 훈계하고 자신이 원하는 대로 검사 결과를 내놓으라고 협박했던 일, 호화 워크숍 사건도 공개하면서 입주 기업들의 자제와 협조를 당부했다.

벤처기업들은 한수 더 떠 폐수를 무단 방류해 폐수 처리장에서 정화 비용만 5천만 원이 소요되었다거나, 식품 공장인 벤처센터 건물 베란다에서 벤처센터 입주 기업 직원이 흡연한 사실, 복도 출입문을 열고 제조 공정을 진행해 냄새와 열기로 다른 기업들에게 피해를 주고 있다는 민원, 에어컨 실외기를 정해진 장소에 설치하지 않고 창문을 열고 가동한 사례, 공동으로 사용하고 있는 창고를 먼저 점유하고 버티기로 일관하고 있는 사례, 무단으로 복층을 만들어 놓고 사용하다 원상 복구 명령에도 모르쇠로 일관하는 사례, 식품 제조업으로 입주해서 쌀 도정기를 제작하고 있는 사례, 입주 후 전기료와 수도세가 천 원도 나오는 않는 유령업체 사례, 월납 임대료를 장기간 연체하고 있는 업체 등 질서를 무너뜨리면서 국가식품클러스터 발전에 역행하고 있는 사례를 조목조목 거론하며 식품진흥원의 '공정 기준, 공정 실행'을 일관되게 추진하여 명품 산업단지를 만들 것이니 입주 기업들의 협조를 당부한다고 했다.

나는 입주 기업들과 대화하는 한편으로, 공무원을 동반하여 민원 처리를 압박한 건에 대해서는 익산시청 감사실에 공무원의 처신을 조치해 달라고 문서를 보냈다.

이런 단호한 조치로 더 이상 도를 넘는 행동이나 요구는 없었다. 벤처센터 공동창고도 정리되어 가는 등 하나하나 기강이 잡혀갔다. 경영은 한편으로 사람과의 갈등을 다루어 가는 과정이다. 또한 공정하고 명확한 기준과 함께 명분을 가지고 설득해야 하고, 단호한 조치도 기준을 잡는 중요한 요소라고 생각한다.

용역사 비정규직의
정규직 전환 문제

　2019년 11월 초순 점심시간, 본관1층 로비가 시끄러웠다. 외주 용역 회사 직원들로 구성된 노동조합이 집회를 열고 있었다. 그들은 자신들을 식품진흥원 정규직으로 전환해 달라고 요구했다. 그동안 잠복했던 쟁점이 터진 것이다. 당시 식품진흥원이 보유한 400억 원어치 장비를 가동하기 위해서는 150명은 족히 필요했으나, 전 직원이라야 45명인데다 장비 운용 인력은 식품기술직 25명밖에 없어 매우 부족한 상태였으므로 기술자 충원이 시급한 과제였다.

　직원 충원을 위해서는 기획재정부로부터 인력 충원 승인을 받아야 하는데, 몇 명 늘리는 일도 '하늘의 별 따기'처럼 어렵다. 이들 요구대로 용역회사 직원을 정규직으로 전환할 경우 상대적으로 식품 기술 인력 충원이 그만큼 어려워져 주저할 수밖에 없었다.

　외주 용역회사 직원들은 냉난방공조·전기 등을 맡고 있는 시설관리직과 청소·경비를 담당하는 직원 등 29명으로 구성되어 있었다. 이들은 2016년 식품기술센터들을 가동하면서부터 입찰을 통해 선정된 외주 용역회사가 임의로 직원들을 뽑아 운영하고 있었다. 그들은 문재인 정부 들어 공공기관 시설을 관리하는 외주 기업 직원들도 정규직으로 전환시키라는 지침이 있었으므로 자신들도 그렇게 해달라는 요구였다.

그런데 정부의 지침이 하달될 당시 식품진흥원은 공공기관이 아니었기 때문에 그 지침을 따를 대상 기관이 아니었다. 2019년 2월에 공공기관으로 지정된 이후 노동부에 질의한 회신에서도 식품진흥원은 용역회사 직원을 정규직으로 전환하는 대상 기관이 아니라는 답변을 받은 상태였기 때문에 시급한 문제가 아니었다.

그즈음 인천국제공항공사가 비정규직을 정규직으로 전환하자 기존 정규직 노동자들과 청년 구직자들이 반발하고 나섰고, 국민청원 20만 명을 돌파하는 사건이 발생했다. 인천공항공사 정규직들은 자신들은 어려운 NCS시험에다 수차례 면접을 거쳐 입사했는데, 서류 면접만으로 용역 회사에 입사한 비정규직이 인천국제공항공사 정규직으로 전환되는 것은 공정하지도 않고 형평성에도 맞지 않다는 주장이었다. 여기에다 청년 구직자들까지 나서 인천공항공사 비정규직들이 공정하지 못한 기준에 따라 정규직으로 전환되는 것은 자신들의 입사 기회를 빼앗은 것이라며 반대한 것이다.

처음부터 공정하게 공채를 통해 식품진흥원 직원으로 채용했다면 문제는 좀 쉬웠을 것이다. 그러나 식품 기술자를 먼저 충원해야 하는 점과 국민 눈높이에 맞는 공정한 채용을 해야 하기에 고민이 깊어졌다.

결국 우리는 경영회의를 통해 우선 식품진흥원부터 충원하기로 의견을 모았다. 다만, 용역 회사 계약 기간을 1년에서 2년으로 늘리고, 입찰 조건에 기존 직원의 승계 조건을 명문화시켜 그들의 고용 안정을 보장해 주기로 했다.

우리로서는 나름 최선을 다한 것이지만 정규직 전환을 요구하는 용역 회사 비정규직의 입장에서는 만족스럽지 못한 답이었을 것이다. 일자리 문제는 언제나 어렵고 특히 비정규직 문제는 그중에서도 가장 민감하다. 사회 전체적인 구조나 정부 정책과 무관하게 한 공공기관이나 조직 차원에서 풀 수 있는 문제가 아니기에 더더욱 그러하다.

90년생이 **온다**,
60년생이 **본다**

　2020년 식품진흥원 상반기 채용에서 1차 서류심사와 2차 필기시험까지 통과한 인재들을 대상으로 3차 면접 시험을 보는 날이었다. 이날 눈이 제법 내렸는데 한 면접 대상자 어머니에게서 전화가 왔다. "우리 아들이 오늘 그곳(식품진흥원)에 면접 보러 갔는데 눈이 많이 와서 늦을 수 있다."는 내용이었다. 전화를 건 분의 아들이 아마 대학을 갓 졸업한 5급 신입사원 지원자일 것으로 추정되었다. 부모의 걱정스런 마음은 이해되지만 지원자 평균 나이가 서른 내외의 성인일 텐데 면접 보는 회사에 전화를 건다는 것은 부모의 과도한 참견이다. 어느 기관이나 회사도 마찬가지겠지만 폭설보다 더한 천재지변이 일어났다 하더라도 면접 대상자가 지각할 경우 면접시험을 볼 수 없다. 이런 사항은 미리 다 고지된 것이지만, 자식을 걱정하는 엄마의 걱정은 상상을 초월할 때가 많다.

　이보다 앞서 우리 기관에 입사한 5급 신입사원들 가운데 2명이 3개월 수습 기간이 지난 직후 한두 달 간격으로 퇴직한 일이 있었다. NCS

라는 어려운 공공기관 시험을 통과하고 5대 1의 면접 경쟁률을 뚫고 합격했는데도 쉽게 퇴직을 결정해 버려 안타까웠다. 종종 일어나는 일은 아니지만 이들의 퇴직 이유를 파악해 봤다. 첫째, 그들은 대학 졸업 후 첫 직장이었다. 둘째, 우리 기관이 위치한 익산과 아무 연고도 없었다. 그래서 주중에는 부모님과 떨어져 혼자 생활하다가 주말에야 부모님이 사시는 곳으로 돌아갔다. 주말 가족이었던 셈이다. 셋째, 업무 강도가 심하다고 느꼈고 이로 인한 업무 스트레스가 컸다고 한다. 상사의 업무 지시나 지적을 큰 스트레스로 느끼고 견디지 못한 듯했다. 부모 슬하에서 30년 가까이 부족함 없이 지내다가 첫 직장의 낯설음에다 타지에서의 외로움이 더해 냉혹한 사회 질서 속에서 지금까지 받아보지 못한 냉정한 지적을 견디지 못했을 것이다. 또한 언제든지 되돌아가면 따뜻하게 먹여주고 재워 줄 부모가 있다는 것도 퇴직 결정을 쉽게 내린 요인이었을 것이다.

이해는 되었지만 한편으로 나와 같은 60년대생들이 그 나이에 느꼈던 절실함이 부족했던 건 아닐까 하는 생각도 들었다.

몇 년 전부터 대학에서 특강을 요청해 와 몇 차례 다녀왔는데, 대학생들의 달라진 수강 태도에 놀랐다. 수강하는 학생들은 모두 무표정하고 어떤 농담에도 무반응이었다. "그래 한번 가르쳐 봐라, 들어 줄게. 어디 잘하나 보자."라는 식으로 지켜보는 것 같았다. 물론 집중하지 못하게 한 강사에게도 문제가 없지는 않을 것이다. 친한 몇몇 교수에게 요즘 학생들의 수강 태도가 어떠냐고 물어 봤다. 그들도 내 관찰 결과에 동의했다. 그러면서 90년생들이 커온 환경과 그들에게 형성된 방어 자세에 관해 얘기해 주었다.

문재인 대통령이 청와대 전 직원에게 선물했다고 하여 국민적 관심이 되었던 『90년생이 온다』라는 책은 하루하루 빠르게 변해가는 세상에서 사회로 몰려오는 90년생과 기성세대들이 공존하기 위해 90년생들을 제대로 알자는 제안을 담고 있다.

이 책에서 90년대생은 알아듣기 힘든 줄임말을 남발하고, 어설프고 맥락도 없는 이야기에 열광하며, 회사나 제품에는 솔직함을 요구하고, 호구가 되기를 거부하며, 자신에게 '꼰대질'을 하는 기성세대나 자신을 '호갱'으로 대하는 기업을 경멸하거나 적대시하는 경향이 있다는 것이다. 그러면서 90년생이 우리 사회에서 새로운 트렌드를 이끌어갈 중요한 구성원이 되었으므로 그들을 충분히 이해하고 회사는 그들의 잠재력과 인사 관리 방안을 찾아내고, 기성세대는 꼰대가 되지 말자고 제안한다.

이 책의 좋은 의도를 충분히 이해하고 일부 동의한다. 그러나 기성세대보다 더 윤택한 환경에서 살아왔기 때문인지 모르지만 90년생들의 삶의 기준이나 방식, 행동 자세에는 일부 동의할 수 없는 점도 있다. 하기야 우리 세대도 한때는 신세대라는 의미의 386세대라고 불렸다. 90년대를 기준으로 30대 - 80년대 학번 - 60년대생을 일컬어 그 앞 숫자만 골라내 386세대라고 했던 것이다. 선배들인 40년대와 50년대생은 전후복구 세대로 가난과 배고픔을 이겨냈고 국가 재건을 했던 세대인 반면, 60년대생들은 제1차 경제개발계획(1962~1966)과 제2차 경제개발계획(1967~1971)이 성공하면서 연평균 10%대의 성장률 아래에서 4,50년 대생들보다는 물자와 먹거리가 풍족해진 사회에서 어린 시절을 보냈다. 또 국민적 교육열에 힘입어 대학 정원이 대폭 증가하면서 고학력 시대의 혜택도 받았다. 한편으로는 군사독재 정권과 대통령 시해 사건, 12.12사태, 부마사태, 5.18광주민주화운동 등 격변을 거치면서 사회를 바라보는 비판 의식도 다른 세대보다 좀 더 갖고 있다. 이런 비판적 시각은 당시 민주화운동이 대학으로 번져 나가게 한 밑거름이 되었고 그 역동성이 민주화와 경제 성장을 앞당기는 동력이 되었다.

1990년대 초에 모 일간지는 '386세대'를 주제로 연재하면서 '386세대는 점심 때 선배들과는 된장찌개를 먹을 수 있고, 후배들과는 피자를 먹을 수 있는 세대'라고 호평했다. 60년생은 40년생과 50년생을 상사로 모시며 사회에 잘 적응해 왔고 지금은 선진국 사회의 리더가 되었다. 역지사지로 볼 때 40년생과 50년생이 본 386세대는 어떠했을까? 어리숙하고 자신들과 맞지 않은 구석이 많은 초년생이었을 것이다. 반면 386세대가 바라본 선배 세대는 범접하기 곤란한 상사이자 기성세대라는 높은 벽이었다.

세상은 신구가 충돌하여 새로운 문화를 만들고 공유하며 돌아간다. 우리 기관에 입사한 90년대생 신입사원들 중 일부가 "공공기관의 장점은 워라밸인데 이곳은 6시 퇴근이 보장되지 않는다."라며 볼멘소리를 했다고 한다. 1970년대 영국에서 시작한 워라밸은 차츰 발전하여 북유럽 국가는 주 4일 근무가 정착된 곳도 생겨났다. 우리나라도 연차 휴가 권장 및 보장, 주 5일 근무제 도입과 최근에는 주 52시간이 도입되었고 손학규 전 대통령 후보는 대선 공약으로 '저녁이 있는 삶'을 내놓아 각광을 받기도 했다. 그런데 우리 기관은 신설 기관이어서 만들어야 할 기준도 많고 추진할 사업도 많다. 반면, 노하우는 부족하다. 그래서 다른 기관보다 노동력이 더 필요하다. 그러다 보니 저녁 6시 퇴근이 어려울 때가 많다. 물론 그럴 경우 시간외 수당을 지급한다. 나는 직원들에게 "앞으로 3~4년 식품진흥원의 초석을 잘 다듬어 튼튼하고 안정된 기관을 만드는 것이 장기적으로 보면 건실한 평생직장을 갖는 일이어서 결과적으로 여러분들에게 이롭다."라고 설득해 왔다. 그런데 신입 직원들은 기관의 미래보다 자기 권리와 눈앞의 편리함을 더 중요하게 생각하는 것 같다. 또 헬맘(헬리콥터 마마), 풍요, 핵가족 등 90년생들이 커온 환경 때문인지 어려움이 닥치면 스스로 헤쳐 나가기보다 더 쉬운 '아빠 찬스, 엄마 찬스'에 의존한다. 편리함과 부모 의존은 동전의 양면이다. 맞지 않다. 결국은 혼자 헤쳐 나가야 할 인생인데 빨리 부모에게서 탈출하는 것이 인간의 도리이자 사회에서 성공하는 길이다.

또 90년생들은 자기만 돋보이는 일이나 혼자 하는 일은 잘하는데 협업하는 일에는 관심을 보이지 않아 상사들이 애를 먹는다고 한다. 사람들은 10의 422승 확률의 무작위로 유전자가 조합되므로 각자 개성을 갖고 태어난다. 그 개성은 인류의 생명력을 높이는 순기능도 있지만 이견과 다툼의 원인이기도 한다. 그런데 회사와 같은 사회구성체에 이견과 다툼이 지배적이면 일을 할 수 없다. 그래서 회의를 통해 조정하고 협업을 하는 것이다. 우리나라 대기업들은 사소한 이견이 빈번해지는 것을 막기 위해 입사 이후 꾸준히 교육 과정을 갖거나 선배들의 조언을 통해 기업이 추구하는 인재상을 만든다. 그룹 이름을 앞에 붙여 '○○인'이라는 이름으로 공통점을 만들어 불필요한 이견이 발생하지 않도록 한다. 특히, 군대는 훈련소의 혹독한 군사 훈련을 통해 단순하면서도 간결한 명령에 복종하도록 반복 교육을 받는다. 이런 교육은 이기적이거나 개성을 앞세운 자기 주장으로 발생할 수 있는 불필요한 논쟁을 최대한 줄이고 빨리 목표를 달성하기 위한 노력이다.

1980년대 건설 호황기에 모 대기업이 건설회사를 설립하면서 다른 건설회사 연봉의 1.5배를 제시하며 인재를 모집했다. 그러자 국내 명문대 출신의 경력직 직원들이 대거 몰려들었다. 하지만 그 회사는 10여 년을 버티지 못하고 문을 닫았다. 물론 건설 경기가 쇠락한 것이 가장 큰 이유였지만, 화려한 경력의 인재들이 저마다 각양각색의 목소리를 냈던 것이 성과를 거두지 못하고 오히려 역효과를 가져왔다고 주장하는 분도 있다.

정부를 대신해 예산을 집행하거나 법에 따라 사업을 추진하는 공공기관에서는 협업 체계가 특히나 중요하다. 법과 방침에 따라 예산 범위 내에서 업무를 추진해야 하면서도 경영 평가 기준에 맞춰야 하고 각종 감사에 대비하면서 일을 해야 하기 때문에 촘촘한 협업이 필요하다. 만약 자신의 개성대로 재량껏 사업을 하거나 관리를 할 경우 큰 사고가 발생할 수도 있기 때문이다.

한번은 우리 기관 신입사원이 자기 재량을 가지고 임의로 구매 단가를 올려줬다. 정황으로 보면 인상해 줄 만한 이유가 없는 것은 아니었다. 그러나 공공기관에서는 용납할 수 없는 경우다. 인상 요인이 있더라도 합당한 법적 근거가 있는지, 법적 근거가 없다면 유사 사례가 있는지, 그것도 없다면 시장조사 등을 통해 충분한 명분이 있는지를 면밀히 검토하고 이런 근거들을 결재 문서에 첨부하여 결재권자에게 승인을 받은 후 추진해야 한다. 결코 본인이 임의로 결정해서는 안 된다. 이런 까다로운 절차가 필요한 것은 국민의 세금이 투명하고 공정하게 쓰이도록 하는 것이며, 실무자로서는 감사받을 경우도 미리 대비해야 하기 때문에 당연한 행위이다. 공공기관은 또한 이런 결재 라인을 거치면서도 보다 투명성을 높이기 위해서 각종 위원회를 둔다. 인사위원회, 평가심사위원회, 구내식당운영위원회 등이 그것이다. 그래서 공공기관은 어느 개인에게 결정권이 있는 것이 아니라 결재 시스템에 결정권이 있다.

한국은 한국전쟁 후 세계 최빈국에서 선배들이 독일 탄광과 베트남 전선, 사우디 사막에서 벌어온 돈을 발판으로 근대화를 이룩했다. 그리고 2019년 기준 수출액 세계 6위, 국민총생산 세계 12위, 1인당 국민소득 세계 27위 위업을 달성했다. 이걸 지키고 싶다면, 선진국에게 무시당하던 시절 배고팠던 시절로 다시 돌아가고 싶지 않다면, 우리 60년생이 그랬듯이 90년생도 80년생, 70년생, 60년생들과 협업을 통해 주고받으면서 새로운 것을 진취적으로 만들어 가야 한다. 개성만 앞세워 보편타당하지 않은 행동으로 협업을 해쳐서는 안 된다. 신입사원 면접위원들은 60년생이나 70년생이다. 그들은 시험을 못 본 사람보다 협업을 해칠 것 같은 사람을 추려내는 데 초점을 맞추고 있다는 사실을 명심했으면 한다.

한편 내가 잘 아는 원로 선배는 "젊은이들이 더 잘한다. 믿어라."라고 얘기하곤 한다. 하기야 그들은 우리 세대가 갖지 못한 톡톡 튀는 개성을 갖고 있다. 그 개성이 폭발할 때 큰 창조적 에너지를 낼 것이라는 점에는 동의한다. 하기야 60년생도 한때는 '불안한 386 신세대'였으니 말이다.

불합리한
급여 체계 문제의 해결

2020년 급여 예산이 삭감되어 설날이 닥쳤는데 작년에 신설한 명절 수당도 주지 못하고 급여도 동결해야 하는 사태가 발생했다. 특수법인에서 2019년 초 공공기관으로 전환되는 과정에서 미세한 부분을 놓치기도 했고, 공공기관이 된 후부터는 총액 인건비 제도로 관리하므로 절제된 예산 관리를 적용해야 했는데 이를 간과한 것이 원인이기도 했다.

그 전해까지는 농식품부 승인을 받아 4대보험료와 임금 피크제 대상 직원과 계약직 직원 급여는 경상비에서 주었는데 공공기관이 된 후부터는 농식품부에서 그렇게 승인해 줄 수 없다는 것이다. 보조금 정산 지침에는 계약직 직원 급여를 경상비에서 지급 가능하나, 예산 편성 지침에는 모든 직원 인건비를 인건비 항목에서 주도록 규정되어 있기 때문이었다.

또 한편으로는 2018년에 직책 수당과 직무 수당, 명절 휴가비 등이 신설 또는 증가하면서 임금이 큰 폭으로 인상된 것이 가장 큰 원인이었다. 실무적으로는 그동안 정원 대비 현원이 10~15% 항상 적었으므로 인건비 지급에는 별 문제가 없었는데 현원 비율이 급격히 증가하면서 꼼꼼히 따져보지 못한 것도 문제였다.

이를 계기로 직원 급여를 분석하다 보니 불합리한 급여 체계를 발견하게 되었다. 각 직급 내 임금 격차가 너무 심했다. 최하 직급인 5급의 임금 상하 격차는 1,800만 원으로 무려 46%나 차이가 났다. 4급은 2,000만 원, 3급은 2,500만 원, 2급도 2,000만 원의 격차가 벌어졌다. 만약 능력에 따라 차등 지급된 것이라면 백번 양보할 수 있겠지만 능력과는 전혀 무관했고, 입사 당시 기관의 제도가 수시로 바뀌다 보니 좋은 조건으로 입사한 직원은 퇴직 때까지 계속 특혜를 받고 그렇지 못한 직원들은 재직 기간 내내 차별을 받을 수밖에 없는 구조였다. 승진을 해도 그 격차가 크게 줄어들지 않는 잘못된 구조였다. 또 총액 인건비 제도에서 이런 구조로 몇 년 가다 보면 예산 부족으로 임금을 주지 못하는 사태가 벌어질 것 같았다. 근무 연수가 차면 임금이 자동 누적되어 상승하는 구조였기 때문이다. 이런 구조로는 승진하지 않아도 승진자보다 높은 급여를 받을 수 있으므로 신상필벌의 인사 기준이 작동할 수 없었다.

직원 임금 구조를 바꾼다는 것이 얼마나 힘들고 골치 아픈 일인지는 과거 노동조합 위원장을 했던 경험으로 잘 알고 있었기에 앞이 캄캄했다. 하지만 심각성을 알아차린 마당에 못 본 척 지나칠 수는 없었다. 직원들을 설득해 임금 구조 개선을 해야겠다고 생각했다.

먼저 '공공기관 총액 인건비 제도의 취지로 볼 때 경상비 항목에서 인건비를 주는 것도 맞지 않는 데다 보조금 정산 지침보다 매년 바뀌는 예산 편성 지침이 우선이니 이를 준용하면 모든 인건비는 인건비 항목에서 준다'는 기준과 '그러다 보니 작년에 신설한 명절 수당은 부득이 줄여 50만 원 정액으로 지급하고, 불합리한 급여 체계 개선을 통해 총 인건비 51억4천4백만 원 범위 내에서 모두 직원에게 지급한다'는 원칙을 경영 회의를 통해 정했다. 그 다음 '직원 임금 합리화 방안'을 외부 전문가에게 의뢰하고 기관장에게 직접 보고하도록 했다. 직원은 제척 사유가 되고, 직원 간 이해타산이 첨예해서 직원이 개입할 경우 공정성을 해칠 우려가 있기 때문에 이를 사전에 차단하려 했던 것이다.

임금 합리화 방안이 마련되는 동안 나는 전 직원이 모인 월례조회를 통해 임금 구조의 문제점을 직접 설명하면서 개선할 수밖에 없는 당위성을 설파했다. 이 문제를 방치할 경우 피해는 직원들에게 고스란히 돌아갈 것이고 우리 기관의 역동성은 좌절을 맛봐야 할 것이라는 점도 설명했다. 무한 책임을 져야 하는 기관장으로서 나서는 것이 당당하고 당연하다고 판단했다. 그리고 발표 예정이었던 승진 심사도 보류하기로 했다.

월례조회가 끝난 후 직원들은 대체로 '진정성 있는 설명이었다'는 반응이었지만 직원들 불만은 속으로 하나하나 쌓여 가고 있었다. 임금 개편은 어느 누구도 만족시킬 수 없다. 조정하여 임금이 인상된 직원조차, '이것밖에 안 올라?' 하는 시니컬한 반응을 보일 것이기 때문이다.

모두가 불만일 것이다. 그래서 앞으로 전개될 일들이 우려스러웠다.

　임금 개선 방안을 맡은 외부 전문가는 직원 임금 분석 자료와 개선 안을 가져왔다. 직원 임금을 분석해 보니 ① 식품진흥원 인건비 예산을 당시 급여 체계로 지급할 경우 약 2억여 원이나 부족했고 부족액은 매년 증가할 예정이었다. ② 각 직원마다 입사 초임 산정 시, 직무와 관계 없이 9단계(9호봉)까지 인정해 주다 보니 동일 직급 간 최고 2천5백만 원까지 편차가 나고 있었다. 우리 급여 시스템이 민간 기업이나 프로 선수들에게 적용되는 성과 연봉제도가 아닌 직급 연봉제를 따르고 있어서 이 편차는 너무 과다한 것이었다. 이로 인하여 경력이 더 높은 직 원이 3급으로 입사하고 경력이 더 낮은 직원이 4급으로 입사했을 때 4급으로 입사한 직원의 급여가 오히려 더 많게 되는 잘못된 사례가 나타나고 있었다. ③ 근무평정 결과로 당해 연도 인센티브뿐만 아니라 차년도 임금 인상률을 결정하고 있는 구조인데 당해 근무평정 결과가 종신 혜택 또는 종신 불이익을 받는 구조여서 불합리했다. 직원 업무 능력과 무관하게 ②, ③의 요인으로 동일 직급 임금 격차는 더욱 커져가고 있었다. ④ 수당 종류가 11가지로 다른 공공기관보다 과도하게 많았다. 이것은 정부 정책에 역행하고 있었으므로 언제든지 감사원, 농식품부, 국회 등 감사기관으로부터 지적받게 되고 결국 개선해야만 하는 사안이었다. ⑤ 신입사원(5급) 연봉이 다른 공공기관에 비해 지나치게 높게 책정되어 있었다.

문제점을 개선하기 위해 '신입사원 급여 기준은 낮춘다. 직급별 밴드를 설정하여 일정 금액 이상 초과 인상하지 못하도록 한다. 예산 범위 내에서 편성한다'는 세 가지 기준을 정했다. 이런 기준을 세웠지만, 앞으로 험난할 노사 협상 과정이 눈앞에 어른거렸다. 기관장으로 취임해서 열정을 갖고 많은 성과를 냈는데도 임금 구조 개선 건으로 직원들에게 좋은 소리 못 듣고 퇴임할 것 같아 씁쓰레한 기분도 들었다.

외부 전문가가 대구 방문 후 14일간 코로나19로 인한 자가 격리까지 하는 바람에 지루하게 끌었던 '직원 급여 개선안'이 한 달여 만에 만들어졌다. 긴급 부장단회의를 소집했다. 본부장, 처장, 부장들과 노동조합 위원장과 사무국장을 배석시켰다. 그리고 문제점과 대안을 직접 설명했다. 다음날인 18일 오후 16시부터 18시까지 전 직원 대상으로 설명회도 가졌다. 식품진흥원 전체적으로 보면 총액 인건비를 직원들에게 모두 드리는 것이므로 임금을 줄이려는 것은 아니라는 점과 불공정하게 편중된 임금 체계를 예산 범위 내에서 공평하게 나누는 것이 목적이라는 취지로 설득했다. 질의답변도 했다. 대다수 직원들은 불공정에 공감한 눈치이지만 임금 문제는 누구나 그렇듯이 자신만의 계산기를 두드린다. 직원 설명회가 끝나고 실장·처장·부장들을 따로 불러 "어려운 상황에서 간부 직원들이 중심을 잡고 나가야 한다."고 당부했다.

한 주가 지난 후 노사협의회를 개최하여 임금 개선안을 논의했다. 노동조합은 이사장 제시안보다 승진 가산금을 소폭 올리는 개선안을 제안했고 승진자에 한정되므로 전체 금액에 큰 영향을 주지 않는다고 판단되어 제안을 받아들이면서 노사합의서에 서명했다. 물론 조합원 투표에서 가결될 것을 전제로 한 것이었다. 그러나 임금이 삭감되는 일부 직원들의 반발이 심했다. 또 임금이 줄어든 일부 간부 직원이 직위를 이용해 부정적 여론을 퍼트리면서 임금 개선안이 부결되도록 유도하고 있다는 소리도 들려왔다. 예상된 일이지만 기관장으로서 강한 리더십이 필요한 순간이었다. "만약 부결된다면 임금 구조는 개선하지 않겠다. 그 부작용은 결국 직원들에게 돌아간다."는 배수진을 쳤다. 이런 분위기 속에서 다음날 노동조합 총회가 열렸다.

석 달을 끌어온 직원 임금 문제를 언제까지 끌고 갈 수는 없었다. 노동조합에서 부결이 되더라도 쌓인 숙제들을 해결하기 위해 앞만 보고 가야 했다. 임금 문제 이후 경영 전략을 세웠다. 가결될 경우, 개선안을 조속히 적용하여 임금 문제는 일단락하고 진흥원 발전을 위한 식품 미래산업 추진을 포함한 신경영 전략을 시행한다. 부결될 경우, 급여 문제에 더 이상 매몰되어서는 안 된다고 보고 노사 합의를 포기한다. 차선책으로 근무평정 제도를 점검하고, 불가피하게 급여 동결, 이와 연동하여 계약직 등도 인건비 예산 범위 내에서만 급여 지급, 시간 외 수당 인증 절차를 강화하여 온정적이고 급여 보전 성격이 있는 시간 외 수당을 차단하고 이와 관련된 특근 외식비도 함께 연동하여 관리, 인건비 상승 요인을 차단하기 위해 최소 인원만 승진 등을 골자로 한 경영 분위기 쇄신 후속 대책을 마련했다. 또한, 임금 개선이 불가피하게 부결

되었음을 농식품부에 통지하여 문제점을 공유해야 한다.

조합원 총회에서 '직원 급여 개선안'은 22:24로 부결되었다. 기관장으로서 입장을 빠르게 정리했다. "난 직원들의 결정을 존중한다. 근로기준법상 노사 합의 없이는 급여의 문제점은 개선할 수 없다. 그래서 별수 없이 노사 합의 없이도 개선할 수 있는 차선책을 찾겠다. 이대로 방치한다면 기관장으로서 직무 유기를 하게 되기 때문이다."라는 기관장의 입장을 직원들에게 공유했다.

경영 방향 수정이 불가피했다. 그리고 신속하게 위임 전결 규정 개정과 같은 차선책을 하나하나 만들어 갔다. 그리고 조직 개편도 단행했다. 식품 산업 진흥법 개정안 처리와 예산 확보 때문에 대외 활동도 재개했다.

부결된 직후 부·팀장들이 참석하는 주간회의 말미에 직원 급여 개선안 부결 건에 대한 기관장의 입장을 다시 한 번 밝혔다. "직원들의 결정을 존중한다. 다만, 저는 여러분의 '탐욕'을 보았고, 여러분은 저를 불신했다. 제가 제시한 데이터를 불신했고, 제가 제시한 우려를 불신했고, 제가 제시한 비전을 불신했다. 이유야 어떻든 무한 책임을 갖고 있는 기관장으로서 이 모든 것은 나의 부덕의 소치이다. 그러나 한편으로 작년에 직원 임금을 무려 27%나 대폭 인상시킨 기관장으로서 직원들에게 불신을 받는다는 데 자괴감이 든다. 그러나 이 또한 기관장의 책임이기에 제가 안고 가겠다. 그런데 급여 구조의 불평등, 다른 기관 대비

과잉된 부분을 알면서 방치할 수는 없다. 기관장으로서 직무 유기다. 기관장 권한 안에서 끊임없이 개선하도록 하겠다. 이러한 노력이 여러분에게 더 큰 도움이 될 것이다."라며 회의를 마쳤다.

　임금개선안 부결 건이 농식품부에 알려지자 임금 예산을 통제하려는 압박이 거세졌고 인센티브를 하향 조정하려는 움직임도 나타났다. 예상대로 소탐대실이 현실로 나타난 것이다. 내가 우려한 사태가 발생했다. 이를 계기로 노동조합 총회가 재소집되었고 찬반투표가 다시 상정되었다. 결과는 식품진흥원이 처음 제시한 임금 개선안이 수용되었다. 결국 많은 상처를 안고 4개월여 만에 임금 개선 문제가 일단락되었다. 임금 격차도 많이 줄었다. 하지만 처음부터 잘못 맞춰진 퍼즐을 모두 고치지는 못하다 보니 최상급 개선안이라기보다는 차선책에 머물렀다고 보는 게 맞을 것이다. 절반의 성취였지만, 그나마 이렇게라도 민감한 급여를 개선할 수 있어서 다행이라는 위안을 가져야 했다.

승진시키는 자의
고통

　2021년 승진자 심사 인사위원회가 2020년 12월 말 개최되었다. 대다수 공공기관에서는 승진을 하려면 입사 후 최소 근무연한이 지나야 승진 대상자가 될 수 있다. 식품진흥원의 최소 근무연한이 지난 승진 대상자는 여느 때와 달리 무려 31명이나 되었다. 최소 근무연한은 능력 있는 직원이더라도 일정 기간 전에는 승진 발탁할 수 없는 보수적인 제도이기는 하지만 공공기관 특성상 기교를 부려 승진하려는 부작용을 차단하는 제도이기도 하다.

　승진이란 직장인이 갖는 최고의 성취이고 낙이다. 그런데 식품진흥원은 창립된 지 10년도 채 되지 않은 데다 초기 입사자가 많지 않아서 그동안 승진 대상자가 어떤 직급은 한동안 없었거나 몇 명이 고작이었다. 그러다 보니 대상자가 치열한 경쟁 없이 거의 다 승진했다. 연도별로 보면 2015년까지 승진이 없다가 2016년 대상 인원 7명 중 7명이 모두 승진했고, 2017년에는 대상자 3명 중 2명이 승진했다. 2018년에는 7명의 대상자 중 무려 4명이 직원 최고 직급인 1급 승진 대상자였으나 개개인의 성과나 인성 파악이 덜 된 상황에서 승진시킬 수 없었다. 결국 1급 대상자를 제외한 3명 중 2명이 승진했다. 2019년에도 대상자 7명 중 1급 승진자 1명을 포함하여 4명이 승진했다. 2020년에는 임금 문제가 터져 나왔는데 회사 측이 제시한 임금 개선안이 노사 합의를 이루지 못함에 따라 임금 증가 요인인 승진을 보류하였다가 대상자 19명 중 5급 직원 3명만이 4급으로 승진했다. 그해에는 승진이 지연되고 소폭 승진에 그쳤지만 대상자가 대폭 늘어 경쟁이 치열해지기 시작했다.

사실 승진은 치열한 경쟁을 동반해야 한다. 능력 중심의 치열한 경쟁을 해야 기관 수준이 올라가고 기관 경쟁력도 함께 높아진다. 요즘 젊은 신입사원들은 워라밸이 공공기관 입사의 목적이라고 하는데, 워라밸의 기준점이 어디인지는 모르지만 적당히 일하면서 승진도 챙기려고 생각한다면 경쟁에서 이길 수 있을지 의문이다.

기관 창립 후 초창기에는 승진 최소 근무연한만 지나면 승진할 수 있었다. 초기 입사자의 혜택이다. 그러나 초기 입사자들은 업무 기준도 없고 미래가 불투명한 척박한 환경에서 마치 미국의 서부 개척자들처럼 일한 전리품이라고 생각하면 된다. 그러므로 이후에 입사한 직원들이 너무 억울해할 필요는 없다.

2021년 승진 대상자 31명에 대한 심사가 시작되었다. 먼저 승진 비율을 5분의 1로 정하고, 승진할 경우 직급별 정원에 맞는지, 총액 급여에 지장이 없는지를 검토했다. 이상이 없자 근무평정 순위에 맞춰 3배수 인원을 선정하는 것으로 인사위원회에서 의결했다. 이제부터 그 3배수 중 누구를 탈락시키고 누구를 승진시킬 것인지 기관장의 결정이 남아 있었다. 그러나 고민도 잠시 결정은 짧고 간단했다. 승진 서열 명부를 기준으로 정하면 됐기 때문이다. 사실 몇 명은 개인 사정을 고려하여 정무적인 고려를 해 줄 수 있었다. 그러나 아프지만 온정적 마음을 단호히 접고 순서대로 결정했다. 다만, 탈락자를 보는 기관장의 마음은 아프다. 특히, 탈락자가 복도에서 눈을 맞추지 않을 때는 더욱 아프다.

승진하고자 하는 공공기관 직원은 우선 근무평정에서 우수한 평가를 받아야 한다. 그리고 적극적인 근무 자세를 유지하며 직원 상하 간 소통을 잘하는 직원이 유리하다. 설사 탈락하더라도 섭섭한 마음이나 표정을 갖지 않는 게 좋다. 그해만 승진이 있는 게 아니기 때문이다. 승진에서 탈락한 직원은 자신을 한번 돌아봐야 한다. 직원의 최고의 백과후원자는 높은 상사도 아니고 외부 권력자도 아니다. 사무실 바로 옆자리에 앉아 있는 동료, 선배들이다. 바로 곁의 동료가 당신을 가장 많이 알고 있으며, 생활 속에서 당신을 매일매일 평가하기 때문이다.

순환 근무가
필요한 까닭

    2018년 취임 초에 실시했던 조직 진단 결과 식품 기술직들은 행정 지원 같은 부가 업무를 싫어하거나 본인들 과업이 아니라 여기는 경향이 있고, 이직을 목적으로 개인 경력 관리에 치중할 수 있으니 주의를 기울여야 한다는 제언이 있었다. 식품 기술직들은 식품진흥원 직원의 3분의 2 이상이며 앞으로 비중이 점점 더 커질 것이어서 중요한 구성원이다. 행정직은 업무 피로도와 강도가 높고 기능별 최소 인력 배치를 해야 하는 부서로 사업부서와의 마찰과 갈등을 유발하는 특성이 있다고 조언했다. 기업유치지원부 직원은 기업 애로와 비례하여 업무 강도가 높아질 것으로 예상했다.

    취임 초기 현원 45명으로 기관을 운영했기에 투자유치부를 제외하고 최소 인원이 배치되어 한 치의 여유나 틈새가 없었다. 반면 투자유치부에는 무려 12명이나 배치되어 투자 유치의 중요성과 긴박감을 반영하고 있었지만, 투자 유치 실적으로 보나 역할로 보나 효율적이지 못했다. 공공기관의 생명은 기획 부서인데 부장을 포함한 5명이 경영기획

부라는 이름 아래 경영 지원과 기획을 도맡아 고군분투하고 있었다. 그러다 보니 급여·인사·복지·총무·계약 등 경영 지원 업무에만 몰두할 수밖에 없었고 중요한 기획 업무는 등한시하고 있었다.

당장 비효율적인 투자유치부 인원 12명을 절반으로 줄이고 기획홍보부를 신설했다. 그러면서 몇 명을 제외하곤 행정직 직원 보직을 모두 교체했다. 이때 몇몇 직원은 행정 조직이 원활히 돌아가지 않을 것이라며 우려했으나, 나는 "더 잘될 것이다."라고 확신하며 단호하게 결정했다. 인사이동이 있은 후 3개월이 지나 반대했던 직원이 "아주 잘 되고 있습니다."라고 보고했다. 순환 근무의 장점이 작동된 것이다. 이전 행정 조직은 한 보직에서 수년간 똑같은 일을 하다 보니 매너리즘에 빠지고 독단적 판단을 고집하다 보니 업무 유연성과 속도가 떨어지고, 담당 업무에 철옹성을 쌓게 되니 보편 타당성이 떨어지는 등 부작용이 발생하던 참이었다. 순환 보직 인사가 숨통을 틔어주는 순기능을 한 것이다.

행정조직의 순환 보직 인사이동이 어느 정도 정착되자 식품 기술직 순환 보직을 시작했다. 하지만 행정직과 달리 KOLAS, GMP, GLP 등 인증기관 유지를 위한 필수 인력이 해당 팀에 있어야만 하고, 검사·분석·제조를 위해서는 최소 필수 인력은 순환 보직을 할 수 없다는 제약이 있었다. 다만 식품진흥원은 한국식품연구원과 같은 연구기관이 아니라서 전공에 너무 집착할 필요가 없었기에 적정한 순환 보직 인사이동에 더 이상 걸림돌은 없었다.

기술직이라 하더라도 한 보직에 오래 있다 보면 순기능보다 매너리즘에 빠지는 역기능이 발생하게 된다. 그래서 최소 2년에서 최대 3년 이후에는 보직을 바꿔 주는 것이 바람직하다. 우리나라도 공무원의 장기 보직에 대한 장단점을 해방 후 80년 가까이 연구하고 가동해 봤을 것이다. 그 결과 공무원들은 특별한 경우를 제외하고 한 보직에서 2년 이상 재임하지 않는다. 농식품부의 경우 일부 농민단체와 연관된 보직에서 농민단체에 우호적이었거나 우호적인 정책 개발을 한 공무원을 인사이동시키지 말아달라는 농민단체의 청원에도 불구하고 2년이 되면 보직 이동시키는 것을 종종 봐왔다. 결과적으로 한 보직에 오래 근무하다 보면 장점보다 단점이 많고, 단점을 넘어 불공정과 부조리 같은 병폐가 나타날 수 있다.

식품진흥원 식품 기술직도 보직 이동이 불가피한 경우를 제외하고 정기적으로 소폭 인사이동을 했다. 특히, 부장·팀장과 같은 보직자의 경우도 전공과 무관하게 이동시켰다. 그러자 일부 식품 기술직 직원은 "잦은 인사이동이나 순환 근무가 전문성을 저해한다."는 주장을 했다. 나는 월례회의에서 그에 대한 입장을 얘기했다.

"우리 같은 작은 조직에서 순환 근무가 전문성을 저해한다는 일부 직원의 주장도 일리가 있다. 그러나 전문성을 저해하는 단점보다 작은 조직이라 할지라도 순환 근무를 하지 않은 경우에 발생하는 악영향이 더 크다. 한 보직에 오래 근무하면 전문성은 좀 더 강화되겠지만, 매너리 즘에 빠져 생산성이 떨어질 수 있고, 온정주의가 싹터서 기준이 흔들리게 되니 청렴성에 위협을 받게 될 수도 있다. 국가는 이런 모든 것을 고려하여 공무원들의 인사에 순환 근무 원칙을 적용한다. 심지어 기재부 예산실의 경우 국장·과장은 물론이고 사무관까지도 1년만 근무하고 다른 부처 담당으로 인사이동 하고 있다."라고 말해 주었다.

연이어 2018년 1월 부임하였을 때 식품진흥원에 대한 첫 인상도 얘기했다. "처음 부임해 와 보니 직원들이 나 아니면 이 업무 누가 하겠어? 인원이 없어 대타가 없는데 나를 다른 곳으로 인사이동을 하겠어?'라는 인식이 팽배했다. 그래서 2018년 일단 거의 모든 사무직을 보직 변경시킨 것이다. 일부에서 다소 업무 미숙이 있었지만 바꾸고 나니 우려와 달리 조직이 더 역동적으로 작동했다."라며 직원들의 반대 의견을 존중하면서도 이사장으로서의 확고한 인사 방향을 제시했다.

이런 생각을 기초로 식품 기술직에 대한 추가 인사이동을 단행했다. 그랬더니 한두 명 불만을 갖는 직원이 나오기는 했지만 기술지원처는 더욱 활력 있는 조직으로 변해 갔다.

첫 **국정감사** 수감

식품진흥원이 2011년 창립 이래 2019년 10월 첫 국정감사 대상 기관이 되었다. 2019년 2월 공공기관으로 지정된 이후 국정감사는 매년 피할 수 없는 숙명이 된 것이다. 그동안 더불어민주당 수석 전문위원으로서 감사하는 입장에서 국정감사를 많이 지켜봤지만 피감사기관 기관장으로 감사를 받아보기는 처음이라 시간이 다가올수록 긴장의 끈이 점점 조여들었다.

취임 후 1년 9개월이 되었으니 식품진흥원 업무는 충분히 숙지하고 있었기에 답변에는 별 문제가 없겠지만 여당 정책실장 경력으로 인해 '낙하산'이라는 곱지 않은 시각이 있을 것이어서 당황스런 질문이 나올 때 어떻게 잘 대답하느냐가 관건이었다. 질문하는 의원에게 정중하게 답변하는 것도 매우 중요하고 자신의 주장을 겸손하게 내세우는 것도 중요하다. 그러다 보니 부담이 커졌다.

그런데 다행히 6개 공공기관 합동 국정감사와 그 다음날 이어진 농식품부 종합 국정감사를 수감하는 것을 끝으로 2019년 국정감사를 잘 마쳤다. 낙하산 인사에 관한 질문도 없었고, 기관에 대한 곤란한 질문도 없었다. 국정감사 결과 식품진흥원의 위상이 커졌다는 것과 위상이 커진 만큼 감시와 견제가 강해졌다는 것을 실감했다. 수감기관장으로서 더욱 겸허한 자세로 임기를 마쳐야겠다는 생각을 한 계기가 되었다.

국정감사 기간 동안 마음에 큰 상처도 입었다. 10여 년 전에는 같은 당 국회의원 비서관이었던 후배가 야당 국회의원 보좌관이 되어 우리 기관을 상대로 소모적인 자료를 요구하고 조사했기 때문이다. 요구 자료 대부분이 이사장 업무 추진비 사용 내역, 이사장 인센티브 현황, 이사장 해외 출장 현황 등 나를 타깃으로 한 자료들이었고, 식품진흥원 사업에 대한 타당성 부족 등을 지적하며 우리 기관을 집요하게 조사했다. 국정감사가 끝난 후 연이어 시작된 국회 예산 심사 과정에서도 위와 같은 자료를 요청하며 우리 기관 예산을 20% 삭감하겠다고 으름장을 놓기도 했다.

피감기관 기관장으로서 한때 후배였던 야당 보좌관에게 고개 숙여 도와달라고 문자도 보내고 전화도 하고 찾아가서 머리를 조아리며 잘 봐달라고 부탁도 했다. 하지만 후배는 찾아간 나에게 자리를 권하지도 않았고 몇 마디 응대도 해 주지 않았다. 초라하게 사무실을 나와야 했다. 아는 후배에게 그런 수모를 두 달 동안 당하고 나니 내 부덕의 소치로 생각하고 넘어가려 해도 자꾸 자괴감이 들었다. 그러나 냉정을 찾고 우리 직원들에게는 국정감사와 예산 심사 과정에서 앞으로 일어날 일들을 예측해 주며 진두지휘했다. 다행히 국정감사도 큰 지적 없이 지나갔고, 식품진흥원 예산도 무리 없이 심사되었다. 모든 상황이 종료된 후 그 후배 야당 보좌관에게 내키지는 않았지만 식품진흥원의 앞날을 위해 고맙다는 장문의 문자를 보냈다.

업무 미숙,
누굴 탓하랴

    2019년 1월 사업본부장이 임기 만료로 퇴직하자 그동안 본부장 전결로 처리하던 문서들이 모두 이사장에게 올라왔다. 그랬더니 그간 가려졌던 직원들의 문서 작성 능력의 민낯이 드러났다. 식품진흥원 직원들은 민간 식품 기업을 다니다가 경력직으로 우리 기관에 입사한 경우가 대다수였는데 2019년 12월 기준 식품진흥원 72명 직원 중 4년 이상 근속자는 13명밖에 없었고 2년 미만 신입사원이 29명으로 대부분 공공기관 근무 경력이 없었다. 더욱이 식품 업계 기술자들의 경우 문서 작성 기회가 많지 않기 때문에 그들에게 입사 초기부터 보고서 작성에 큰 기대를 거는 것은 무리였다. 다행히 그동안 자기계발을 해서 문서 작성 능력이 뛰어난 직원들도 일부 있었지만 그렇지 못한 직원들이 대다수였고, 직원 간 능력 편차도 심했다. 하지만 공공기관에 종사하려면 지위고하를 막론하고 문서 작성은 필수여서 내부 역량 강화를 위해 조속한 개선이 필요했다. 공공기관은 예산확보·운용, 감사 대비 업무, 경영평가 업무, 대관 업무 등과 관련한 보고서 작성 업무가 많다. 민간 기업에서 하지 않아도 될 일들을 비중 있게 해야 하는데 이런 경험이 없고 분위기조차 모르는 직원들만 모이게 될 경우 기관 역량이 그만큼 떨어질 수밖에 없다.

사실 잘못된 문서 한두 개를 처음 볼 때만 해도 기관장으로서 이런 것까지 지적하면 기관 전체가 스트레스를 겪을 것이 뻔해 그냥 넘어가는 게 낫다 싶었다. 그러나 결재 올라오는 문서에서 빈번한 오류와 눈에 거슬린 표현들이 도가 지나치다 보니 더 이상 가만두고 볼 일이 아니었다. 며칠 갈등을 하다가 기관장이 아니라 공공기관 선배로서 후배들에게 가르쳐 주는 것이 도리라는 생각이 들었다. 나는 결재 중 발견한 오류 또는 미숙한 문서들을 샘플 삼아 전 직원을 대상으로 문서 작성 기술에 대하여 세 차례에 걸쳐 강의했다. 또 농식품부에서 다양하게 문서로 작성해 온 본부장과 작성 능력이 뛰어난 직원들이 오찬 직후 자율학습 시간을 만들어 가르치고 학습하게 했다. 2년 여에 걸쳐 강의와 고쳐주기를 반복하자 문서를 작성하는 평균 수준이 많이 향상되었다. 공공기관에서 살아남기 위해서는 문서 작성에 대한 끊임없는 자기계발이 필요하다. 자기 계발 방법으로는 서술형 보도자료가 나오면 그것을 현황, 문제점, 검토의견 순으로 개조식 3단 문장으로 전환해 보고, 개조식 보고서 샘플을 서술형 보도자료로 전환해 보는 연습을 제안한다.

문서 작성 능력뿐만 아니라 공공기관 업무 흐름을 읽지 못하여 민간 기업 처리 방식이나 직원의 주관적인 기준으로 업무를 처리하려는 경우도 종종 본다. 또 상사가 공정한 기준 없이 일을 지시했을 때 그냥 지시한 대로 처리하는 경우도 눈에 띄었다. 그러면서도 '내가 무엇을 잘못했냐?'고 항변까지 했다. 그럴 때면 딴 세상에 와 있는 것만 같았다.

공공기관은 국민의 세금을 집행하는 기관이다. 그래서 법률과 근거가 명확해야 하고, 공정한 기준으로 집행해야 한다. 기준에 맞지 않는 상사의 지시사항을 부득이 이행했다 하더라도 결국 실무자가 책임져야 하고 어떤 경우에는 큰 피해를 입기도 한다. 나는 이런 충고를 담은 즉흥 개작 시조를 읊어주었다.

국클(국가식품클러스터) 7년을 필마로 돌아보니
인걸은 간데없고 문서만 남았구나!
어즈버 태평연월이 꿈이런가 하노라

공공기관 **문서 작성**의
7가지 꿀 팁

앞서 얘기한 것처럼 식품진흥원 직원들은 민간 식품 회사 경력직이 대다수를 차지하고 있다. 그러다 보니 몇몇 직원 외에는 문서의 필요성, 중요성을 빨리 깨닫지 못하고 문서 작성 학습이 잘 되어 있지 않았다. 또 먼저 해놓은 문서 중 잘된 것이 많지 않아서 보고 배울 만한 샘플이 부족했다. 특히 사업부서는 전임자가 잘못해 놓은 문서가 수년째 그대로 답습되는 웃지 못할 해프닝이 반복되고 있었다. 문서 작성을 포함하여 글이란 잘 쓴다고 장담하기는 어렵고 정답이 없는 것이기는 하지만, 미약하나마 내가 직원들에게 했던 강의 내용을 글로 축약해 보았다.

공공기관에서 일상적으로 가장 많이 쓰고 있는 문서는 '품의서'와 '보고서'로 크게 나눌 수 있다. 최근 들어 어떤 것은 품의서 양식을 쓰고 어떤 것은 보고서 양식을 쓴다는 구분이 거의 없어졌다. 굳이 나누자면 품의서는 주로 비용 지급 문서 또는 구매나 판매를 위한 간단한 방침을 받는 용도, 다른 기관에게 상황을 알려주거나 협조 요청을 발신하는 문서 등에 쓰인다. 품의서는 업무에 가장 많이 쓰는 문서 양식으로 각 기관마다 정해진 기안 양식이 있다.

보고서는 현황 분석, 상황 보고, 대안 제시, 방침 결정 등 다소 근거 자료와 첨부 자료가 많을 때 주로 사용한다. 또 관계 부처에 분석 자료를 보낼 때에도 이 양식이 활용된다. 하지만 어떤 양식이든 명확한 근거에 따라 적절한 결재 절차를 거쳤는지가 더 중요하다.

공공기관 문서 작성은 첫째, 서술식이 아니라 글을 짧게 끊어서 요점이나 단어를 나열하는 방식의 개조식을 사용하고 있다. 개조식에는 조사, 접속사, 부사, 형용사 등을 최대한 배제하며 여러 장을 작성하여도 무방하지만 1페이지 작성을 기본으로 한다. 만약 긴 기술이나 근거 자료가 필요할 경우 본문에 요약하여 표기하고 좀 더 긴 현황이나 데이터는 첨부 자료로 붙이는 것이 좋다. 둘째, 중요한 내용을 앞에 쓰는 두괄식 작성이 요점을 전달하는 데 용이하다. 셋째, 명확한 근거를 제시해야 한다. 관련 법률, 기관 규정, 방침이나 정부 정책, 감사 결과나 경영 평가 지표도 좋은 근거가 된다. 근거는 본문에 한 줄 이내로 써주고 필요할 경우 별첨으로 첨부하는 것이 좋다. 넷째, 쉬운 용어와 쉬운 논리 전개로 업무 인수자 또는 수년 후 감사자도 이해할 수 있도록 작성해야 한다. 비용 지급 품의를 하는 경우 지급 금액, 지급 근거, 지급 대상이 명확해야 한다. 방침 결정 문서의 경우에는 관련 근거, 주요 내용, 적용 대상, 시행 시기를 명시하고 신청·승인 양식이 필요한 경우 별첨으로 첨부한다. 보고 문서나 대응 방안 보고서를 작성하는 경우 작성 목적, 주요 내용, 문제점, 그동안 경과, 대응책, 근거, 향후 계획 등을 보고서 성격과 상황에 따라 가감하여 정리하는 것이 좋다.

모든 보고서의 기본 틀은 현황, 문제점, 검토 의견이라는 3단 논법을 기준으로 적용하면 좋다. 다만 쓰는 사람의 취향과 보고서 주제에 따라 다양하게 응용하면 된다. 문서 작성이 완료되면 꼭 재검토를 해야 한다. 오타가 없는지, 보고받는 사람의 입장에서 이해할 수 있게 작성되었는지, 향후 업무 인수자가 이해하기 쉬운지, 관련 법·규정과 충돌할 소지가 없는지 등을 살펴봐야 한다. 그러나 대부분의 작성자는 작성한 후 재검토하기를 싫어한다. 자신을 과신하는 경우도 있지만 대부분 작성 중에 고민하고 수정했던 사안이었기에 다시 쳐다보기 싫은 심리가 작용하기 때문이다. 그러나 꼭 틀린 부분이 나올 것이므로 작성 후에는 반드시 작성자 자신이 재검토하길 제안한다.

눈에 거슬리는 문서 사례 중 오타나 계산 착오가 가장 흔한 경우다. 오타를 쉽게 생각한다면 오산이다. 결재권자는 오타를 보고 작성자, 중간 결재자를 꼼꼼하지 못한 직원으로 인식하게 되고, 이것이 반복되면 능력이 없다고까지 판단하게 된다. 특히 계산 착오나 금액, 숫자에 오타가 나면 치명적이다. 그 문서가 아무리 가치 있는 정책 대안을 내놓았더라도 숫자 오타 하나만으로 가치를 상실하기 때문이다. 대금 지급 문서의 경우 숫자 오타는 더욱 민감한 문제가 따른다. 어떤 작성자는 천 원 미만을 절사하기도 하는데 뒤에 붙는 붙임자료나 현황표를 작성할 경우에는 절사 방법을 사용할 수 있지만 문서 본문에는 될 수 있으면 절사하지 말아야 한다. 또 계약 기간과 준공일이 맞지 않는다거나, 시기가 지난 이후 결재를 올린다거나, 규정을 벗어난 문서를 작성하는 등 절차와 규정을 무시한 문서도 주의해야 한다. 이런 경우 업무 미숙, 규정 숙지 미숙의 경우에 속한다. 또한 "구매를 요청드립니다."와 같이 과도한 높임말이나 부적절한 용어를 사용하는 경우도 지양해야 한다. 비용 지급 문서에서 "사업이 완료되어 후속 조치 하고자 합니다."라는 식으로 애매한 단어를 사용하여 얼버무려서도 안 된다. 하고자 하는 행위를 명확히 써야 한다. "사업이 완료되어 다음과 같이 비용을 지급하고자 합니다."로 쓰는 것이 맞다. 방침을 변경하는 문서에서 "변경(안)을 보고합니다."라고 쓰면 자칫 자신이 결정한 후 결재권자에게 보고하는 것으로 비춰질 우려가 있다. 이는 "○○으로 변경하고자 합니다."라고 써야 맞다.

　마지막으로 보고서 쓰기 7가지 팁을 제시하고자 한다. 이것은 내가 그동안 보고서를 쓰면서 직접 체득한 노하우이기에 인터넷에서 찾아봐도 없을 것이다.
　첫째, 불필요한 수식어를 쓰지 말 것을 제안한다. "산학연 전문가 106명 pool 구성, 식품 기업과 매칭을 통해 기업의 애로지원 59건 달성"에서 "식품 기업과 매칭을 통해"라는 수식어는 불필요해 보인다. 이를

"산학연 전문가 106명 pool 구성, 기업의 애로지원 59건 달성"으로 바꾸면 전하고자 하는 내용이 더 확실하게 전달된다.

둘째, 핵심 주제를 앞에 쓰는 것이 좋다. "해외 네크워크 활성화를 위해 국내 최초 독일농업협회 품평회 개최"라는 문장은 "국내 최초 독일농업협회 품평회 개최 등 해외 네크워크 활성화"로 방점을 앞에다 두는 것이 낫다.

셋째, 부사·형용사 사용을 최대한 자제하는 것이 좋다. 개조식 글에서 부사·형용사는 다소 과장으로 비춰질 우려가 있고 내용 전달에 지장을 줄 수 있다.

넷째, 반복어는 다른 표현으로 바꾸길 제안한다. "안전 로드맵 구축으로 안전사고 제로화를 통해 - - - (중략) - - 맞춤형 안정체계 구축"이란 글은 중복된 "구축"이란 표현이 읽는 이에게 고통을 준다. 이것을 "안전 로드맵 구축을 통해 안전 무사고 달성으로 - - - (중략) - - 맞춤형 안정관리 실현"으로 변경하니 더 잘 읽힌다.

다섯째, 적절한 조사를 사용하고 조사대신 쉼표를 사용하는 것도 좋다. "식품진흥원, 식품연과 업무 협약 체결"에서 주어 뒤에 붙은 쉼표는 '은'으로 표현되기도 한다. 또한 여러 낱말을 나열할 때 쉼표를 찍어 나열하고 가장 뒤에 오는 단어 앞에 '및'을 붙이는 것이 좋다.

여섯째, 외래어를 남발하면 좋지 않다. 우리나라 문서에 자국어를 쓰는 것이 당연한 원칙이다. 실무를 해보면 개조식으로 문서를 작성하는 곳은 입법·사법·행정부 등 3부 기관들과 그와 관련된 공공기관들이다.

이들 기관들은 부득이한 경우를 제외하고 외래어 사용을 하지 않는다. 이런 기관을 상대해야 하는 공공기관에서 외래어를 남발한 문서는 내부 소통에도 제약이 있을 뿐만 아니라 외부 기관과 협업할 때도 협업 기관으로부터 이질감과 거부감을 얻을 것이다.

일곱째, 써 놓은 글의 문맥이 어색할 때 앞단락과 뒷단락을 바꿔 보면 문맥이 훨씬 부드럽다. 우리가 글을 쓸 때도 말하는 순서대로 쓰려는 경향이 있기 때문에 구어체로 쓰였을 가능성이 크다. 앞뒤 단락 바꿈을 적용해 보면 훨씬 이해하기 쉬운 좋은 글이 된다.

이상의 7가지 팁만 잘 명심해 적용해도 문서 결재권자가 이해하기 쉬워지고 상사에게 일 잘한다는 칭찬을 받게 될 것이다.

공공기관
혁신하기

　과거 1970년대에는 한국경제가 살아나기 시작하면서 삼성, 현대와 같은 대기업 임직원 급여가 증가하자 취업 준비생들이 대기업으로 몰렸다가 80년대 후반부터는 대기업에 비해 상대적으로 낮았던 공공기관 급여가 올라가면서 대기업과의 임금 격차가 줄어든 데다 정년까지 보장받는 공공기관이 취업 시장에서 각광받기 시작했다. 1990년대 들어서는 금융 부문을 포함한 일부 공공기관의 경우 억대 연봉이 여론에 지적되기도 하였는데 IMF가 닥치면서 안정된 직장이라는 의미의 '철밥통'으로 명명되어 비판과 함께 부러움의 대상이 되기도 했다.

　정부는 법률을 고치거나 평가와 관리 방법을 개선하면서 공공기관을 혁신하고자 노력해 왔지만 지금도 공공기관 앞에는 방만 경영이라는 수식어가 따라다니면서 혁신의 대상으로 지목되곤 한다. 부채는 늘어만 가는데 임금은 상승하고, 종사자는 매년 증가하는 상황을 국민은 이해하지 못하고 있기 때문이다.

공공기관은 공운법이 제정되었던 2007년 102개이던 것이 매년 증가하여 2021년에는 350개에 이르고 있다. 또 공공기관에 종사하는 임직원 수는 2005년 22만 8,301명이었으나 2016년 32만 8,479명, 2021년 1/4분기에는 44만 1,752명으로 크게 늘어났다. 물론 2018년부터 공공기관 비정규직을 정규직으로 전환시키는 과정에서 폭발적으로 인력이 증가한 이유도 있다. 하지만 민간시장에 맡겨도 될 사업을 굳이 공공기관을 설립하여 인력이 느는 경우가 있는데 여기에도 파킨슨 법칙(Parkinson's law)이 적용된다. 파킨슨 법칙은 부하 배증의 법칙 또는 업무 배증의 법칙이라고도 하며 공무원 수가 업무량과 관계없이 꾸준히 증가한다는 이론이다. 정부가 조직을 늘리는 방법으로 공공기관을 설립하는 경우가 종종 있기 때문이다. 이렇게 설립된 공공기관은 기관 생존을 위해 또 다른 일거리를 만들게 되므로 불필요한 조직은 계속 늘어날 수밖에 없다. 내가 종전에 근무했던 한국건설관리공사의 경우도 민간에서 충분히 할 수 있는 건설공사 감리 업무를 책임 감리제도 도입을 명분으로 건설감리 공공기관을 설립하였는데, 결국 그 기관은 수의계약 중단과 경쟁력 저하 등으로 애물단지 취급을 받았다. 공공임대주택 관리를 목적으로 설립한 주택관리공단의 경우도 민간 영역인지 공공기관 영역인지 애매한 경우도 있다.

국회 예산정책처에 따르면 공공기관이 출자를 통하여 자회사 등을 설립하는 경우 충분한 사업성 검토 없이 무리하게 투자함에 따라 결국 해당 기관에 재정 부담과 예산 낭비를 초래하고 있으며, 2011년부터

2015년까지 한국가스공사 및 대한석탄공사 등 23개의 공공기관에서는 해당 출자기관에 총 213명의 퇴직 임직원이 임용되는 등 출자회사가 퇴직자의 재취업 창구로 활용되는 사례도 빈번하게 발생하고 있다. 또한, 2017년부터 2020년까지의 국정감사와 감사원 감사에서는 공공기관 임직원의 명예퇴직 부정 수급, 공공기관 출자 회사의 만성적인 적자 발생, 시중 금리에 비해 과도하게 낮은 수준의 직원 주택용자금 제공, 업무 추진비와 사내 접대비의 부적절한 집행 등의 문제가 매년 지적되기도 하였다.

공공기관 부채는 2008년 200조 원을 넘기더니 2015년 437.7조 원에서 2020년 503.9조 원으로 5년 동안 66.2조 원(15.1%)이 증가했다. 한국석유공사, 한국광물자원공사, 대한석탄공사는 자산보다 부채 규모가 더 커 자본 잠식 상태이다. 국가 부채(2020년, 847조 원)도 늘고 있는데 공기업 부채까지 더해진다면 국가 신용등급 하락 등 우리 경제의 위협 요인으로 부상할 수 있다.

공공기관 방만 경영은 매년 국회에서 지적되고 있다. 공공기관의 자기 노력과 혁신은 쉼없이 계속되어야 한다. 공공기관 혁신은 매우 어렵다. 그러므로 든든한 준비와 기반을 가지고 추진해야만 성공할 수 있다. 혁신이 성공하기 위해서는 첫째, 기관장의 강력한 리더십과 의지, 열정이 필요하다. 둘째, 직원들도 공감할 수 있는 목표가 있어야 한다. 목표를 달성한 후 직원들에게 돌아갈 전리품이 있다면 더욱 좋다. 그래야 자발적 참여와 직원들 열정을 보태 성공할 수 있다. 셋째, 혁신을 받쳐줄 제도적 기반을 마련하여야 한다. 그래야 용두사미로 끝나지 않고 지속적으로 추진할 수 있다. 넷째, 단기적 혁신 성과를 내야 한다. 그래야 직원들이 지치거나 불평하지 않고 계속 추진할 수 있다. 마지막으로 기관장을 포함하여 중간간부들의 솔선수범 노력이 필요하다. 기관장이 솔선수범에 앞장서면서 중간간부들에게 채찍과 당근을 적절히 배합하여 그들로 하여금 선도적 행동을 하도록 부추겨야 한다.

한편, 공공기관은 수익성만을 목적으로 설립되지 않았기 때문에 매년 공공기관 경영 평가를 할 때 평가 지표에는 주요 사업의 계량 목표(정량 평가)뿐만 아니라 사회적 가치 구현, 국민 소통 및 혁신, 경영 전략 및 리더십, 조직·인사·재무관리 등과 같은 정성 평가에도 비중을 둔다. 그러다 보니 이미 드러난 경영 실적으로 달성하기 어렵다고 판단된 수익성 지표는 뒷전으로 밀려나고 정성 평가에 더 심혈을 기울이는 경우가 종종 있다. 그러나 정성 평가는 가치 실현과 같이 직원 개개인이 목표를 달성하기에는 어려운 지표가 많은 데다 사회주의 국가에서 나타나는 전시행정처럼 횟수 채우기식으로 수행하는 경우가 있어 불합리한 평가가 될 수도 있다. 하지만 수익성을 등한시 할 경우 경제적 측면뿐 아니라 조직 운영 면에서 직원들의 목표 의식이 불분명해지다 보니 효율성이 떨어지므로 기관 경쟁력은 그만큼 저하될 수밖에 없다. 그러므로 국가 경쟁력을 높이는 차원에서는 앞으로 수익성에 좀 더 비중을 두고 공공기관을 운영하는 것이 바람직하다고 본다.

물론 공공기관 특성상 수익성으로 따지기 곤란한 기관도 많지만 수익성과 유사한 계량 지표를 만들어 평가하면 해결될 수 있다고 본다. 다만 정성 평가도 무시할 수 없는 공공기관의 책무이므로 폐지하기보다 비중을 줄이는 것이 바람직하다. 정부가 매년 제시하고 있는 경영평가 편람에 이런 사항이 반영되기를 제안한다.

　코로나19로 경기 침체가 더 심해질수록 공공 부문의 역할은 더욱 커질 것으로 예측된다. 그러나 국가의 경쟁력 측면에서 보면 불가피한 경우를 제외하고 정부 기구나 공공기관을 늘리는 것이 바람직한지 의문이다. 특히 민간 기업이 충분히 수행할 수 있는 부문에도 공공기관이 사업을 한다면 시장경제 질서를 흐트러뜨리고 결국 국가 경쟁력 제고에 역행하게 된다. 그러므로 공공기관을 설립할 때는 필요성을 꼼꼼히 따져야 하며 기존 공공기관들도 업무 영역과 역할이 적정한지 매년 재점검하여 책무를 저버리지 않도록 지도해야 한다. 공공기관은 끊임없는 혁신을 통해 국가경제에 부담을 주지 않으면서 국민을 위해 솔선수범 봉사하는 마음으로 주어진 역할을 수행하는 선도 기관으로 자리매김해야 하는 시대적 역할을 점점 더 강하게 요구받고 있다.

5장

공공기관의 화양연화는
가능한가?

평생직장을
만듭시다

2020년 1월, 이사장 취임 3년차를 맞았다. 신년사를 통해 직원들에게 그간의 노고에 대한 고마움을 표하면서 앞으로도 좋은 직장, 평생직장을 만들기 위해 노력하자고 독려했다.

≫ 신년사 ≪

존경하는 식품진흥원 직원 여러분!

우리는 2018년과 2019년 2년 동안 엄청난 기적을 이루었습니다.

국비 90% 비율 상승과 기관 경영에 큰 의미가 있는 예산 형태를 지자체 보조사업에서 직접 보조사업으로 전환시켰습니다. 또한, 총 700억 원 규모의 4개 센터를 신규 사업으로 추가 확보해 이제 우리 기관은 총 117개 기업 지원 시설을 보유하게 되었습니다.

2020년 올해 예산은 기관 설립 이래 처음으로 400억 원을 넘겼는데, 이는 전년 대비 83%가 증액된 것이고, 2018년 대비해서 226%가 증액된 것입니다. 인력도 45%가 증원되어 총 87명으로 늘었습니다. 직원들 급여·복지도 2017년 대비 크게 향상되었습니다. 또 국회 본회의에 계류 중인 '식품 산업 진흥법 개정안'이 처리되면 우리 기관은 '한국식품산업클러스터진흥원'으로 명칭이 변경되고 새로운 경영 체계가 법제화될 것입니다.

국가식품클러스터 투자 여건도 △분양 가격 인하 △투자 보조금 상향 △R&D 가점 상향 △폐수 처리비 인하 확보 등을 개선한 데 이어 △12월에는 입주 기업에게 법인세를 5년간 감면해 주는 '조세특례 제한법 개정안' 의결이란 큰 성과도 얻었습니다.

내부적으로는 기관의 중장기 경영 목표를 수립하고, 자립화 기반을 구축하여 미래 리스크 관리의 기틀을 만들었으며 50여 개의 규정을 제·개정하여 기관을 한층 더 체계화했습니다. 이렇듯 우리는 외형적 성장뿐만 아니라 내실화를 위한 기반 마련에도 부단히 노력했던 한해였다고 스스로 칭찬하고 싶습니다. 고생 많으셨습니다.

직원 여러분, 우리의 성과가 많은 만큼 일거리도 많아졌습니다.

확보된 신규 사업만 보더라도 완성하기까지 무척 바쁜 일정을 소화해야 합니다. 또 내실화를 위해 부단한 노력을 해야만 합니다. 이것은 우리 같은 신규 기관이 지닌 숙명입니다. 만약 우리가 달콤한 성과에 취해 '샴페인 터트리기'에만 몰두할 경우 우리의 전리품은 물거품처럼 사라질 것입니다.

농식품부 산하 모 신설 공공기관은 한때 380억 원의 예산을 배정받았으나 10년 새 100억 원 남짓 예산으로 축소되었고 사업 향방도 불투명해져 버린 사례가 있습니다. 또 국토부 산하 모 공공기관은 한때 1,100명의 직원을 자랑했지만 명확하지 않은 업무 영역과 미래 리스크 관리를 등한시하고 수의 계약에만 의존한 결과 지금은 직원 300명 남짓 기관으로 전락하고 그마저 기관의 운명도 오늘내일 하고 있습니다. 이런 사례는 350개 공공기관 중 다수 존재해 재정당국이 골머리를 앓고 있습니다.

우리도 예외는 아닙니다. 우리 기관은 농산물 수급 조절을 하는 at(한국농수산물유통공사)나 저수지 관리와 배수 개선 사업을 하는 한국농어촌공사와 같이 명확한 정부 위탁 사업이 없습니다. 식품진흥원 정관을 보면 국가식품클러스터 입주 기업을 도와주는 것이 주요 임무입니다. 그러다 보니 입주 기업이 정착하고 나면 우리의 임무는 소멸 또는 크게 위축될 수 있습니다.

비관하라고 드리는 말씀이 아닙니다. 극복하자는 것입니다. 극복하는 방법은 누차 말씀드린 대로 우리의 업무 영역을 국가식품클러스터에 머물게 하지 말고, 국내외 식품 기업을 지원 대상으로 하여 전국화하는 것이고, 역량을 강화하여 R&D 수탁 사업도 확장해야 합니다. 또한, 업무 영역 확장을 위해 '펫 푸드 인증 기관 지정'과 같은 인증 사업도 참여하고, 푸드파크를 조성하여 수익 사업도 확대해야 합니다. 이외 추가사업 확대도 더 고민해야 합니다. 이를 바탕으로 자립화의 기틀을 확고히 만들어 가야 합니다.

올해 예산부터 기관 운영비가 대폭 줄었습니다. 기관 운영비는 살림을 꾸려가기 위해선 꼭 필요한 '식수'이고 전쟁터의 '총알'입니다. 기관을 더 활성화하기 위해 없어서는 안 될 귀중한 예산 항목이지만 정부는 자립화를 통해 조달하라고 주문하고 있습니다. 정부는 매년 요구액 규모를 늘려나갈 것입니다. 그만큼 자립화는 우리 턱밑에 와 있습니다.

내실화를 위해서 직원 역량도 더욱 강화해야 합니다. 행정 업무 능력은 물론이고 검사·인증·시제품 제작 능력, R&D 능력도 더 강화해야 할 것입니다. 직원 역량은 곧 기관 역량이기 때문입니다.

직원 여러분,

우리를 포함한 대다수 공공기관들은 설립 초기에 그럴싸한 목적을 가지고 탄생하지만 추진 과정에서 명확한 사업 방향과 목표를 보강하지 않으면 사라지거나 지리멸렬한 기관으로 전락합니다. 한번 지리멸렬한 기관으로 전락하는 순간 걷잡을 수 없는 안 좋은 분위기 속으로 빠져들어 갈 것입니다.

우리가 그렇지 않기 위해선 호황을 맞고 있는 지금, 몇 년간 바짝 허리띠를 졸라매야 합니다. 그러면 우리는 '든든한 평생직장'을 얻게 될 것입니다. 저는 여러분과 함께 든든한 평생직장 초석을 잘 다지겠습니다.

2019년 말 기준으로 투자 유치는 분양 공고 대비 50%를 넘어섰습니다. 2020년은 투자 유치 방향을 양에서 질로 전환해야 할 시기입니다. 식품 산업 트렌드를 읽고 공략 분야를 설정하고, 작은 기업보다는 중견 기업 중심으로 투자 유치 역량을 집결하는 노력을 기해야 할 것입니다. 또한 분양 계약 해지를 막는 방안도 고민하여 투자 유치 113개 목표 달성과 내실화를 동시에 이뤄 나가야 합니다.

기업 비즈니스 지원은 2019년 지원 체계를 마련하였으나 다른 정부·지자체 사업과의 중복성 문제를 지속적으로 지적받고 있습니다. 기업의 판로 확대를 위한 국가식품클러스터만의 신사업 모델을 구상하고 추진해야 합니다.

벤처센터는 보다 강한 운영 관리 기준을 만들어 끊임없이 관리해 나갈 때 벤처 입주 기업도 더불어 성장해 나갈 것입니다.

청년창업Lab은 국가식품클러스터의 장점인 시설과 인력 등의 인프라를 활용한 창업 특화 지원을 더욱 강하게 추진합시다. 이는 향후 청년식품창업센터 건설·운영에 든든한 기반이 될 것입니다.

기업 지원 성공 사례를 통한 국가식품클러스터 홍보를 꾸준히 추진해야 합니다. 기업 지원 성공 사례와 통계 자료는 국가식품클러스터를 알리는 최고의 수단이며 우리의 자산입니다.

기업 민원은 앞으로 강도가 더 높아지고 지속적으로 늘어날 것입니다. 이에 대한 대응은 명확한 기준을 잡고 일관성 있게 전 직원이 하나가 되어 움직이는 것입니다. 민원에 대한 대응은 끊임없이 매뉴얼화하여 직원에게 제공하고 교육하는 노력을 해 나아가야 합니다.

기술지원처는 서두에 언급한 것과 같이 끊임없는 직원 역량 강화, 2040 달성을 위한 장비 가동률 제고를 통해 앞으로 나아가야 하며 이를 기반으로 자립화를 한 단계 더 끌어 올려야 합니다.

원료중계공급센터·기능성식품제형센터·HMR기술지원센터·청년식품창업센터의 4대 신규 사업은 일정에 맞춰 차질 없이 건립하고 운영 방안은 우리의 미래와 관련이 있는 만큼 신중하게 고민해야 합니다.

국정 감사, 경영 공시 등 우리는 공공기관 지정 이후에 많은 변화를 겪었습니다. 올해는 농식품부 감사 등이 우리를 기다리고 있습니다. 미리 걱정할 필요는 없습니다만 준비해 두면 상황을 선점할 수 있습니다. 우리 함께 준비해서 앞으로 나아갑시다.

이렇게 신년에 해야 할 일들을 나열해 보니 "세상은 넓고 할 일은 많다."라고 하신 김우중 회장님의 명언이 생각납니다. 그러나 많은 일도 하나하나 챙기다 보면 다 달성됩니다. 그리고 뿌듯한 보람을 얻게 될 것입니다.
올 한해에도 직원들의 가정에 평안과 행복이 가득하시길 기원합니다. 그 가정을 위해 좋은 직장이 되도록 저도 계속 질주하겠습니다.

2020. 1. 2.

식품진흥원 이사장 윤태진 올림

식품진흥원으로
개명

　식품진흥원의 전신인 '국가식품클러스터지원센터'의 문제점 중 하나는 '지자체 보조사업'이라는 회계 방식이었다. 지자체 보조사업이란 지자체가 식품진흥원 예산에 대한 지급과 정산 권한을 갖고 있다는 것이다. 정산 권한은 식품진흥원의 모든 경영 행위에 지자체가 개입할 수 있다는 점에서 국가 사업을 추진하고 있는 공공기관으로서 치명적인 결점이었다. 사업방향을 지자체 주도로 끌고 갈 수도 있고, 지자체 업체를 중용해야 한다는 명분으로 예산집행의 공정성과 투명성을 저해할 수도 있었다. 또 식품진흥원이 지자체나 지자체 공무원 의도대로 가지 않을 경우 사업을 지연시킬 수도 있고 심지어 방해할 수도 있었다. 이런 문제점이 과거에 곳곳에서 발생하고 있었기에 그대로 방치할 수 없었다. 우리는 이런 문제점을 재정당국에 건의하고 노력한 결과 2019년부터는 지자체 보조사업을 직접 보조사업으로 전환했고 국비 50%를 국비 90%로 전환했다. 하지만 남은 10%는 여전히 지자체의 보조금으로 지급받기 때문에 여전히 불편한 점이 남아 있었다. 유사 기관인 오송첨단의료산업진흥재단이나 대구경북첨단의료산업진흥재단은 지자체에서 보조금이 아닌 출연금으로 받기 때문에 자율경영 기반이 이미 구축되어 있었다.

식품진흥원도 2019년도 예산부터 출연금으로 전환해 줄 것을 지자체에 요청했다. 그러나 법적 근거가 없다는 이유로 요청을 받아주지 않았다. 우리는 출연 근거를 만들기 위해 '식품 산업 진흥법 개정안'을 국회에 제출하기로 했다. 정부 입법으로 추진된 식품 산업 진흥법 개정 법률안이 1년여 만에 차관회의에 올라가게 되었는데 총리실 실무자 앞에서 멈춰 버렸다. 제출된 개정안에는 지자체 출연 근거뿐만 아니라 우리 기관 이름을 식품진흥원으로 바꾸려는 조항도 들어 있었는데 총리실 실무자는 "긴급한 법안이 우선이라 명칭만 바꾸는 경미한 법안을 이번 차관회의에 올릴 수 없다."는 것이었다. 우리는 총리실 실무자를 찾아가 개명하려는 것이 주요 방점이 아니라 지자체의 출연 근거를 만드는 것이 방점이며 식품진흥원에게는 매우 중요한 개정 법률안이라는 것을 설명했다. 우여곡절 끝에 차관회의와 연이어 장관회의까지 아슬아슬하게 통과되었다. 20대 국회 임기가 얼마 남지 않은 시점이었기 때문에 이번에 차관·장관회의에 올라가지 못할 경우 21대 국회에 가서 다시 법안 제출부터 국회 심사, 의결까지 몇 년을 더 기다려야 하므로 우리로서는 절실했다.

그런데 국회로 넘어온 개정 법률안은 심의 과정에서 또 한 번 제동이 걸렸다. 조배숙 의원이 제출한 '국가식품클러스터특별법'과 병행 심사가 예견되어 있었는데 병행 심사할 경우 국가식품클러스터특별법이 기재부, 교육부, 행안부, 환경부 등의 거센 반대에 부딪쳐 있는 상태인지라 '식품 산업 진흥법 개정안'조차 함께 처리되지 못할 수 있다고 판단했다. 나는 조배숙 의원을 면담하며 자초지종을 얘기하면서 이번 정기국회 내 농림축산식품해양수산위원회 법안심사 소위에는 국가식품클러스터특별법은 논의하지 않는 것에 동의해 달라고 부탁했다. 조배숙 의원의 양보와 2019년 11월부터 두 차례나 본회의 의결 연기를 거쳐서야 20대 국회 막바지인 2020년 2월 11일 드디어 '식품 산업 진흥법 개정안'이 국회 본회의에서 의결되었다. 기관 이름도 '한국식품산업클러스터진흥원(약칭 '식품진흥원')으로 개명되었고 주목적이었던 지자체 출연 근거도 마련했다.

그렇다고 이것으로 끝난 것이 아니었다. 지자체의 동의를 구하는 일이 아직 남아 있었다. 나는 "출연금으로 전환되면 적정 금액을 저축해 둘 수 있다. 이를 400억 원어치의 보유 장비 수선비로 활용하여 10년이 지나도 새 장비처럼 쾌적한 상태로 유지할 수 있도록 비용 집행의 유연성이 필요하다."고 지자체 실무자들과 도지사, 시장, 도의원들을 한 분한 분 찾아가 설득했다. 그 결과 2021년부터는 지자체에서 출연금으로 받게 되었다. 식품진흥원이 한발 더 도약할 수 있는 계기가 마련된 것이다.

식품진흥원의
동진(東進) 정책

    2020년 8월 태풍의 영향으로 장마 전선이 한반도 전역에 걸쳐 정체 되는 바람에 한 달째 장마가 계속되고 있었다. 식품진흥원이 진주 경상 대와 MOU를 체결하러 가는 길에도 내내 세찬 비가 내렸다. 황창현 푸 드 투데이 대표의 주선으로 경상대 정덕화 석좌교수를 만났는데 그 인 연으로 경상대와 다리를 놔주어 MOU까지 체결하게 되었다.

    식품진흥원은 2018년까지 많은 대학과 MOU를 체결했는데 유독 강 원도, 경상남북도 소재 대학과는 그동안 한 건의 MOU가 없었다. 당시 실무자들의 이야기를 종합해 보면 별다른 이유가 있었던 것은 아니고 단지 지역적 한계 때문인지 원활한 소통이 되지 않았다고 한다. 자칫 고질적인 지역감정 때문에 소외시키는 것처럼 보일 수 있다고 보고 조 속히 동쪽 지역 대학과도 MOU를 추진하자고 제안했다. 사실 국가식 품클러스터는 오직 전라북도에만 있는 유일한 국가 식품 산업단지여서 가지고 있는 장비나 노하우를 전국 대학이나 연구소와 공유할 필요가 있었다.

동쪽 지역 대학들과 연대를 타진한 결과 경북대학교가 2019년 우리와 MOU 체결 의사를 보여 당장 추진했다. MOU 행사장에 마침 경상대학교 석좌교수로 재직 중인 김재수 전 농식품부장관도 초청했다. MOU 자리에서 두 기관이 상호 도움을 줄 수 있도록 하자고 제안했다. 그리고 지속적인 교류가 시작되었다. 이번 경상대와의 MOU는 동쪽에 소재한 대학으로선 두 번째로 체결한 셈이다. 대학들과 맺는 MOU는 산학연 협력으로 식품 산업 발전을 한두 단계 끌어 올릴 수 있는 힘이 있기 때문에 중요하다.

두 건의 동진 정책은 식품진흥원이 어느 곳 하나 빠지지 않고 전국에 협력망을 세웠다는 점에서 의의가 있지만, 어떻게 관계를 발전시켜 나갈 것인지에 대한 숙제도 안았다. 경상대에서 익산으로 돌아오는 길에 진주바이오진흥원과 거창에 있는 이수미팜베리를 들렀다. 바이오진흥원에서는 유보시킨 지자체 출연금으로 오래된 장비를 끊임없이 고치고 부품을 교체하여 최적의 상태를 유지하는 노하우를 배웠고, 거창 이수미팜베리에서는 우리가 추진 중인 푸드파크에 '야외 작은 예식장'을 설치하는 아이디어를 얻었다. 답은 항상 현장에 있다.

공공의 **적**이 되다

2018년부터 매년 늘어난 식품진흥원의 예산이 2020년에 들어서면서 절정기를 맞게 되자 이곳저곳에서 볼멘소리가 들려오기 시작했다. 특히 식품 관련 연구기관들의 견제가 심했는데 아마도 자신들의 연구 영역을 침해할지 모른다는 경계심 때문일 것이라고 생각했다. 한정된 식품 예산을 식품진흥원이 싹쓸이해 버리면 다른 식품 기관들 국가 예산 몫이 상대적으로 줄어들 것 아니냐는 우려였다.

사실 식품진흥원은 국비 비율을 90%로 높이고 국가 예산이 2018년보다 225%나 증가했다. 그러다 보니 다른 식품 기관으로부터 부러움과 함께 시기 질투의 대상이 된 것이다. 그러나 그들의 우려는 그들이 알지 못한 데서 출발했다. 우리 식품진흥원이 다른 식품기관에 피해를 주면서 그들 몫을 빼앗은 것이 아니라 식품진흥원이 추가로 얻어낸 예산 때문에 오히려 식품 국가 예산 규모가 증가한 것이다. 2018년 농식품부 식품 예산은 전년 대비 522억 원이나 감소된 6,929억 원이었으나 식품진흥원 예산이 대폭 증가한 2020년에는 전년 대비 424억 원이 늘어난

7,394억 원이었다. 시기 질투가 아니라 식품 업계의 표창을 받아야 할 사안이었다.

이런 분위기에 편승해 다른 식품기관 일부 구성원들은 "식품진흥원이 외형은 커지는데 내실화가 없다."는 부정적 의견을 비공식적으로 정부와 업계에 확산하고 있었다. 식품진흥원이 공공의 적이 된 것이다.

"식품진흥원이 내실이 없다."는 것은 검사·인증사업의 정확도가 낮다는 주장일 수 있고, R&D 수행 능력이 부족하다는 주장일 수 있다고 우리는 분석했다. 그러나 KOLAS, GMP, ISTA, KELAF, AAA-LACK, 자가품질인증기관 지정 등 국내와 해외에서조차 검사 능력을 인증받았는데도 검사·인증사업의 정확도가 낮다고 주장하는 것은 우리가 국내외 인증 자격을 모두 갖추고 있다는 것을 모르고 하는 소리였다. 또 R&D 수행 능력이 낮다는 주장에 대하여도 식품진흥원은 전문 연구기관이 아니라는 점을 감안하지 않은 비판이라고 생각했다. 식품진흥원은 R&D를 수행할 수 있는 연구원도 그다지 많지 않다. 연구의 특성상 분야별 세분화된 연구 인력을 확보해야 하는데 그러지 못하고 있으므로 R&D 수행 능력이 당연히 낮다. 그렇다고 전혀 안 하는 것은 아니다. 식품진흥원 내에 팀을 이룰 수 있는 몇몇 고품질의 R&D는 수행하고 있지만 주로 생산 과정에서 나타난 제품의 문제점을 개선해 주는 실용화 단계의 기업친화적 R&D를 수행하고 있을 뿐이다.

식품진흥원은 실용화 단계의 R&D를 수행하다가 향후 농촌진흥청, 한국식품연구원과 같은 기초·응용 연구 결과물을 기업과 접목하여

R&D로 특성화해 나가고 그 결과를 마케팅 판로 개척까지 지원하는 R&DB로 발전시켜 나갈 계획이다. 공공기관의 인력 확보가 그리 쉬운 일이 아니고 R&D라는 것이 단시일 내에 역량을 쌓기는 더더욱 어렵다. 그러므로 지금 당장 식품진흥원의 성장을 경계할 필요는 없다. 오히려 더 성장하도록 독려하여 식품 예산 규모가 더 커지기를 바라는 것이 식품 업계에 더 득이 된다.

최근 4년간 농식품부 식품 예산

(단위 : 억 원)

구 분	2017	2018		2019		2020		연평균 증가율 (%)
		금액	전년대비 증감액	금액	전년대비 증감액	금액	전년대비 증감액	
농식품부 예산	14조 4,887 억 원	14조 4,996 억 원	109 억 원	14조 6,596 억 원	1,600 억 원	15조 7,743 억 원	1조 1,147 억 원	2.9
식품 예산	7,451	6,929	△522	6,970	41	7,394	424	△0.3
진흥원 예산	184	123	△61	216	93	395	179	28.9

식품 산업에 부는
변화의 바람

　식품진흥원에 부임한 첫해 산학연 전문가들과 세미나를 수차례 개최하였는데 주요 주제는 '식품 산업과 4차 산업혁명'이었다. 세미나에 참석해 보고 느낀 점은 참석한 식품 기업 관계자들이나 전문가들의 주제에 흥미는 있었으나 아직도 먼 미래 이야기를 듣고 있는 것 같았다. 참석한 식품 전문가에게 식품 산업의 최신 기술이 무엇이 있을까 하여 질문을 던졌다. 그분들은 잠시 망설이더니 "식품에는 최신 기술이 없다. 과거 몇십 년 전부터 해 오던 것들이 지금 부각될 뿐이다."라는 대답이었다. 식품 산업은 새로운 기술이 접목되기에는 매우 보수적인 산업임을 느낄 수 있었다.

　그러나 코로나19로 식품 산업에도 큰 변화가 오고 있다. 인간의 평균 수명이 늘어나면서 65세 이상의 노령 인구가 증가하고 있다. 어느 시대보다 식품을 통해 건강을 유지하려는 관심이 증가하면서 건강 기능 식품의 지속적 성장을 견인하고 있다. 최근에는 BT(Bio Technology)와 결합하여 개인의 식습관과 건강 상태, 유전자 검사를 통해 부족한 기능성 원료를 선택적으로 섭취하는 맞춤형 식품을 선호한다. 작년 4월 식약처에서는 '개인 맞춤형 건강 기능 식품'을 기업들이 시범 운영하도록 승인했다. 이로써 소비자들은 영양사, 약사와 상담 후 맞춤 식품을 소분 포장해 직접 구매하거나 온라인 배송 및 정기구독 신청을 할 수 있게 됐다. 정부는 한 단계 더 나아가 맞춤형 식이설계 플랫폼을 구축하려고 추진 중이다. 이미 구축된 식품, 영양성분, 건강, 의료의 데이터를 활용하여 개인에게 맞는 식사를 제공함으로써 맞춤형 식품 산업을 활성화하겠다는 취지다.

고령화와 노동 인구의 감소는 제조 현장에는 더 절박하게 다가오고 있다. 식품 산업은 대표적인 장치 산업이자 노동집약적 산업이기 때문이다. 식품 기업의 80%가 10인 미만 기업으로, 영세할수록 제조 현장의 노동집약적 성격이 두드러진다. 노동 인구의 감소는 머지않아 제조업에도 심각한 위기를 가져올 것이고 제조업 중에서 임금 단가가 낮은 식품 기업이 위기의 최전선에 서 있다고 볼 수 있다. 식품 제조 기업이 서둘러 스마트 팩토리에 관심을 가져야 하는 이유다. 기업의 지속가능한 생존을 위한 필수 요건이다. 정부는 2022년까지 스마트 팩토리 3만 개 구축을 목표로 보급 확산을 위해 지원을 하고 있다. 벌써 2020년 말까지 이미 2만 개가 구축되었다. 중소벤처기업부에서 발표한 스마트 팩토리 도입 성과는 소규모 기업(종업원 10인 미만, 매출액 10억 미만)이 생산성 향상과 고용, 매출 등의 경영 개선 성과가 더 큰 것으로 나타났다.

더욱이 업종별 분석 결과 식료품 제조업이 성과가 높다는 것이다.

최근 기후 변화, 동물 복지 등 지속가능한 삶에 대한 의식 변화가 세계 트렌드로 나타나고 있다. 육류 및 동물성 단백질 섭취를 꺼리는 소비자가 늘어나고 있으며 다양한 대체식품 시장이 성장하고 있다. 세계 대체식품 시장 규모는 2018년 96.2억 달러에서 2019~2025까지 연평균 9.5% 성장할 것으로 전망된다. 대체식품의 성장 요인으로는 호기심, 지속가능성, 동물 복지, 건강에 대한 관심으로 볼 수 있으며, 식물 기반 제품이 시장의 80%를 넘고 그 이외에 곤충 제품, 해조류 제품, 미생물 제품이 일부를 차지하고 있다. 앞으로는 배양육이나 콩을 기반으로 한 대체제 등 새로운 고단백 원료를 활용한 식육 대체 제품이 성장할 것으로 보고 있다. 식물 베이스의 육류 대체 메뉴가 식물성 패티 등으로 가공되면서 외식 산업으로 영역을 확장하고 있다. 대체 식품과 더불어 배양육에 대한 관심도 높아지고 있다. 배양육은 동물 세포에서 얻은 줄기세포에 영양분을 공급해 실내에서 키워내는 식용 고기를 의미한다.

그간 다소 보수적이었던 식품 업계도 과학의 발달, 소비자 기호의 변화 그리고 코로나19 팬데믹과 함께 다양하게 변화하고 있다. 이러한 환경과 변화에 얼마나 잘 적응하고 진화해 나갈 것인가가 식품진흥원의 과제이기도 하다. 기관의 장으로서 가장 중요한 역할 중 하나가 바로 이것이기도 했다.

포장에서
가장 중요한 것은?

식품 산업에 대해 잘 모르는 사람들은 식품진흥원에서 식품패키징센터를 운영하고 있다고 하면 다들 놀라곤 한다. "아니 포장까지?" 이런 반응이다.

사람이 기초적인 삶을 살아가는 데 필요한 3대 필수 요소는 '의식주(衣食住)'다. 의식주는 일상적인 것이며 늘 우리 가까이에 있다. 그럼 의식주와 더불어 우리가 현대사회에서 가장 흔하게 접하는 것은 무엇일까? 교육 과정에서 나오는 정답은 없다. 그러나 해답을 듣고 나면 고개를 끄덕일 것이다. 바로 포장(Packaging)이다.

옷을 구매할 때 직접 매장을 방문하여 옷을 입어보고 구매를 결정한다. 식품 또한 제품 표기 사항과 가격을 비교해 보고 산다. 하지만 구매한 것들은 결국 포장해 집으로 가져온다. 옷도 포장하고, 식품도 포장한다. 옷과 식품에 적힌 표시 사항도 포장이다. 온라인에서도 주문과 구매를 한다. 온라인 주문 제품은 택배로 배송된다. 이것 또한 포장이다.

제품을 보호하고, 운반을 용이하게 하며, 디자인 기능을 통해 상품

가치를 향상시키는 것이 포장이다. 이런 보호성, 편의성, 판촉성을 포장의 3대 요소라고 한다. 특히 식품 포장은 소비자의 건강과 직결되기 때문에 보호성이 철저하게 보장되어야 한다.

세계 식품 포장 시장은 2017년 315조 원 규모로 연평균 4.5%씩 성장하여 2023년까지 410조 원에 도달할 것으로 보고 있다. 국내 식품 포장 시장도 2017년 2조 659억 원에서 연평균 5.3%씩 증가하여 2023년에는 2조 8174억 원 규모로 성장할 것으로 내다보고 있다. 결코 작은 규모가 아니다. 그러나 사람들은 포장에 대해 큰 관심을 갖지 않는다. 그나마 관심이 있는 사람에게는 "포장은 디자인만 잘하면 성공한다."라는 인식이 팽배하다. 포장의 3대 요소에 해당하는 판촉성을 강조한 것이기에 틀린 얘기는 아니다. 그러나 포장은 한 가지 요소에만 충실해서는 실패할 수밖에 없다. 제품 보호와 이동 수단으로서의 편리성이 더해져야 하나의 완벽한 상품이 등장할 수 있기 때문이다.

우리나라는 아직까지 '포장은 디자인'이라는 등식에서 크게 벗어나지 못하고 있다. 하물며 제품을 생산하고 있는 업계에서조차 이 등식이 통용되고 있으니 포장 산업 발전은 더디고, 선진국과의 기술 격차가 큰 것이 현실이다.

식품 기업에 제기되는 소비자 불만사항 중 대부분이 포장 문제라고 한다. 벌레, 곰팡이, 거미줄과 함께 제품 변질이나 과대포장으로 인한 문제점이 주로 제기되고 있다. 이는 디자인에 치중하여 보호성을 외면했을 때 전형적으로 발생하는 일이다. 만약 제품이 변질되지 않도록 적절한 포장재를 설계하여 포장한다거나 과대포장을 방지한다면 소비자 불만은 그만큼 해소될 것이다. 포장 설계는 엄격한 의미로 디자인보다 중요하다. 기업에서 생산한 제품이 그 상태 그대로 소비자에게 전달되게 하려면 제품 특성에 맞는 기능성을 포장 설계에 반영해야 한다. 이러한 포장 설계 없이 디자인만 강조한 포장이라면 제아무리 잘 만들어진 제품이라도 소비자가 받았을 때 처음 상태 그대로의 모습을 유지하기 어려울 것이다. 특히 사람이 먹는 식품 포장이라면 그 중요성은 더 크다. 식품 고유의 맛과 향을 그대로 보존하여 소비자에게 전달할 수 있어야 하기 때문이다. 특히, 요즘같이 온라인 전자상거래가 활발한 시대에는 제품의 보호와 더불어 편리성을 높인 포장 설계가 더 필요하다.

식품진흥원 식품패키징센터

바나나우유에는
바나나가 없다

달콤한 맛과 항아리 모양의 독특한 용기 디자인으로 대중의 사랑을 받으며 오랫동안 잘 팔리는 '스테디셀러 우유' 하면 떠오르는 것이 바로 빙그레의 바나나우유다. 그런데 이 우유에는 원래 바나나가 전혀 들어 있지 않고 바나나 향만 넣은 제품이었다. 그러다 식약처가 2016년 '원재료 표시 기준 강화' 정책을 발표한 이후 바나나우유에 바나나 과즙을 1% 첨가했다. 이로써 "바나나 우유에는 바나나가 없다."는 등식에 종지부를 찍었다. 그러나 1%의 미미한 바나나 과즙을 넣었다고 해서 맛이 크게 달라지지 않았다. 종전대로 바나나 향이 바나나 맛을 느끼게 해 줄 뿐이다.

왜 사람들은 향만 첨가해도 바나나를 먹는 것처럼 착각하는 것일까? 향료는 제품의 원가나 원료에서 차지하는 비율이 약 0.1% 이하로 아주 작지만 소비자의 제품 구매 결정에 중요한 영향을 미친다. 심지어 제품의 성패를 좌우하는 중요한 역할을 하기도 한다.

2017년 세계 향료 시장 규모는 약 2,980억 달러(약 29조 원)로 추정되며 매년 5% 이상씩 성장하고 있다. 매출액 상위 11개 기업이 전체 매출액의 78.6%를 차지하며 시장을 대부분 점유하고 있다. Givaudan 25%, Firmenich 18%, IFF 16%, Symrise 13% 및 Mane SA 6%로 향료 시장을 주도하고 있다.

향료는 전체 식품 첨가물 시장의 41%의 비율로 식품 첨가물 유형에서 가장 큰 비율을 차지하고 있다. 한국은 향료의 90% 이상을 해외 수입에 의존하는데 국내 시장의 80% 이상을 외국계 회사가 차지하고 있다. 국내 점유율이 낮은 것은 그만큼 향료 시장의 역사가 짧기 때문이다. 국내 기업들은 1990년대 초에야 향료를 본격적으로 연구하기 시작했기에 향료 자원이 풍부한 국가에서 100년 이상 향료를 만들어 온 외국 기업에 밀릴 수밖에 없다.

향료는 크게 식품에 들어가는 식향(flavor)과 향수, 화장품, 세제, 비누 등에 들어가는 향장(fragrance)으로 나눈다. 식품은 가공 공정을 거치며 본래의 맛과 향이 변질될 수 있기 때문에 식향을 이용하여 변질된 향을 마스킹하거나 실제 조리하지 않고도 조리한 효과를 주기도 한다. 또한 천연 이미지를 상승시키고 소비자 기호를 높이기 위해 향을 첨가하는 것이 최근 추세이다. 식향의 경우 가정간편식(HMR) 성장과 친환경제품 확대 추세에 따라 천연향에 대한 필요성이 늘고 있다. 향장은 소비자 니즈의 세분화에 따라 개인화된 소비 트렌드가 각광을 받으며 성장을 거듭하고 있다. 향초, 디퓨저, 섬유향수가 보편화되는 추세이며 최근 전자담배 확산으로 인하여 여러 가지 향을 입힌 새로운 제품이 출시되고 있다.

맛, 영양, 위생 그리고 향까지 뛰어난 제품을 만들고자 노력하는 여러 식품 기업들에게 충분한 지원을 하려면 배우고 연구해야 할 것들이 너무도 많다. 아쉬운 건 시간이었다. 임기 종료일이 다가올수록 마음은 더 급해지기만 했다.

추억은 **향기**로
기억된다

    1979년 TV문학관에 배우 이영하와 선우은숙이 주연으로 나와 우리에게 더 잘 알려진 강신재 원작의 소설 『젊은 느티나무』의 첫 구절은 "그에게서는 언제나 비누 냄새가 난다."로 시작한다. 소설은 첫 구절의 비누 향을 통해 여자 주인공이 남자 주인공에 대한 호감과 사랑, 절망으로 이어지는 소설 전개의 복선을 보여준다.

    배우 정유미는 모 잡지와의 인터뷰에서 "해외 여행을 갈 때마다 여행지에 도착한 첫날 향수를 꼭 하나씩 사요. 그러곤 여행 내내 그곳에서 산 향수만 뿌리죠. 나중에 시간이 지난 후 그곳에서 뿌린 향수 냄새를 맡으면 저절로 그 여행지에서의 추억이 떠오르거든요. 그래서 저에게 향수는 '기억'인 것 같아요."*라고 했다. 정유미처럼 누구나 한번쯤은 특정 향을 맡으면 그와 연관된 사람이나 기억을 떠올리곤 한다.

---

* 『얼루어 코리아』 2016년 11월호. 배우 정유미 인터뷰.

사람들은 무엇 때문에 향을 통해 기억을 떠올릴까? 향으로 사람의 감정과 기억을 떠올리는 것을 프루스트 현상(Proust effect)이라고 한다. 이 현상은 과거에 맡았던 특정한 냄새에 자극받아 그것을 기억하는 것을 말하는데, 프랑스 작가 프루스트의 소설 『잃어버린 시간을 찾아서』에서 유래했다고 한다. 이 작품에서 주인공 마르셀은 홍차에 적신 과자 마들렌의 냄새를 맡고 어린 시절을 회상한다. 이 현상은 2001년 미국 필라델피아에 있는 모넬화학감각센터의 헤르츠 박사 팀이 처음 입증했다. 이러한 현상은 알게 모르게 우리 곁에 존재하며 상품 또는 브랜드를 마케팅할 때 중요한 요소가 된다. 미국 아베크롬비 매장에 들어가면 특유의 시그니처 향과 음악이 어우러져 매장 근처를 지나가기만 해도 아베크롬비가 연상될 정도의 강렬함으로 고객을 맞이한다. 이미 명품 패션 업체들이나 고급 호텔과 같이 민감하게 반응하는 업계에서는 향기를 효과적으로 활용해서 고객에게 고급스럽고 긍정적인 브랜드 이미지를 각인시키려는 노력을 하고 있다.

향기 마케팅은 가격은 높지 않지만 생활에 필수적인 샴푸, 바디워시, 화장품, 치약 등에서 각자의 시그니처가 되는 향에 많이 적용되고 있다. 적은 비용에도 소비자 관심을 끌수 있다는 장점 때문이다. 이러한 현상에 착안하여 LG생활건강은 자사 제품의 향 전문 연구소인 센베리 퍼퓸하우스(Scent Berry Perfume House)를 세우고 향에 대한 연구개발에 매진하고 있다. 이곳은 7,000여 종의 '향 라이브러리'를 갖춘 향 전문 연구소로 제품의 우수성이나 기능만이 아닌 향을 통한 감성 마케팅을 지향하며 화장품, 생활, 건강과 관련한 제품의 가장 맨 끝에서 '향'을 입히는 작업을 하고 있다.

식품 분야에서도 유명한 향기 마케팅 사례가 있다. 던킨도너츠는 2012년도 라디오 광고에서 시내버스 안에 커피향 방향제를 설치하여 구매 욕구를 자극했다. 그 결과 해당 기간 내 매장 방문은 16%, 판매량은 29%나 증가했다고 한다.* 그러나 이러한 향기 마케팅이 오랜 기간 지속되지 못하고 있는데 그 이유는 두 가지다. 첫째는 잔향이 섬유 또는 다른 곳에 남아 좋지 않은 향을 유발할 수 있다. 둘째는 외부 향과 혼합되면서 전혀 다른 향이 생성되기도 한다. 넘어야 할 산은 아직 많다. 하지만 후각을 이용한 '소비자 사로잡기'는 식품 분야에서 앞으로도 지속될 것으로 보인다.

---

* LG Blog. [지금 만나러 갑니다] 향으로 사람 마음을 움직이는 LG생활건강 김후덕 팀장. http://www.lgblog.co.kr/lg-story/lg-people/201

1인 가구 시대에
각광받는 **HMR**

요즘 TV채널을 돌리다 보면 소위 먹방 프로그램을 적잖이 접할 수 있다. 다양한 종류의 식재료를 가지고 상상조차 할 수 없는 음식을 뚝딱 만들어 내고, 또 그 요리를 연신 맛있게 표현하며 즐기는 사람들을 보면 한번 먹어보고 싶다는 생각이 절로 든다. 보릿고개의 배고픔에 들판에 나가 나물을 캐 먹으며 허기를 달랬던 때와 비교하면 참으로 격세지감이 느껴진다.

전 세계적으로 불황인 지금, 대한민국도 예외는 아니다. 금융 위기, 가계 부채 증가, 청년 실업률 증가, 물가 상승 등 다양한 원인으로 소비 심리가 위축되고 경제 활동이 제한되어 삼포세대(연애, 결혼, 출산을 포기한 세대)가 출현하게 되었다. 또 기성세대의 고령화 인구와 이혼율도 증가하고 있다. 그 결과 우리 사회는 1인가구가 점점 늘어나고 있다. 이러한 위기가 식품 산업에서는 기회로 변모하고 있다.

1인가구는 1990년 9.0%에서 2015년에 26.5%로 급증했으며 2035년에는 34.3%에 이를 것으로 전망된다. 앞으로 약 17년 후에는 전체가구의 3분의 1 이상이 1인가구라고 예측하고 있다. 1인가구가 증가함에 따라 기업은 이들을 겨냥한 제품을 집중 개발해 판매하는 솔로 이코노미가 활발해지고 있다. 혼밥족(혼자 밥먹는 사람), 편도족(편의점 도시락을 먹는 사람), 알봉족(낱개 포장된 소단위 식료품을 애용하는 사람) 등 다양한 신조어가 생기는 것도 이와 무관하지 않으며, 이를 대표하는 제품이 바로 가정간편식(HMR: Home Meal Replacement)이다. HMR은 한 끼 식사를 해결 할 수 있는 편의식품, 조리 완제품으로 기존의 복잡한 가정식을 대체할 수 있는 편의식품이라 할 수 있다.

국내 식품 산업의 핵심 트렌드인 HMR은 2008년 이후 연평균 9.7%의 높은 성장세를 보이고 있다. 2017년 국내 HMR 식품 시장은 2조 7,000억 원으로 전년 대비 51.8% 성장할 정도로 가파른 상승세를 기록했다. 세계적으로도 HMR 시장은 2015년 82조 원 규모로 일본과 유럽을 중심으로 시장 성숙기 단계에 있으며 미국은 메뉴의 다양화와 건강식 위주로 지속적으로 성장하고 있다.

HMR은 식품 산업의 진흥과 부가가치 향상을 위한 미래 유망 식품 산업으로, 정부의 선제적 육성과 지원 정책이 필요하다. 농식품부는 이미 HMR의 중요성을 알고 2017년 '고부가가치 미래성장 농식품 산업 육성방안'을 발표하여 간편식 품목의 집중 육성과 국가식품클러스터의 활성화를 통해 식품 산업의 기반을 강화하겠다고 밝힌 바 있다. 또한 올해 '제3차 농식품부 식품 산업진흥기본계획'을 발표했는데 미래 유망 분야에 대한 선제적 육성을 위한 세부 과제로 HMR, 포장산업 육성 등이 포함되었다.

HMR 식품의 가공·저장, 조리 편의, 냉·해동, 포장 기술의 개발에는 전자, 화학, 기계 등 이종 산업과의 융·복합 연구가 필수적이다. 식품진흥원에는 이미 식품의 기능성·품질·포장 분석과 시제품까지 생산이 가능한 기업 지원 시설이 310억 원어치가 구비되어 있고 앞으로도 연차적 추가 구비를 통해 450억 원가량의 시설장비를 구비할 예정이다. 이러한 시설에 이종 산업 간 유기적인 통합 연구와 정책 지원이 더해진다면 미래 유망 사업인 HMR의 선도와 글로벌 경쟁력 확보가 가능할 것이다.

이런 산업적 요구에 비춰볼 때 국내 첫 식품 산업단지인 국가식품클러스터 내에 'HMR혁신연구센터'를 설립한 것은 매우 바람직한 일이다. HMR 식품 핵심 기반기술 개발을 통해 글로벌 경쟁력을 확보하여 지속가능한 기업의 혁신 성장 발판을 마련하는 데 큰 역할을 할 것이다.

밀키트, 식품 산업의
신성장동력

얼마 전 선술집에서 추억의 도시락 메뉴를 보고 학창 시절이 떠올라 주문해 보았다. 잠시 후 누런색의 양은 사각그릇 도시락이 나왔다. 뚜껑을 열어 보니 고소한 참기름 향이 코를 찌르고 빨간 소시지에 볶음 김치와 멸치, 김가루와 달걀 프라이가 밥과 함께 버무려져 있다. 그 옛날 교실에서 친구들과 함께 난로 위에 데워진 도시락을 먹던 맛이 느껴졌다.

코로나19가 유행한 지도 벌써 2년이 가까워 온다. 지난 1년은 우리 삶에 많은 변화를 가져왔다. 일터에서는 재택근무와 화상회의가 활성화되었고, 학교 수업은 온라인 수업으로 대체되었으며, 가정에서는 온라인 주문·배송이 증가하는 등 바뀐 문화들이 점차 일상화되고 있다. 경제 불황의 어두운 터널이 끝이 보이지 않지만 인간은 먹고살아야 하기에 가정간편식과 기능성 식품 등을 필두로 식품 산업은 오히려 호황을 맞고 있다. 위기 속에서 기회를 찾으려는 식품 기업들의 몸부림도 거세지고 있다.

사람들이 집에 있는 시간이 길어지고 같이 모이는 식사 자리가 점차 줄어들면서 가정간편식에 대한 수요가 폭발적으로 늘어나고 있다. 농림축산식품부에 따르면 국내 HMR 시장 규모는 2013년 1조 6,000억 원에서 2020년 4조 원을 돌파했고 2022년에는 5조 원까지 확대될 것으로 전망하고 있다. 세계 HMR 시장도 2015년 약 1,577억 달러에서 2022년 약 1,990억 달러까지 성장할 것으로 전망하고 있다. 식품 선진 국인 일본도 2017년에 이미 100조 원을 돌파했을 만큼 HMR 시장은 지속적으로 성장하는 미래 먹거리 사업이다. 누구나 쉽게 한 끼 식사를 해결할 수 있는 HMR도 코로나19 이전과 이후로 경계선이 생겼다. 코로나19 이전에는 1인 가구나 혼밥족이 주로 이용하는 집밥 대체식으로 가공밥, 소스류 등의 조리 완제품이 HMR의 대부분을 차지했다. 단어 그대로 비축 식량으로 단시간에 간편하게 먹는 제품이 대세였다.

그러나 코로나19 이후 사람들이 집에 있는 시간이 길어지면서 간편하면서도 신선하고 건강도 고려하며 요리하는 즐거움도 찾을 수 있는 제품을 찾게 되었다. 그래서 폭발적인 인기를 얻게 된 HMR이 바로 밀키트(Meal Kit)다.

밀키트는 Meal(식사)+Kit(세트)의 합성어로 식사 세트를 의미한다. 사전에 손질된 신선식 재료와 레시피가 담긴 반조리 식품으로 누구든지 매뉴얼에 맞춰 끓이거나 볶기만 하면 15분 내 조리가 가능한 신선한 HMR이다. 최근에는 고급 식재료를 활용한 프리미엄 제품도 시중에 등장하여 많은 인기를 끌고 있다. 식품업계에 따르면 국내 밀키트 시장은 2018년 200억 원에서 2020년 2,000억 원으로 10배나 급격하게 성장했고, 2021년에는 3,000억 원 규모의 시장을 형성할 것으로 전망하고 있다. 미국의 밀키트 시장은 2018년에 이미 3조 5,340억 원을 기록할 정도로 사업이 안정화되었으며 2025년까지 16조 7,034억 원 규모로 성장을 전망하고 있다. 밀키트는 초기 일부 벤처기업의 스타트업 제품으로 시작되었으나 CJ, 동원 등 식품 대기업과 신세계, GS리테일 등 대형 유통사가 뛰어들 만큼 성장 가능성도 무궁무진하다.

2019년 NS홈쇼핑이 주관한 요리 경연대회에서는 밀키트를 주제로 아마추어 셰프들이 실력을 뽐냈다. 행사주최자였던 김홍국 하림그룹 회장은 "식품 기업들이 시판하고 있는 밀키트 가격은 가정에서 동일한 요리를 했을 때 드는 재료비보다 싸다."며 자체 분석한 자료를 근거로 얘기해 주었다. 만약 샤브샤브를 만들기 위해 여러 가지 야채와 해물, 고기를 사야 하는데, 적정량만 파는 것도 아니고, 쓰고 남은 재료는 다시 활용하기 곤란하다는 측면에서 분석한 것이다.

이처럼 밀키트는 HMR 제품 중 농산물 원물 사용의 비율이 높다. 제품의 신선함과 건강을 생각하는 소비자에게 국내 친환경 농산물을 공급할 수 있는 장점도 있다. 그래서 밀키트 성장이 농업 성장도 견인하는 선순환의 이상적인 사업 모델이 될 것으로 보고 있다. 또 밀키트는 소비자가 집콕을 하더라도 맛있는 음식을 언제든지 즐길 수 있는 RM-R(Restaurant Meal Replacement)도 가능하다. 유명 셰프가 운영하는 레스토랑이나 맛집을 방문하지 않더라도 그들의 레시피나 요리 비법을 구현해 낸 다양한 밀키트 제품이 앞다투어 시장에 출시되고 있다. 시장에서의 경쟁 덕분에 밀키트 기술은 날이 갈수록 발전하고 있다. 또 소비자의 취향에 따라 다양한 제품 수요가 증가하고 있기 때문에 새로운 식품산업 성장 동력으로 자리매김할 수 있을 것으로 보인다.

100세 나이에도
씹고 뜯고 맛보고 **즐기고**

　"씹고 뜯고 맛보고 즐기고~" 가끔씩 우리가 자신도 모르게 흥얼거리는 유명 잇몸약 CM송이다. 나이가 들수록 이 광고 문구가 남 일 같지 않을 것이다. 현대인에게 먹거리는 생존의 기본 요소인 동시에 즐거움과 행복을 주는 삶의 활력소이다. 그런데 노화로 인해 음식을 제대로 즐기지 못한다면 남은 인생은 불행할 것이다. 인간은 노화가 진행되면서 음식을 씹는 기능과 삼키는 기능이 저하된다. 씹는 기능이 시원찮으니 몇 번 씹지 않고 그냥 삼키는 경우가 많은데 이 때문에 연하(嚥下)장애가 많이 발생한다고 한다. 연하장애는 음식물이 구강에서 식도로 넘어가는 과정에 문제가 생겨 음식을 원활히 섭취할 수 없는 증상으로 실제 노인 3명 중 1명꼴로 이 질병을 가지고 있다고 한다.

　통계청에 따르면 2020년 현재 우리나라의 65세 이상 고령인구는 15.7%를 차지하고 있으며, 2025년에는 20.3%, 2060년에는 43.9%로 증가할 것으로 예상하고 있다. 이에 정부가 2017년에 고령 친화 식품의 한국산업표준(KS)을 제정하며 선제적 대응을 했음에도 불구하고, 여전히 대다수의 식품 기업이 고령 친화 식품 산업에 본격적으로 뛰어들지는 못하고 있다. 우리보다 먼저 초고령화 사회로 진입한 일본은 2002년에 개호식품(介護食品: 고령 친화 식품의 일본식 명칭)협회를 설립했고 2003년에는 식품의 경도와 물성을 기준으로 고령 친화 식품을 4단계로 구분한 '유니버설 디자인 푸드(UDF)'를 제정했으며 2014년에는 경도와 점도에 영양성분까지 더해 7단계로 나눈 '스마일 케어 푸드'를 제정하여 시장을 선도하기 위한 체계를 마련했다. 2018년 기준 1만 9,285개의 고령 친화 식품이 일본 개호식품협의회에 등록되어 있다. 일본 노인의 생활 방식, 건강 상태 등에 맞는 유동식(씹지 않고 그대로 삼킬 수 있는 음식)뿐만 아니라 햄버거, 덮밥, 점도 조정 식품과 근육 감소를 고려한 단백질 공급 식품까지 다양한 제품이 출시된 것이다.

2019년 일본의 고령 인구는 28.4%에 달하며, 특히 1인 고령 가구의 증가로 레토르트 형태의 가정용 고령 친화 식품 수요가 증가하고 있어 업체마다 앞다투어 한층 더 좋은 제품들을 출시하고 있다.

이에 반해 우리나라는 식품 시장에서 아직 고령 친화 식품을 시중에서 찾아볼 수 없다. 그나마 유사 식품군으로 어린이를 대상으로 한 유동식인 요구르트, 홍삼 제품 등이 시판되고 있는 실정이다. 우리나라도 2025년에는 고령 인구 20%를 넘어 초고령 사회로 진입할 것이 예상되므로 '노인 삶의 질 향상'이라는 측면에서 고령 친화 식품 산업의 활성화에 박차를 가할 필요가 있다.

식품진흥원은 이미 구축된 기업 지원 시설을 활용하여 노인 맞춤형 HMR(가정편이식) 도시락, 저분자 바이오 제조 기술을 이용한 흡수 용이 식품, 고령자 근육 강화용 제품 개발 등 식품 기업과 고령 친화 식품의 공동 연구를 진행하고 있다. 또한 현재 구축중인 HMR기술센터, 기능성식품제형센터가 준공되면 실버 HMR 기술 개발은 물론 노인이 섭취하기 쉬운 식품 제형에 관한 연구에도 박차를 가할 것이다. 식품진흥원은 2021년 3월에 '고령친화우수식품지원센터'로 지정되었다. 실버 푸드, 실버 건강 기능 식품 개발 및 컨설팅과 우수 기업 사업자 선정, 우수 제품 인증 등의 사업도 하게 된다. 미래 유망 식품 산업의 메카인 식품진흥원은 고령 친화 식품 산업도 선도할 전망이다. 100세에도 '씹고 뜯고 맛보고 즐길' 수 있는 시대를 식품진흥원이 함께 열어갈 것이다.

'뽀로로 젤리 영양제'가
곧 출시된다

"오늘밤 주인공은 나야~ 나!" 격렬한 퍼포먼스를 마치고 무대에서 내려온 인기 아이돌 그룹 워너원이 수분과 체력을 보충하기 위해 비타민 음료를 마시며 정면을 응시하고 살짝 윙크를 한다. 사직서를 항상 가슴에 품고 사는 직장인 조정석은 상사의 잔소리에 버틸 만큼 버텼다며 가슴에 손을 넣는 순간 가족 사진이 눈에 들어온다. 그는 가슴에서 뭔가를 꺼내 책상 위에 '탁' 하고 내리치며 말한다. "홍삼스틱 먹고 기운 내서 열심히 하겠습니다." 한때 한창 인기 있는 TV광고 CF 장면이다.

그들은 왜 비타민을 음료로 마시고, 홍삼을 스틱으로 먹을까? 광동제약은 비타민을 과립이나 정제 형태로 먹는 고정관념을 깨고 음료 형태로 바꿔 '비타500'을 출시했다. 출시 첫해인 2001년 53억 원의 매출을 시작으로 매년 100% 성장을 거듭하여 단일 품목으로 연간 1,000억 원대의 매출을 올리는 스타 상품이 되었다.

KGC인삼공사는 홍삼 농축액을 액상 형태의 스틱 포장인 '홍삼정 에브리타임'으로 바꿔, 출시 4년 만에 1,300억 원의 매출을 올리며 선풍적인 인기를 구가하고 있다. 먹기 편하고 휴대도 간편하다 보니 2,30대 젊은 층의 선호도가 높아졌고, 해외 출장이나 여행을 가는 일반인들이 많이 찾는 등 전세대에 걸쳐 대표 건강 기능 식품으로 자리를 잡았다.

건강 기능 식품에서 제형(劑形)은 '섭취가 용이하도록 제조·가공된 모양'이라고 정의된다. 말 그대로 먹기 편한 형태를 가진 제품인 것이다. 그러나 제형에 따라 제품의 부가가치가 결정된다면 결코 가볍게 생각해선 안 된다. 기능성 식품에서의 제형은 단순히 모양을 만드는 기술이 아니다. 기능성 성분의 안정성, 용해도, 첨가제와의 상호작용 등 물리 화학적 성질을 고려해야 한다. 또 보관 중에 빛, 수분, 온도 등 주변 환경으로부터의 안전성과 소비자의 선호도까지 반영해야 하는 복합적인 고도 기술의 결실이 바로 제형이다. 이뿐만 아니라 개봉할 때의 편이성이 제품의 효능과 안전에 대한 고객들의 척도가 되기도 한다. 이 때문에 제형 개발에는 오랜 시간과 많은 비용이 투입된다.

우리나라 '건강 기능 식품 기준 및 규격'에 당초 6종(분말제, 과립제, 정제, 경질캡슐, 연질캡슐, 환)의 제형으로 정의되었으나 소비자의 요구를 반영하여 2016년 12월에 7종(액상, 편상, 페이스트상, 시럽, 젤리, 바, 필름)을 추가하여 현재 총 13종 생산이 가능해졌다. 이에 국내외 선진 기업들은 '이색 제형 전쟁'에 돌입하여 젤리형 영양소 제품이나 스틱 젤리 제품, 소프트·하드 캡슐형 유산균 제품 등 기존의 상식을 깬 독특한 제품을 잇달아 출시하여 소비자에게 접근하고 있다.

그러나 이는 일부 대기업에 국한된 이야기로 건강 기능 식품을 생산하고 있는 대다수의 기업들은 영세하여 제형 개발에 투자할 여력이 없다. 설사 제형 기술을 보유한 전문 위탁 생산기업(OEM, ODM 방식)을 활용하여 투자한다 하더라도 그들은 매출 규모가 불확실한 중소기업(매출 100억 미만, 전체 규모의 약 94% 기업)을 위해 새로운 시설 도입과 기술 노하우 전수가 어렵고 경제성도 낮다고 판단하여 위탁 생산은 가급적 하지 않고 있다.

기업 지원을 위한 공공기관과 지자체 연구소가 보유한 장비(총 2,800여 종) 중 제형 관련 장비는 단 54종 뿐(2% 미만)이며, 그나마도 도입 시기가 2008~2012년으로 식약처의 제형 확대 정책 이전 장비가 대부분이다. 결국 기업은 소비자의 구매력을 자극하는 제형 개발을 위해 투자도 어렵고 인프라도 부족하여 영세성의 악순환이 반복되고 있는 실정이다.

식품진흥원은 건강 기능 식품 기업들의 요구가 제형 개발이라는 것을 간파하고 2019~2023년까지 총 176억 원을 투입하여 국가식품산업 클러스터 내에 '기능성식품제형센터'를 건립할 예정이다. 그 곳에서 중소기업들이 소비자 니즈에 맞는 맞춤형 제형 개발을 할 수 있도록 기술을 지원하고 적합성 평가와 시제품 제작을 통해 제형 기술의 토대를 마련할 것이다. 또 개발된 제형 기술의 보급을 위한 가이드라인도 구축하여 국내 기업이 글로벌 건강 기능 식품의 제형 시장을 선점할 수 있도록 지속적인 모니터링 시스템도 준비할 예정이다.

식품진흥원은 건강 기능 식품의 고부가가치 창출 플랫폼을 만드는 것은 물론이고, 글로벌 경쟁력을 높여 식품 산업 발전에 이바지할 수 있도록 모든 역량을 쏟아부을 준비가 되어 있다. 국가식품클러스터에서 '뽀로로 젤리 영양제'가 생산될 날을 기대해 본다.

소스는 식품 산업의
미래다

중학생 때 결혼을 앞둔 누님이 예비 매형을 소개해 준다며 경양식집에 데리고 갔다. 경양식집은 당시로선 보기 드문 돈가스, 햄버그스테이크, 생선가스, 오므라이스와 같은 서양식 메뉴가 있는 근사한 레스토랑이었다. 그곳에서 돈가스라는 신기한 음식을 처음 맛보았는데 빵가루를 입혀 바싹하게 튀긴 고기에 소스를 얹은 음식이 생소했지만 내 입맛을 사로잡았다. 더욱이 북적거리는 음식점이 아니라 잔잔한 음악과 품격 있는 분위기에 취해 나도 모르게 어깨가 으쓱해졌다. 이런 곳에서 밥을 사주는 예비 매형이 더욱 멋져 보였다. 아마 매형은 나의 이런 감동을 노렸을 것이다.

당시에는 외식이 흔하지 않은 시대였고 보통 삼시세끼는 국에 밥을 말아 먹거나 볶아 먹고 비벼 먹었던 시대라 돈가스처럼 요리 위에 소스를 끼얹어 먹는 방식이 신기했던 시절이었다. 그런데 수십 년이 지나는 동안 서양의 각종 요리들이 우리 입맛을 공격하면서 우리도 자연스럽게 주요리 위에 소스를 얹거나 찍어먹는 음식 문화가 자리잡았다. 요즘 젊은이들

사이에는 '부먹 찍먹'이 일상 통용어가 되고 있으니 말이다.

소스는 라틴어로 `소금물`을 의미하는 'Salsus'에서 유래했는데, 음식의 풍미를 더해 주거나 식욕을 돋우는 역할을 하며 식재료가 가지고 있는 맛을 한층 더 도드라지게 하는 역할을 한다. 고대 그리스에서는 치즈나 기름이 소스에 사용되었으며 커민(Cumin)*으로 향을 냈다고 한다. 서양 요리의 전성기였던 로마 시대에는 소스에 많은 향신료를 사용하였는데 후추, 고추, 민트, 잣, 건포도, 당근, 꿀, 오일, 식초, 와인 등 시고 달콤한 양념이 사용되었다. 중세 후반기에 들어서 봉건 귀족 계층이 형성되고 동방 향신료가 들어오면서 음식 문화와 함께 소스도 크게 발전하였다. 1553년 프랑스 국왕 앙리 2세가 이탈리아 피렌체 명문인 메디치가의 카트린과 결혼하면서 카트린이 피렌체 출신의 요리사들과 함께 프랑스로 갔고, 메디치가의 조리법과 향신료가 프랑스에 전수되면서 소스와 함께 프랑스 요리가 크게 발전하였는데 서양 요리의 대명사처럼 지칭되고 있다고 한다.

서양 요리에서 소스는 프랑스의 천재적인 요리사 마리 앙투안 카렘(Marie Antoine careme, 1783~1833)이 4대 모체 소스 베샤멜(Bechamel), 알믕드

---

* 커민은 미나리과에 속하는 식물 씨를 이용해 만든 향신료. 중동요리에 사용되는 중요한 향신료로 케밥 특유의 향을 낸다. 다른 향신료의 향을 모두 감출 정도로 강하면서 톡 쏘는 자극적인 향과 매운 맛이 특징이다. 이집트, 그리스·로마시대부터 커민을 후추처럼 육류요리에 뿌려서 먹었다. 중세 유럽에서 사용된 가장 일반적인 향신료 중 하나다.

(Allemande), 에스파뇰(Espagnol), 벨루테(Veloute)로 분류하던 것을 '요리의 제왕'이라 불리는 오귀스트 에스코피에(Auguste Escoffier : 1846~1935)가 한 층 더 분류를 발전시켜 5대 모체 소스 개념을 확립했다. 현재까지 서양 요리에서 두루 쓰이는 베샤멜, 에스파뇰, 벨루테, 토마토(Tomato), 홀랜다이즈(Hollandaise)가 바로 5대 모체 소스이다.

동양에서는 우리나라의 된장, 고추장, 청국장과 중국의 두반장과 춘장, 일본의 낫또와 미소 등 콩을 발효한 다양한 장류를 주요 소스로 볼 수 있다.

요리뿐만 아니라 식품 산업에서도 소스 가치는 점점 높아지고 있다. 최근 국내 소스 시장은 된장, 간장과 같은 전통 소스를 기반으로 한 시장뿐만 아니라 새로운 트렌드에 맞는 신규 제품들로 확대되고 있는데, 다양한 소스가 활용되는 HMR 제품의 성장세와 '밀레니얼 가족*'을 겨냥한 초간편 소스 제품 시장과 한식 세계화와 홈쿡 트렌드에 맞물려 소스 시장이 성장하고 있으며 수출도 급성장하고 있다. 국내 소스 시장은 연평균 약 5% 이상 성장하고 있는데, 2020년 1조 3,702억 원에서 2024년 1조 4,355억 원에 이를 전망이다. 2013~2018년 고추장과 간장의 국

---

* 김난도 교수의 『트렌트 코리아 2019』에서 언급된 용어로 1980년대 초반부터 2000년대에 태어난 밀레니얼 세대가 결혼을 통해 꾸린 가족.

내 시장 규모는 각각 15.3%, 5.3% 감소하였으나, 테이블 소스* 시장 규모는 2017년 7,122억 원에서 2020년 7,383억 원으로 커졌으며 2024년 7,661억 원에 이를 것으로 보인다.

2020년 한국산 소스류 수출은 전년 대비 25.8% 증가한 3억 172만 달러로 역대 최고치를 달성했다. 아마존 시즈닝 신제품 판매 부문 1위에 '김치맛가루'가 올랐고, 미국 유명 햄버거 체인인 쉐이크쉑(Shake Shack)은 신제품으로 '고추장 소스 햄버거'를 런칭하는 등 한국산 소스에 대한 관심도가 높아지고 있다.

진흥원은 식품 산업에서 소스의 중요도가 앞으로 더욱 커질 것으로 보고 소스 산업을 육성하기 위해 소스산업화센터를 2019년 개소하였다. 현재 발효 원료를 기반으로 한 소스 산업 육성을 목표로 기업들의 애로사항을 지원하고 있으며, R&BD 허브로서 기능을 확대하고 있다. 또한 우수 장비와 인력 기반의 기업 친화적인 환경을 조성해 국내 소스와 장류산업 발전 지원에 힘쓰고 있다.

---

* 소스 시장은 크게 쿠킹 소스, 테이블 소스, 염장식품으로 구분된다. 테이블 소스는 케찹, 마요네즈, 간장, 칠리 소스, 돈까스 소스 등 식탁 위에 두고 사용하는 소스를 말한다.

한 알 식사가
가능할까?

코로나19가 일상이 되면서 우리를 포함한 세계 경제 지표가 퇴보했지만 그나마 다행인 분야가 있다. 전 세계적으로 집콕 생활이 늘면서 식품 산업은 큰 타격을 입지 않고 소폭 상승 추세. BTS, K-드라마에 편승해 K-푸드의 해외 인기도 동반 상승하고 있다. 영화 〈기생충〉을 통해 일약 K-푸드에 등극한 농심의 짜파구리, 만두의 원조인 중국을 제친 CJ 비비고 만두, 치맥, 떡볶이 등 자동차도 아니고 휴대폰도 아닌 한국의 평범한 식품이 해외에서 각광을 받는 한해였다. 농식품부 발표자료에 따르면 2020년 농식품 수출액은 전년 대비 7.7% 증가한 8조 3,648억 원으로 역대 최고치를 기록했다.

그런데 2012년부터 2년마다 발표되는 우리나라의 기술 수준 발표 자료에 따르면 2018년 농림식품 기술 수준은 최고 기술을 보유한 미국 대비 80% 수준으로 농식품부는 2024년까지 84.6%까지 기술 수준을 끌어올릴 계획을 발표하였다. 4.6%의 기술 격차를 줄이기 위해 정부 차원에서 종합계획을 수립해야 할 정도로 기술 격차 1%는 엄청난 것이다.

그러니 개별 식품 기업이 독자적으로 이런 격차를 줄이는 것은 쉽지 않다.

농식품부의 2020년 식품외식산업 주요 통계 자료에 따르면 식음료 제조업체 중 종업원수가 300명 이상인 업체는 1.1%인 62개사이며, 매출액이 100억 원 미만 기업이 전체의 73.7%로 우리나라 대부분의 식품 기업은 아직도 영세하다.

짜파구리, 만두, 떡볶이와 같이 성공한 K-푸드도 고도의 기술이 아니다. 가장 한국적인 아이디어 상품일 뿐이다. 식품진흥원은 기술 개발을 통해 중소기업은 중견기업으로, 중견기업은 대기업으로, 대기업은 초일류기업으로 성장시키는 것을 목표로 삼아 왔다. 식품진흥원에는 약 400억 원어치 검사·분석·생산 장비와 12개 연구 시설을 갖췄거나 갖출 계획이다. 또 미래 사업으로 기능성 식품, 바이오 식품, 고령 친화 식품, 맞춤형 식품, 가정 편의식, 친환경 패키징을 중점 추진 사업으로 선정했다. 스마트 팩토리, 식품 빅데이터 구축도 지속적으로 추진하려고 한다. 이뿐만 아니라 젊은이들이 다양한 아이디를 실증해 보도록 자원 공유 개방과 청년 인재 양성, 벤처 창업 촉진 등도 추진한다. 기업이나 청년들이 식품진흥원의 이러한 방향과 자신의 사업을 접목하여 추진한다면 원가 절감뿐만 아니라 신제품 개발도 쉽게 할 수 있다. 머지않아 우주 시대에 걸맞게 한 알만 먹으면 영양이 충분하면서 하루 종일 배도 고프지 않는 꿈같은 제품도 내놓을 수 있을 것이다. 정말이지 식품 산업의 미래는 무궁무진하다.

세계 식품 시장 추세와
향후 10년

국가식품클러스터 마스터플랜이 2012년에 수립되었는데 당시만 해도 세계 식품 시장은 2020년에 6.4조 달러 규모로 성장할 것으로 전망했다. 그러나 그보다 빠르게 2017년에 벌써 6.2조 달러로 성장하였으며 (시장조사 전문기관 GlobalData), 2020년에는 7.2조 달러를 돌파하여 당초 예상보다 빠르게 성장하고 있다.

또한 마스터플랜에서는 세계의 식품시장이 EU에서 아시아-태평양으로 이동할 것으로 예측했는데 at(한국농수산식품유통공사)의 식품 산업 통계정보에 따르면 2015년을 기점으로 아시아-태평양 지역(34.6%)이 EU(32.4%)를 역전하여 가장 큰 시장이 되었다. 또한, 2020년에는 약 7% 정도의 시장 규모(아시아-태평양 36.9%, EU 31.0%) 차이가 날 것으로 예측하고 있어 아시아-태평양 지역의 시장 비중은 점점 더 커질 전망이다.

한편 국내 식품 산업(식품제조업, 외식산업) 시장 규모(농림축산식품주요통계, 농식품부〈2019〉)는 2010년 131조 원에서 2018년 230조 원으로 시장규모가 8년 만에 약 100조 원(약 75%)이나 증가하였고 수출액도 10년 전 58.8억 달러에서 2020년 75.7억 달러(잠정치)로 약 29%가 증가하였다. 또한 2018년 1조 원 이상 매출액을 달성한 업체도 2010년의 15개사에서 8개사가 증가한 23개사가 되었다.

이렇게 시장이 확대되는 분위기 속에서 2020년 초에 발생한 코로나19는 식품 산업에 많은 영향을 주었다. 사회적 거리두기가 시행됨에 따라 외식 지출(10.4%)이 줄고 HMR, 라면, 육가공품, 건강 기능 식품의 구입은 늘어났으며 비대면 온라인 식품 구입과 음식 배달 서비스 주문이 2019년 동기간 대비 각각 47.7%, 77.7% 증가하였다. 해외에서도 '면역력', '김치'에 대한 구글 검색량이 급격히 증가하였는데 이는 김치의 면역력 강화 홍보 등에 따른 것으로 이와 함께 김치 수출은 1억 4,450만 달러로 전년 대비 37.6%로 대폭 증가했고, 면역력이 과학적으로 입증된 홍삼 제품의 수출액도 전년 대비 14.7% 증가하였다. 이러한 코로나19 팬데믹은 소비자의 건강한 식품 구매 욕구를 강화하는 계기가 되어 기존의 건강 기능 식품 시장의 확대(2019년 건강 기능 식품 매출액 2.9조 원으로 전년 대비 17% 증가)뿐만 아니라 일반 식품의 기능성 표시 식품 제도의 활용 확대를 앞두고 있으며 개인의 건강과 선호를 반영한 유형별 식품 시장(개인 맞춤형 식품) 또한 서서히 기지개를 켜고 있다.

이러한 개인 맞춤형 식품은 고령 인구(2025년 초고령 사회로 진입)의 증가에 따른 연화나 저작 등이 불편한 고령자용 '고령 친화 식품' 시장, 당

뇨 등 특정질환의 경계에 있는 개인의 건강관리를 위한 '메디푸드' 시장, 그리고 일반인의 건강한 식생활을 위한 맞춤형 식품(식단)이라고 말할 수 있는데 이러한 식품은 '건강'한 식품을 찾는 소비자의 요구에 따라 식품시장의 트렌드로 떠오르고 있다.

건강 트렌드와 함께 중요한 식품 산업 트렌드 중 하나는 편의성에 기반을 둔 가정 간편식(HMR)이라고 할 수 있다. 가정간편식 식품 시장의 확대는 코로나19 요인 외에도 1인가구의 증가(1인가구의 비중이 2021년 30.8% 차지)라는 사회적 변화와 관련이 크다. 가정간편식 시장 규모는 2019년 4.2조 원(식약처)으로 전년보다 13.4% 성장하였다.

가정간편식에 대한 KREI의 빅데이터 분석 결과 소비가가 중요시하는 특성은 편의성, 품질(위생), 다양성, 건강, 가격, 윤리적 소비 순으로 조사되었는데 편의성은 가정간편식의 대표적인 특성이고 품질은 위생과 함께 식품에 있어 필수적인 요소라고 한다면 '건강'과 '다양성'이 치열한 가정간편식 시장에서 차별화가 가능한 부분이라고 할 수 있다.

향후 또 하나의 트렌드로 자리 잡을 수 있는 것이 '윤리적 소비'라고 할 수 있다. 윤리적 소비란 환경과 사회에 바람직한 방향으로 소비하는 행위를 말하며 착한 소비라고도 한다. 편의성을 중요시하는 가정 간편식에서 환경에 부담을 주는 플라스틱의 소비가 빠르게 늘어가고 있어 부담이다. 따라서 식품 산업에서도 정부의 저탄소 경제 전환과 소비자의 윤리적 소비 기준을 충족하기 위하여 친환경 패키징 적용, 친환경

식품 개발 등의 준비에도 박차를 가해야 한다.

'건강', '편의성', '윤리적 소비' 외에도 기술의 융복합 촉진을 통한 식품 산업의 스마트 팩토리 적용과 식품 제조 신기술의 개발 등이 정책적으로 지원이 필요한 상황이며, 우리가 10년 전 세계 식품 시장의 확대를 예상하여 국가식품클러스터를 계획했던 것처럼 향후 10년 후의 대한민국의 식품 산업을 준비해야 할 시기가 바로 지금이다. 양쪽의 중요한 두 10년 사이에 딱 가교가 되는 시점에서 식품진흥원이 핵심적인 기관의 역할을 맡은 셈이다. 식품진흥원의 앞으로 해야 할 일과 과제가 더욱 커지고 있다.

시름을 잊게 해 준
내변산 트래킹

2020년 4월부터 본격 추진했던 푸드파크에 대하여 농식품부 담당관들의 반대가 이만저만이 아니었다. 국회를 통한 정책 제안조차 행정부인 농식품부 실무자가 자신과 상의하지 않았다며 문제를 제기했다. 삼권분립을 초월한 간섭이었다. 한 고개를 넘으니 또 반대자가 나타났고 설득하면 잠잠했다가 또 다른 방법으로 제동을 걸었다.

우리가 천신만고 끝에 받아온 푸드파크 예산에 대해 모 공무원은 "푸드파크를 반대하지는 않겠지만 규정대로 하겠다. 국가식품클러스터 마스터플랜에 의하면 푸드파크는 배후 도시가 건설되어야만 추진할 수 있도록 되어 있다. 현재 배후 도시 건설 계획이 없으므로 푸드파크도 추진할 수 없다."라고 말했다. 어렵고 아리송하게 얘기했지만 결국 추진을 반대한다는 뜻이었다. 시중에 우스개처럼 돌아다니는 '술 마시고 운전하긴 했지만 음주 운전은 아니다'란 얘기보다 더 앞뒤가 맞지 않았다. 그럼에도 우리는 고비 고비마다 얘기를 통해 풀어 갔다. 도저히 길이 없을 때에는 초강수를 두기도 했다. 2020년 10월 우여곡절 끝에 기재부에서 타당성 용역비가 반영되어 한시름 놓고 나니 가을 단풍이 보이기 시작했다. 봄부터 가을까지 쉬지 않고 달려온 직원들에게 약간의 '가을 힐링'이 필요했다.

우리 일행이 부안 내변산 주차장에 도착한 것은 오전 9시 50분경이었다. 단풍철인데도 코로나19 때문인지 등산객이 드물었다. 주차장 주변은 높은 산에 둘러싸여 위압감까지 느껴졌지만 빨강 노랑 단풍이 물들어 가을 산의 멋진 풍치를 한껏 뽐내고 있었다. 날씨는 화창하여 트래킹하기 딱 좋았다. 내변산은 국내 100대 명산 중 하나로 '호남의 소금강'이라 불린다. 직소폭포, 봉래구곡, 관음봉, 쇠뿔바위 등 빼어난 주변 경관을 자랑한다는 안내 표지를 보니 산행이 더욱 기대되었다.

내변산 주차장을 출발해 직소폭포~재백이고개~관음봉삼거리를 거쳐 관음봉에 오르고 세봉~세봉삼거리와 가마터삼거리를 거쳐 내변산 주차장으로 다시 돌아오는 코스를 우리 일행은 선택했다.

직소폭포로 가는 길은 계곡의 맑은 시냇물을 따라 걷는 평탄한 숲길이었다. 걷다가 위를 쳐다보면 나뭇가지 사이사이로 언뜻언뜻 하늘이 보였다. 가을 태양이 나뭇잎에 가려졌다 보였다를 반복하면서 모처럼 산길에 나선 직원들의 얼굴을 붉게 물들였다. 한참을 오르다 보니 제법 큰 인공호수가 펼쳐졌다. '직소보'다. 부안댐이 만들어지기 전까지만 해도 주변 지역의 식수원이었는데 이제는 그 기능을 부안댐에 넘겨주고 맑고 잔잔한 호수 풍치만 뽐내는 중이다. 호수가 내려다보이는 곳에 설치된 전망대와 벤치는 잠시 쉬어가는 여유와 사진 포토 존을 제공한다. 벤치에 앉아 맑은 호수를 보며 김밥에 커피를 곁들이면 황제가 부럽지 않다. 일행을 따라잡기 위해 서둘러 다시 오르다 보니 숨이 차오를 즈음 직소폭포가 보인다. 시커먼 바위 자태로 보나 높이로 보나 제주도 비룡폭포처럼 시원한 물줄기로 우렁찬 소리를 쏟아낼 만도 한데 메마른 가을 날씨 탓에 폭포가 말라붙어 한 줄 물줄기도 찾아볼 수 없는 것이 아쉬웠다.

직소폭포를 뒤로하고 오르고 내리기를 수십 분, 드디어 저 멀리 서해의 장관이 펼쳐진다. 재백이고개다. 등산객들이 쉬어가는 필수 코스이기도 하다. "산에 오르면서 바다도 볼 수 있다니! 일거양득이네." 멋진 경관에 가슴이 벅차다. 우리도 뒤에 도착하는 일행에게 그 자리를 내주고 다시 산을 오른다. 관음봉삼거리, 한쪽은 내소사로 가는 길이고 한쪽은 관음봉으로 오르는 길이다. 우리는 왼쪽 관음봉 길로 들어섰다. 조금 오르니 가파른 바위산이 펼쳐진다. 바위산을 오르는 길 우측으로 서해가 더 넓게 펼쳐진다. 바위산은 낭떠러지다. 철제 계단과 난간이 없다면 아찔하다. 발 아래 난간 너머로 미끄러져 넘어질 것을 상상하면 오금이 저린다. 바위산을 지나니 이제 서해는 보이지 않고 첩첩이 산으로 둘러싸인 높은 곳에 와 있다. 계곡 저 멀리에는 우리가 지나왔던 직소보가 첩첩산과 어우러져 또 멋진 하나의 풍경화를 만들어 낸다. 다시 난간을 간신히 잡고 오르고 또 오르니 관음봉(424m) 정상이다. 전망대 앞에는 변산반도 사이사이로 굽이쳐 흐르는 바닷물이 흐른다. 한강 두

배만한 큰 강줄기 같다. 전망대에서 우측으로 눈을 돌리면 드넓은 서해가 한눈에 펼쳐진다. 물길이 오후 햇빛에 비춰 반짝였다. 그 아름다움을 끌어안고 김밥과 과일을 먹었다.

쉬었던 자리를 정리하고 일어나서 가야 할 세봉(403m)은 관음봉보다 낮아 가는 길도 내리막으로 착각했다. 하지만 오르고 내려가기를 반복하다 보니 숨이 차오른다. 세봉삼거리를 거쳐 가마터삼거리로 가는 길은 명품이다. 어떨 때는 서해를 보고 어떨 때는 깊은 산만 보다가 또 어떨 때는 서해와 깊은 산골 양쪽을 같이 보는 호사를 누린다. 산악 트래킹으로 추천할 만한 코스다.

지쳐 풀린 다리를 끌고 내려오기를 한 시간여 만에 산 아래 나무 사이사이로 출발지였던 주차장이 보인다. 하산 후 저녁 식사는 부안 상설시장에서 생선회와 백합탕으로 지친 몸의 원기를 다시 채워주었다. 아무리 맛있는 음식을 먹었더라도 마무리로 밥이 한 술 들어가야 한국인의 식사가 완성되는 법이다. 나는 큰 대접에다가 상에 올라온 회, 소라, 멍게, 산낙지를 모두 쓸어 넣고 초장과 참기름을 치고 슥슥 비벼 즉석 해물 비빔밥을 만들었다. 지켜보던 직원들이 너도나도 숟가락을 들고 달려들어 서로 나눠 먹으니 그 맛이 일품이었다. 여섯 시간 가까운 산행으로 노곤함이 몰려오긴 했지만 봄부터 가을까지 지속된 푸드파크 추진 작업의 스트레스도 함께 씻겨 나가는 듯 마음 속에는 청량한 바람이 불었다.

말할래요~ 들을래요~
시즌 2

이사장 임기 만료가 점점 가까워지니 마음이 조급해졌다. 코로나19로 두 차례나 연기됐던 직원 워크숍을 2020년 11월 27일 개최했다. 미루다 아무것도 못할 것 같아 철저한 방역과 직원 간 거리두기를 지키면서 행사를 잘 마쳤다. 직원들을 두 강당에 나눠 거리두기로 자리를 마련하고 한쪽에는 커다란 스크린을 설치하여 행사를 실시간 중계했다. 직원 간 아크릴 칸막이도 설치했다. 식사도 도시락으로 대신했다.

아침 10시부터 시작한 워크숍은 개회식을 시작으로 김성곤 교수의 '중국 고전에서 배우는 소통의 리더십' 강의가 있었다. 점심식사 후 서울대 김상훈 교수의 '식품 산업의 진정성 마케팅'이란 주제로 생생하고 현장감 있는 강의를 들었다. 그런 후 나는 'You go, We go'라는 "함께 가자"는 의미의 제목으로 "식품진흥원의 미래와 직원들에게 바라는 점"을 얘기했다.

이 강의를 통해 부실했던 3년 전 식품진흥원의 문화와 경영 상태를 돌아보고 3년 간 고군분투하며 개선해 보려고 노력했던 지난 일들을 되짚어 봤다. 그리고 앞으로 두 가지 길이 있다고 예견해 주었다. 하나는 리스크 관리를 잘해서 멋진 평생직장을 만드는 길이고, 다른 하나는 리스크 관리를 잘 못해서 다시 쇠락의 길로 빠져드는 길을 설명했다. 이후 직원들과 즉문즉답 시간을 가졌다. '말할래요, 들을래요 시즌 2'였다.

≡ '말할래요 들을래요 시즌 2' 간담회 내용 ≡

직원　이사장 임기가 얼마 남지 않았습니다. 이사장 종신제는 어떻게 되는 건지 궁금합니다. 물론 평생 뵙고 싶어서 여쭤보는 것임.

이사장　제가 그동안 우스개 소리로 '이사장 종신제 한다'고 했음. 하지만 명령이 떨어지면 곧 가야 함. 세상에 영원한 것은 없음.

직원　정부 부동산 정책이 왔다 갔다 하는데 과연 집을 사야 할까 말아야 할까?

이사장　우리 식품진흥원 유경 팀장이 부동산중개사 자격증도 있고 정보가 많으니 부동산 질문은 그분께 하시는 게 좋겠음.^^

직원　천재지변으로 이사장님께서 신입사원이 되어 진흥원에 입사하게 되었다고 가정할 때 진흥원에 정년까지 다닐 수 있는 장점에 대해 이사장님의 고견을 듣고 싶음.

이사장　내가 신입사원으로 진흥원에 입사했다면, 먼저 업무 능력을 배가시키겠음. 둘째, 선배·동료들과 업무 시간 외에도 많은 소통을 하겠음. 셋째, 솔선수범으로 업무를 처리할 것임. 만약, 설사 위기가 닥쳐도 진정성과 성실로 대응하면 극복할 수 있음.

직원　올해 기관 운영하시면서 가장 뿌듯했던 일이 무엇인가?

이사장 지난 3년간 성과를 많이 냈으나, 내년(2021년) 예산으로 확보한 '푸드 파크 용역 예산'이 가장 어려운 여건에서 확보하여 매우 부듯함. 그러나 그것보다 더 자부심을 갖는 것은 '기능성원료은행 구축 사업'을 공모를 통해 획득했다는 사실임. 전 직원의 단결된 힘으로 성취해서 매우 의미가 있음. 또 우리 기관의 성장 루트를 개척했다는 데도 큰 의미가 있음. 매우 부듯함.

직원 인생의 위기나 삶이 지쳤을 경우나 무기력함 등을 느끼신 적이 있는지, 있으시면 어떻게 극복하셨는지 알고 싶음.

이사장 공공기관에서 억울하게 중징계를 받았던 때와 노동조합 위원장 직무 대행을 마치고 해고되었을 때 위기였음. 좌절하지 않고 끊임없는 노력과 활로 개척으로 극복했음. 쉴 때 무기력이 가속화되므로 끊임없는 배움과 노동이 지친 삶을 극복하는 길이라고 생각함. 그리 살아왔음.

직원 공공기관으로서 당연히 행정 절차가 많고 복잡한 것은 이해하지만 이사장님께서 보셨을 때 업무 처리 효율을 위해 '이건 불필요한 행정 절차다'라는 것이 있는지?

이사장 그동안 많이 지적해 왔음. 특히, 출장 명령과 출장 복명 중복, 사업계획안 결제 후 또다시 사업추진 결제를 받는 것 등임. 그러나 이사장이 이곳저곳 광범위한 실무 체계를 다 지적할 수 없으므로 모든 직원들의 개선노력이 필요함. "왜 중복 업무를 하지?"라는 의문을 갖는 것과 개선하고자 하는 의지도 필요함.

직원 식품진흥원의 비전 중 식품 수출 기지화 및 농어업 성장을 위해 관광산업을 연계한 식품 6차 산업화를 추진할 예정인데 식품 6차 산업의 자세한 설명과 코로나19로 인해 관광산업이 많이 어려운데 어떻게 대처할지 궁금함.

이사장	수출기지화는 마스터플랜(MP)에 있으나, 아직 입주 기업의 체력이 미달된다거나 진흥원 노하우도 부족하여 시기상조라고 봄. 다만, 제반 여건이 성숙될 경우 새만금신항을 활용하고 at 노하우를 활용하면 수출 전진기지화는 가능할 것임.
	'푸드파크' 조성으로 6차 산업을 활성화할 계획임. 푸드파크가 조성되면 국가식품클러스터에서 생산된 제품 가치가 크게 높아지고, 익산시와 전라북도가 식품 도시로 알려져 네델란드 푸드밸리와 같은 가치를 갖게 될 것으로 봄.
직원	앞으로 드론을 이용한 배송이 활성화될 것으로 생각하는데, 이에 따른 식품패키징팀의 계획이 있나?
이사장	아직 없는 것으로 알고 있으나, 패키징팀의 적은 인력으로 당장 해야 할 과제부터 수행하는 선택과 집중이 필요한 시기임. 드론은 추후 검토해 볼 사안임.
직원	월례조회 시간 중 같은 직급 간 화합을 위한 시간이 있으면 좋겠음.
이사장	식품진흥원은 산타클러스터, 제빵 모임 등 동호회를 통해 직원 모임을 권장하고 있음. 다만, 진흥원은 초창기임을 감안 건전한 직장 문화 정착을 위해 직급 간 모임보다 전 직원이 참여한 모임을 권장하고 있음. 직급 간 모임이 필요하다면 노동조합을 중심으로 추진하는 것이 좋다고 봄.
직원	진흥원의 10년 뒤를 그릴 수 있게 미래 비전을 보여달라.
이사장	그동안 진흥원은 국가식품클러스터 70만 평 입주 기업을 지원하는데 급급했음. 다만, 지난 3년간 획기적인 성과로 성장 발판을 구축했음. 이후 리스크 관리를 잘하면 좋은 기관으로 발돋움하지만, 리스크 관리가 부적절할 경우 다시 마이너 공공기관으로 전락할 것임.
	식품진흥원은 기존 사업에 대한 리스크 관리분만 아니라 앞으로 한국

식품 기업 전체를 지원하면서 식품 산업 발전을 추동해야 함. 특히, 미래 식품 산업인 기능성 식품·고령 친화 식품 발전을 우리 기관이 추동하고 5G와 접목한 스마트 팩토리 개발 사업, 친환경 패키징 개발 사업도 챙겨야 함. 또 기능성 식품과 소스의 빅데이터를 집적화한 플랫폼을 구축하는 등 선도적 역할을 해나가야 할 것임. 그러면서 자립화와 같은 내실을 다진다면 메이저급 공공기관이 될 것이고 좋은 평생직장이 만들어질 것임.

직원 전체 워크숍은 참석 인원과 비용에 한계가 있으며 참석에 부담감을 갖을 수 있어 각 직급별 또는 직급 년차에 따른 소규모 워크숍이 있으면 긍정적인 조직 문화 형성에 도움이 될 것 같음.

이사장 향후 직원이 더 늘어나면 공간 문제로 전체 직원 워크숍은 불가능 함. 그때가 되면 본부별 또는 직급별 워크숍을 할 수밖에 없을 것임.

직원 아침 8시 30분 회의를 하려니 일과 가정의 양립이 어려울 때가 많음. 애기 어린이집을 어떤 날은 제가 보내야 되는데 8시반 이전에 출근하려면 어린이집 등원을 못시킴. 이 문제 때문에 회사를 옮겨야 하나 하는 고민까지 생김.

업무 외 시간에 회의를 한다는 것도 주 52시간이니 뭐니 해서 근로시간을 깐깐히 따지는 요즘 추세와는 맞지 않는 것 같음. 9시부터 회의 시작으로 돈 안 들여 선심 쓰시고, 일가정의 양립을 이루고, 근로시간 단축으로 경영 혁신을 이루는 멋진 기관장이 되길 바람.

이사장 주 52시간은 철저히 지킬 것을 지시한 바 있음. 화요일 주간회의는 1시간 이상 소요되고 진흥원의 일주일 간 업무를 정리하고 진행시키는 불가피한 회의이고 부장팀장만 참여하는 회의인데 효율적인 운영을 위해 8시 30분에 시작하고 있음. 전후사정을 감안하여 개선점을 찾겠음.

직원 롯데의 한국시리즈 우승이 빠를까요? 통일이 빠를까요? 현재 대리급들이 모두 과장이 되는 그날이 빠를까요? 현재 직원들의 직급 구성비 상 미래가 걱정이 되어 질문함.

이사장 대리가 과장이 되는 날이 훨씬 빠름. 그동안 진흥원 승진은 2017년부터 본격 발생하고 있는데, 2017년(66.7%), 2018년(66.6%), 2019년(57.1%), 2020년(27.3%)로 다른 기관에 비해 높은 승진 비율임. 이는 초창기 회사의 장점이자 단점임. 향후 경쟁력이 높아지고 일 잘하는 직원만 승진하는 시기가 곧 도래할 것임.

직원 취업하기 힘든 시기에 공공기관이라는 메리트에도 불구하고 최근 퇴사자가 부쩍 많았음. 그들의 문제일까 저희 기관의 문제일까?

이사장 우리 기관 근무 여건은 초급 직원의 높은 임금과 평균 근무시간을 볼 때 다른 기관에 비해 매우 좋다고 봄. 다만, 다른 지역 출신 초급 직원들의 이직이 잦은데 신입사원 멘토 제도 도입 등 보완할 점을 찾겠음.

직원 진흥원에서 성장하기 위해서 직원 개인으로 어떤 역량 강화가 필요하다고 보는지?

이사장 공공기관 업무는 문서에서 출발하여 문서로 끝난다고 해도 과언이 아님. 문서 작성 기술을 높이고, 관련 법률 숙지와 함께 예산·감사·경영평가 시스템을 이해하고 숙달시키는 것이 중요함.

직원 소통시장 등에서 이사장님의 소중한 강의는 열심히 듣고 귀에 새기고 있음. 다만, 역량 등에 대하여 at직원들과 비교를 많이 해 주시는데, 저희가 정말 그 직원들보다 역량이 떨어진다고 생각하시는지 궁금함.

이사장 많이 떨어진다고 생각함. 극복하기 위해서는 당분간 상기 역량 강화 노력이 필요함.

직원   현재 석사 및 박사 학위 등을 소지한 고급 인력들이 반복적인 루틴 업무의 수행으로 인하여 인력 활용의 효율성이 낮다고 판단됨.

⇒ 현재 업무 중 일정하게 반복되는 비전문적이고 일반적인 업무를 구분하여 저직급, 저비용, 인턴사원, 산학연계 대학생 등의 인력 활용이 필요함.

⇒ 고급인력들을 집중 활용하여 발효미생물산업진흥원(순창)과 같이 다양한 정부 연구사업을 수주하여 지속적이고 안정적인 진흥원 수익 창출 및 국가 식품 산업 발전에 기여해야 함.

이사장   위 제안이 이상적이라고 보나, 현실은 우리 역량(동일 전공 인원과 역량)으로 볼 때 몇 개 분야를 제외하고는 수탁 받기가 녹녹치 않음. 기재부에서 충분한 정원 확보도 어려운 실정임. 또한, 식품연구기관인 한국식품연구원, 농촌진흥청과 업무 영역 중복이 발생하여 국가 경쟁력에 저해될 우려도 있음. 다만, 생산 과정에서 발생하는 문제점 연구나 이와 유사한 수탁 사업을 수행하면서 역량을 강화시키는 것이 우선이라고 봄.

직원   진흥원이 성장하여 너무 좋으나 이와 반대로 조직 문화에 대한 만족도가 낮아지고 있다. 이 부분에 대한 점검 및 개선이 필요할 듯함.

이사장   신입사원이 많아지면서 겪는 진통이고 과정이라 생각됨. 개선점을 계속 보강해 가겠음.

직원   동아리 활성 방안에 대한 내용을 공유하면 좋을 것 같음.
예) 지원금 증가, 정산 간편화, 동아리 종류 다양화, 동아리 시간 확보 등

이사장   산타클러스터(등산), 제빵, 독서, 영화 등 문호는 열려 있으나 직원 참여가 저조한 실정임. 동참으로 동아리가 활성화하면 지원도 늘어날 것임.

직원   현재 식품진흥원 직원이 자녀돌봄휴가(2일/년) 사용 시 무급 휴가 처리됨 ⇒ 자녀돌봄휴가를 유급휴가로 처리 요망.

이사장 유사 사례를 참고하여 개선하겠음.

직원 조기 출근을 가능하게 하여 야간 연장 근무를 대체함으로써 업무의 효율성을 높이면 일과 가정의 양립에 도움이 될 수 있음.

이사장 유연근무제를 활용하면 지금도 가능하다고 봄.

직원 본관 3층에 직원 체련실을 설치하여 직원들의 건강과 활력을 불어넣어 업무의 효율성으로 연계될 수 있도록 도모했으면 함.

이사장 취임 초부터 중점 추진 사항이나 예산 부족, 공간 활용 문제로 지연되고 있음.

직원 식당 식수 인원을 늘려주시면 좋을 것 같음.
(12시 40분에 도착해서 밥을 못 먹는 경우가 많음.)

이사장 당장 조치가 필요함.

직원 회사 내 간편식 코너를 만들어 직원들이나 입주 기업, 방문객들이 다양한 간편식을 체험, 구매할 수 있었으면 좋겠음.

이사장 농협하나로와 협의하겠음.

직원 화장실 각 층마다 비데, 가글 같은 용품이 구비되어 있으면 좋겠음.

이사장 비데는 계속 늘려가겠음.

직원 각 센터에 비해 본관에는 문서고가 부족하여 좁은 사무실에 각종 문서 및 설계도서(도면, 내역서, 산출서 등)를 보관할 곳이 마땅치 않음.

이사장 문서고 확보 방안을 만들겠음.

식품진흥원의
화양연화

　홍콩 영화 〈화양연화(花樣年華)〉는 거장 왕가위 감독이 메가폰을 잡고 양조위와 장만옥이 주연해 우리에게 널리 알려진 영화다. 영화 제목 화양연화는 '인생에서 가장 아름다웠던 순간'을 은유하는 말로 1930~1940년대 상하이에서 큰 인기를 끌었던 가수 주선(周璇)의 곡 〈화양적연화(花樣的年華)〉에서 차용했고 영화 〈화양연화〉에 삽입곡으로도 사용되었다고 한다. 우리 식품진흥원의 화양연화는 언제이고 언제까지 계속될까? 이사장으로 취임한 3년 전과 비교하면 비약적인 발전을 했지만 앞으로 식품 산업을 책임지고 있는 기관으로서 어떠한 역할을 해야 하고, 어떤 방향으로 가야 하는지 고민이 많았다.

　식품 산업은 4차 산업혁명과 코로나19를 거치면서 많은 변화를 거치고 있다. 인구구조 측면에서 우리나라는 고령 사회에서 초고령 사회 진입을 눈앞에 두고 있고 1인가구 수가 전체 가구의 30%를 차지하고 있다. 근로 시간 단축으로 가정에서 소비가 증가하였고 온라인 쇼핑과 음식 배달 서비스 수요가 늘어났다. 코로나19 이후 정보통신기술 기반 원격 교육, 재택 근무 등 비대면 활동이 일상으로 자리 잡으면서 4차 산업 혁명을 기반으로 식품 산업을 포함한 모든 산업이 급속도로 변화하고 있다.

식품진흥원이 걸어갈 길은 이런 급속한 식품 산업 변화에 맞춰 지금 보다 진일보한 역할을 수행하는 것이다. 이제 식품진흥원은 익산 70만 평 산업단지에 입주한 기업만을 지원하는 틀에서 벗어나 전국 식품 기업을 지원 대상으로 삼아야 한다. 또 식품 산업을 넘어 다른 산업과의 융복합을 이뤄야 한다. 이런 기본 방향을 가지고 구체적인 실행 방안을 생각해 봤다.

첫째, 고령화에 따른 건강 관심 증대와 코로나19 사태를 겪으면서 건강 기능 식품과 고령 친화 식품의 수요는 계속 높아질 것이다. 우리나라 건강 기능 식품의 시장 규모는 2조 7,000억 원(2019년 기준)으로 세계 시장에서 차지하는 비율은 2%에 불과하고, 일본(10.8%)의 5분의 1 수준이다. 건강 기능 식품을 개발하기 위해서는 원료 표준화부터 세포 실험과 동물 실험 및 인체 적용시험(임상시험)을 단계별로 거쳐야 하는데 이 과정에서 적게는 4억 원에서 많게는 10억 원까지 막대한 비용이 소요되므로 영세한 우리 식품 기업들로서는 새로운 기능성 식품을 개발하는데 어려움을 겪고 있다. 산업 활성화를 위한 영세 사업자들의 시장 진입장벽이 너무 높다는 것이다. 따라서 식품진흥원은 건강 기능 식품 산업의 모선(Mother ship)으로서 역할을 수행해야 한다. 하나의 방법으로 기능성 식품 빅데이터 플랫폼 구축을 통해 데이터 자동 수집, 데이터 분석 및 메타 데이터 관리 등 독립적이고 단편적으로 제공되는 기능성 정보들을 융합·분석·검증하여 주면 기업들의 기능성 원료 개발 시간과 비용을 절감해 줄 수 있다. 또 기업들이 식품진흥원이 갖고 있는 시설·장비(기능성원료은행, 파일럿플랜트, 기능성식품제형센터)를 활용할 수 있게 지원한다면 더욱 편리해질 것이다.

우리나라는 2025년에는 초고령 사회에 진입하게 되는데 고령화 속도에 비해 보건의료 체계를 비롯한 대부분 산업 개혁이 매우 느려 고령자용 식품 개발이나 서비스가 부족하다. 그래서 고령 친화 식품 산업은 미래 신성장동력으로 국가 차원에서 체계적으로 지원할 필요가 있다. 식품진흥원은 기업들의 고령 친화 식품 시장 진출을 확대하기 위해 대다수 식품 기업들의 영세한 점을 보완해 주어야 한다. 즉 핵심 기술 지원, 기술 실용화(기술 보급), 상품화 지원과 국내외 판로 개척도 일정기간 지원해 주어 그들이 특화될 수 있도록 도와주어야 한다. 또한 고령 친화 식품 산업의 효율적인 지원방안 운영 및 정책·제도연구 등을 통해 고령 친화 식품 시장 활성화를 견인해야 한다.

둘째, 국가식품클러스터 산업단지를 식품제조 혁신의 거점 산업단지로 만들어야 한다. 국내 제조업은 출산율 감소에 따른 생산 가능 인구 감소와 인건비 상승으로 개발도상국 대비 생산 경쟁력이 낮아진 상황이다. 정부는 이러한 사회구조적인 변화에 따른 제조업의 경쟁력 확보를 위해서 스마트 팩토리 도입을 적극 지원하고 있다. 스마트 팩토리는 기획, 설계, 생산, 유통, 판매 등 전 생산과정을 정보통신기술(ICT)로 통합해 최소의 비용과 시간으로 고객 맞춤형 제품을 생산하는 진화된 공간을 의미한다. 국가식품클러스터는 제조업을 기반으로 하는 산업단지로 스마트 팩토리는 가까운 미래에 선택이 아닌 필수가 될 것이다. 그러나 식품 제조업은 스마트 팩토리의 도입이 거의 전무한 상황이다. 코로나19로 4차 산업혁명이 가속화되는 상황에서 식품 제조 기업들이 신중하게 생각하고 서둘러 준비해야 하는 부분이다.

스마트 팩토리는 단순한 공장 자동화와는 다르다. 스마트 팩토리는 제조에 관련된 조달, 물류, 소비자 등 객체가 존재한다. 이 객체에 각각 지능을 부여하고 이를 사물인터넷으로 연결해 자율적으로 데이터를 연결, 수집, 분석하는 공장이다. 반면 공장 자동화는 컴퓨터와 로봇과 같은 장비를 이용해 공장 전체의 무인화 및 생산 과정의 자동화를 만드는 시스템이다. 멀지 않은 미래에 김치공장, 두부공장에서도 5G를 이용해 인간과 협동로봇이 함께 작업하고 소비자가 주문한 상품을 데이터를 기반으로 유연하게 생산하고 포장, 배송까지 하게 될 것이다. 이런 미래를 꿈꾸며 식품진흥원은 입주 기업들과 함께 식품 제조 혁신을 선도하기 위해 과기부, 중기부, 농식품부 등 다양한 국가지원사업에 도전하고 있다. 이를 통해 국가식품클러스터는 5G 기반 스마트 팩토리 실증단지로 한발 한발 나아가야 한다.

셋째, 전 세계는 에코 프랜들리(Eco-friendly) 열풍이 불고 있다. 실제로 커피 전문점들도 종이 빨대를 제공하며 개인용 텀블러를 가져오는 고객에게는 일부 할인해 주는 등 일회용 쓰레기를 줄이는 노력에 동참하고 있다. 최근 우리나라 대형할인마트를 시작으로 작은 상점에서도 비닐봉투를 무상으로 제공하지 않는다. 이와 같은 친환경적 소비는 식품 포장에서도 플라스틱과 비닐 사용을 최소화해 쓰레기를 최대한 줄이는 모습으로 나타나고 있다. 미세 플라스틱 등 환경 관련 문제가 이슈화되면서 친환경 소비에 대한 니즈와 플라스틱 용기에 대한 소비자의 거부감이 커지고 있기 때문이다.

국내에서도 이 같은 소비자의 심리를 읽고 삼성, CJ, 오비맥주, 오리온 등 다양한 기업들이 친환경 포장재 사용에 앞장서고 있다. 이를 기반으로 친환경 기업 이미지로 소비자에게 다가가고 있다. 식품진흥원에는 국내 유일의 식품패키징센터가 있는데, 친환경 패키징 지원을 통해 기업을 도와주는 역할을 할 뿐만 아니라 지구의 환경과 지속성을 기업, 소비자와 함께 고민하며 공공기관으로서 사회적 가치도 실현하게 되므로 일거양득의 효과를 얻게 된다.

넷째, 기능성 식품 빅데이터, 소스 정보 제공 등 공유(共有, commons) 플랫폼 구축을 통해 기업과 예비 창업자들에게 정보를 제공하는 역할을 수행해야 한다. 지금은 식품 기업들이 원하는 다양한 기능성 원료에 관한 정보들이 각기 다른 기관에서 생성·제공되는데, 데이터 간 정보 연계가 이루어지지 않고 기업에서 초기 소재 선정 단계에서 참고하는 수준에 머물러 있어 직접적인 활용도가 극히 저조한 상황이다. 또한 기능성 표시 식품제도 활성화 등 국내 기업의 적극적 제품 개발이 필요하나 막대한 제품 개발비로 어려움을 겪고 있다. 따라서 신뢰성 있는 범용 데이터 제공이 필요하며 독립적이고 단편적으로 제공되는 기능성 정보들을 빅데이터 플랫폼을 통해 융합·분석·검증하면 기업의 기능성 원료의 개발 시간과 비용 절감에 기여할 수 있다. 2021년에는 소스산업화센터에서 소스 정보를 집적화하고 기업이 활용할 수 있는 소스 정보 플랫폼 운영을 통해 소스 정보(레시피, 전문 자료, 산업 정보 등) 업데이트, 레시피 콘텐츠 제작 등을 추가로 지원할 계획이다. 식품진흥원은 앞으로 별도의 통합 공유 플랫폼을 구축하여 기능성 식품 정보, 소스 정보와 그 외 다양한 정보 공유 사업을 해야 한다.

다섯째, 벤처·창업 활성화와 식품 전문 인력 양성에 보다 역량을 집중할 필요가 있다. 현재 식품진흥원에서는 재학생(실습) 위주로 교육 프로그램을 운영 중에 있으나 외국인(해외연수생), 재직자(직무), 일반인(자격증)을 대상으로 교육·연수 과정을 신설하고 세분화하여 운영할 필요가 있다. 2023년에 완공 예정인 청년식품창업허브센터를 교육과 실무가 연계된 식품 창업 명소로 만들 예정이다. 특히 예비 식품 창업자 대상으로는 식품 창업 구상, 사업 기획, 상품화 등 단계별 교육과정을 운영하여 식품 창업의 요람으로 만들 것이다.

이러한 식품진흥원의 미래는 식품진흥원 이사장으로 3년 임기 동안 현장에서 경험했던 우리나라 식품 산업의 현주소를 바탕으로 식품 공공기관으로서의 역할을 고민해 오다 수립했다. 이 계획이 농식품부장관 승인을 받아 구체적인 예산이 확보되고 식품진흥원이 한국 식품 산업 미래를 위해 단단한 역할을 하길 바란다.

미국의 시인인 로버트 프로스트의 〈가지 않은 길(The Road not Taken)〉은 한때 우리나라 국어 교과서에도 실릴 정도로 유명한 시이다.

노란 숲속에 두 갈래의 길이 있습니다. 〈중략〉 오랜 세월이 지난 후 어디에선가 나는 한숨 지으며 이야기할 것입니다. 숲속에 두 갈래 길이 있었고 나는 사람들이 적게 간 길을 택했다고. 그리고 그것이 내 모든 것을 바꾸어 놓았다고.

시인이 읊은 것처럼 아무도 가지 않은 길은 두렵고 외롭지만 식품진흥원이 미래 식품 산업의 혁신과 성장을 주도하기 위해 개척자 정신과, 도전 정신으로 새로운 길을 두려움 없이 간다면 유일무이한 우리나라 식품 전문 공공기관으로 확고하게 자리매김할 것이다. 지금 함께하는 사람들이 어떻게 대처하느냐에 따라 조직은 화양연화를 맞을 수도 있고 쇠락의 길을 걸을 수도 있다.

당신의 꿈을
이루어 드립니다

한강의 기적, 산업화의 성공으로 우리나라는 가파른 경제 성장을 기록하며 국민소득 1만 달러를 달성했다. 그러나 이 기쁨이 채 가시기도 전에 찾아온 IMF 외환위기는 우리나라 경제를 파탄 냈고, 경제 활동의 근간인 일자리를 없애 버렸다. 평생직장의 꿈을 간직했던 그 시대 청년들은 날벼락과 함께 막막한 어둠의 터널에 갇혔었다.

그로부터 20여 년이 지난 지금, 우리는 다시 재기에 성공했고 국민소득 4만 달러를 내다보고 있다. 그러나 안정적이고 좋은 일자리라는 측면에서만큼은 여전히 IMF 이후 큰 발전이 없다. 때문에 정부 차원에서도 일자리 정책에 힘을 쏟고 국민이 참여할 수 있는 기회를 확대하기 위해 애를 쓰고 있다. 특히 청년층의 창업을 사회·경제적 재도약을 위한 핵심 수단으로 보고 혁신 창업 붐을 제1과제로 추진하고 있다. 농림축산식품부에서는 제3차 식품 산업진흥계획에 '청년창업의 활성화' 정책을 제시했다. 식품 산업은 국내 농산물의 주요 소비처이자 문화·관광 등 전후방 산업과 밀접한 연관을 지니고 있다. 미래의 성장 엔진인 청년들의 무한한 잠재력과 가능성을 발휘한 청년 창업이야말로 식품 산업의 진흥은 물론 국가 경제 성장을 도모하는 주춧돌이 될 것이다.

이런 추세에 발맞추어 식품진흥원에서도 식품 기술 기반의 창작 활동 촉진을 통해 청년들의 성공 창업 및 일자리 창출을 돕는 기업 성장 생태계를 조성하여 운영하고 있다. 2017년부터 시작된 '청년식품창업 Lab'이 그 시발점이라 할 수 있다. 청년식품창업Lab에 참여한 팀에 식품진흥원이 보유한 첨단 시설·장비·전문가를 활용하여 상품 개발에서 시제품 제작, 마케팅, 판로 개척까지 식품 창업 전 과정을 체계적으로 지원하는 것이다. 그 결과 2018년부터 2020년까지 78개 팀을 배출하였고 그중 46개 팀이 창업이나 사업화에 성공하였다. 청년식품창업Lab은 식품진흥원에 이미 구축된 검사분석 장비, 생산 장비를 활용했다는 점에서 그 의미가 더욱 빛난다.

예비 창업 단계에서 스타트업, 성장 기업으로 발돋움하는 과정은 10년 이상의 장기간이 소요될 수 있다. 반짝 붐이 아닌 지속 가능하고 안정적인 창업 지원 환경이 필요하다. 이에 식품진흥원에서는 2022년부터 또 다른 도전을 준비하고 있다. 확대되는 청년 식품 창업 수요를 해결하기에는 현재 운영 중인 청년식품창업Lab 운영 공간이 협소하다. 이에 많은 청년 식품 창업가가 한데 모여 시너지를 이룰 수 있는 '청년식품창업 허브센터'를 구축할 계획이다. 국가식품클러스터는 이곳을 식품 관련 아이디어와 기술 기반의 창작 활동을 촉진할 수 있도록 창업

보육과 지원, 실습과 전시, 회의뿐만 아니라 장기 합숙 교육이 가능한 식품 창업 플랫폼으로 만들려는 계획이다.

또 청년 식품 창업가에게 가장 중요한 식품 원재료는 국가식품클러스터 내 농식품 원재료 중계·공급센터에서 언제든지 신선한 지역 농산물 수급이 가능하도록 우선 지원 프로그램도 가동할 예정이다. 이는 국내 농업을 보호하고 지역 경제를 살리는 데도 일조한다. 식품진흥원은 청년 식품 산업 창업가의 등대가 될 것이다.

식품 산업에도 의욕 있는 청년들의 도전이 절실하다.

You go,
We go

"You go, We go"는 "If You go, We go together"의 줄인 말인데, 1991년에 국내 개봉한 영화 〈분노의 역류〉에 나오는 대사이다. 소방관 형제의 치열한 삶과 우애를 그린 이 영화에서 "네가 죽으면 우리도 죽는다."라는 일심동체, 끈끈한 동료애를 의미한다.

식품진흥원은 최근 3년간 대내외적으로 많은 성과를 냈는데 이를 기반으로 한 단계 더 도약할 경우 든든한 공공기관으로 성장하겠지만 이 기회를 놓칠 경우 마이너 공공기관에서 벗어날 수 없을 뿐만 아니라 언제든지 도태하는 기관으로 전락할 수도 있다. 한배를 탄 직원들에게 식품진흥원을 멋진 기관으로 만들기 위해 공동체 의식으로 단결하자고 제안하고 싶을 때 떠오르는 말이 바로 영화 대사 "You go, we go"이다.

식품진흥원은 최근 호황 분위기를 살려 위기 관리를 잘했을 때, 5년 이내에 경영기획본부, 산업진흥본부, 기술혁신본부 등 3개 본부와 기능성평가지원센터 등 13개 센터에 약 200명 인력을 확보한 준정부기관으로 성장할 것이다. 이후 5년이 더 지나면 직원 400~500명으로 급성장할 것으로 본다. 13개 기술센터의 역할도 지금보다 더 확장되어 인증 사업뿐만 아니라 대체육 개발, 플라즈마를 이용한 살균 기술, DB구축 등 첨단 기술을 선도하는 역할을 맡을 것이다.

신사업 영역인 푸드파크 구축 사업은 식품진흥원의 새로운 성장 동력으로 작용할 것이다. 사업 확대에 비례하여 식품진흥원의 신규 전문 일자리가 늘어나고, 국가식품클러스터 네임 밸류가 상승하여 생산된 제품의 신뢰도도 동반 상승할 것이며, 연간 70만 명의 내방객이 찾아오는 명소로 자리 잡을 것이다. 푸드파크는 위기 관리가 제대로 되지 않을 경우, 사업이 중단되거나 졸속으로 건설된 공원이 될 우려가 있다. 그러므로 푸드파크 조성 명분을 잘살려 정부를 집요하게 설득하는 열정이 필요하다. 정부를 설득한 후에는 철저한 분석, 좋은 사례 벤치마킹, 건축 디자인·시공·운영을 촘촘히 관리하여 명품 푸드파크가 조성되도록 하여야 한다. 1단계 480억 원 규모의 시설이 완성되면 2단계로 과자 마을, 상시 전시관 등 추가 예산을 확보하기 위한 아이디어와 명분도 쌓아가야 한다.

그런데 만약 식품진흥원이 이 좋은 기회를 놓치고 위기 관리를 잘못할 경우 그려지는 미래는 무엇일까? 기존 7개 센터의 장비와 건물은 날이 갈수록 노후될 것이고, 생산·검사 의뢰는 감소할 것이며, 노후 장비 관리 비용은 나날이 증가할 것이다. 이렇게 되면 식품진흥원이 보유한 유능한 기술직들이 다른 직장을 찾아 하나둘 이탈할 것이다. 파일럿플랜트와 기능성식품제형센터 등 생산 시설은 공공기관이 민간 분야를 침해했다고 논란에 시달릴 수도 있고, 그렇게 되면 위탁 생산은 방향을 잃고 우왕좌왕할 것이다. 결국 경영 의욕, 근무 의욕이 상실될 것이다. 원료중계공급센터의 위탁 경영이 원활하지 못할 경우 인력 관리, 수급 재고 관리에 어려움이 예상된다. HMR기술지원센터의 경우 연구 성과가 미흡하면 정부와 감사원의 지적을 받게 될 것이다.

식품진흥원은 기존 구축된 식품센터에 만족하지 않고 메디푸드실증센터, 식품인재양성 플랫폼, 사이버 푸드폴리스 구축, 그린바이오 육성 거점 센터, 대학과 연계한 계약학과 공동 개설 등과 같은 신규 사업을 발굴해야 한다. 뿐만 아니라 발굴한 신규 사업이 실현되도록 예산 확보나 공모를 통하여 사업 수행자로 지정받는 방법을 추진해야 할 것이다. 또한 식품 산업 발전을 명분으로 내세워 기존 구축된 7개 센터와 추가 구축될 5개 센터를 활용하여 소스 플랫폼, 식품 장비 교육 플랫폼 등과 같은 신규 사업을 개발하는 것도 좋다고 본다. 2020년 10월에 공모를 통해 수탁 받았던 '기능성원료은행 구축 사업', 2021년 3월 '고령 친화 우수식품 지원센터' 지정 등의 경험처럼 공모 과정에 습득한 노하우가 식품 관련 신규 사업을 추가로 확장할 때 좋은 자양분이 될 것이다.

식품진흥원은 지난 3년간 제도를 개선하여 상하 관계였던 공무원과 직원의 관계를 상생 관계로 전환했다. 입주 기업 민원을 선제적으로 대응해 기업들에게 끌려가지 않고 끌고 가는 기관으로 위상도 높였다. 대관 업무는 공무원에 의지하지 않고 자체 대응할 수 있는 역량도 키웠다. 내부적으로는 채용위원회, 인사위원회, 구내식당 운영위원회, 해외 출장 심의위원회, 장비 심의위원회, 자문위원회 등 검증 시스템을 가동했다. 기관 경영의 의사 결정 시스템도 경영회의, 주간회의, 예산편성회의, TFT회의 등을 통해 체계화했다.

민주적이고 합리적인 기관 시스템을 유지하고 더 성장하기 위해서는 간부 직원인 부장·팀장들의 솔선수범이 필요하다. 부장·팀장들은 식품진흥원 직원의 20%에 속한 상위 직원이다. 자부심을 가져도 좋다. 하지만 초창기 공공기관의 간부 직원으로서 개척 정신, 희생 정신, 솔선수범의 자세가 필요하다. 또한, 언제라도 나보다 더 능력 있는 자가 외부·내부에서 생길 수 있다는 위기 의식과 경쟁 의식을 균형감 있게 갖춰야 한다. 그러기 위해서는 끊임없는 자기계발과 노하우를 축적해야 한다.

어느 조직이든 그 미래는 구성원에게 달렸다. 앞에서 두 가지 시나리오를 살펴보았듯이 한 조직이 위기 관리를 잘 했을 때와 그렇지 못했을 때의 미래는 극명하게 다르다. 조직원은 그런 점에서 운명 공동체이기도 하다.

어느덧 3년간 이사장으로 일한 식품진흥원에서의 시간이 거의 마무리되어 가고 있다. 시절 인연이 닿아 동고동락한 직원들과의 이별을 준비해야 할 시점이다. 운명공동체로 함께한 직원들을 떠올리며 주문을 외우듯이 영화 대사를 읊조려 본다.

"You go, We go"

맺는 글

진화의 반대는
퇴화가 아니라 멸종이다

생물학자 정용석 교수에 따르면 암컷 쥐가 수컷을 선택할 때는 첫째, 식량을 잘 얻어올 것 같은 쥐, 둘째 나와 가장 다른 냄새를 가지고 있는 쥐를 찾는다고 한다. 다른 냄새를 가진 수컷 쥐를 찾는 것은 암수 사이에 태어난 새끼들이 질병을 이겨낼 수 있는 다양한 생물학적 요인을 갖도록 하는 것이 진화에 유리하기 때문이다. 정 교수는 또 사람들은 10의 422승 확률의 무작위로 유전자가 조합되며 사람에게 이런 다양성이 있었기에 인류가 출현한 500만 년 전부터 변화무쌍한 자연조건과 질병에서도 멸종하지 않고 다양한 변화를 통해 지금까지 살아왔다고 한다. 현존하는 모든 생물들은 다양한 진화를 통해 종족을 이어왔다. 그러나 그렇지 못한 생물은 멸종되었다.

생물 종 차원에서 국가 단위로 시야를 돌려 살펴보아도 마찬가지다. 나라가 변화에 적응하지 못하여 인류에서 사라지거나 문명이 후퇴한 사례는 많다. 15세기까지만 해도 세계의 중심이었던 중국이 한눈을 판 사이에 서방에게 주도권을 빼앗기고 근대에 와서는 난징조약, 베이징 조약과 같은 갖은 수모도 겪어야 했다. 해가 지지 않는다는 대영제국도 1차, 2차 세계대전을 치르면서 세계의 중심에서 차츰 멀어져갔다. 일본은 1854년 미일화친조약으로 3개 항구를 개방하면서 문호를 열었고 국가가 근대화 운동을 주도하면서 유학생들을 유럽 선진국에 파견하여 선진 기술을 배워오게 함으로써 빠르게 발전하였다. 1919년에는 영국에 이어 세계 두 번째로 항공모함을 건조하였고 전투기와 전함도 생산하였다. 그런 시기에 조선은 세계가 급변하고 있는데도 국제 정세 변화를 읽지 못하고 우물 안 개구리 식 외교와 쇄국 정책을 펴다가 결국 일본 식민지가 되었다. 우리로서는 뼈아픈 과거다.

기업의 경우도 시장 변화에 대응하지 못하여 실패한 사례가 많다. 일본 소니에서 근무하다 2005년 퇴사한 미야자키 타쿠마는 2006년 펴낸 『소니 침몰』이라는 책에서 전통적인 제조업을 무시한 CEO의 성향, 부서 간의 실적 경쟁 도입 때문에 당시 소니는 자체적으로 기술을 개발하기보다는 외부 업체의 기술을 도입하여 적당히 포장해서 빨리 파는 것을 우선시 했다고 지적했다. 이런 흐름 속에서 푸대접을 받게 된 많은 엔지니어들이 회사를 떠났고, 제품의 경쟁력은 점차 하락했다. 트렌드를 따라가지 못하고 가격 경쟁력에서 삼성과 LG에게 밀리면서 소니는 서서히 침몰하기 시작했다.

또 2010년까지만 해도 유럽 핸드폰 시장의 80%를 점유하고 있던 모토롤라와 노키아는 애플이 내놓은 새 개념의 아이폰 출시에 대응하지 못하고 전통적인 방식을 고집하다가 이후 몇 년을 버티지 못하고 핸드폰 시장에서 사라졌다. 반면, 삼성은 재빠르게 터치 방식의 갤럭시폰을 출시하면서 살아남을 수 있었다.

요즘 코로나19 바이러스로 전 세계가 몸살을 앓고 있다. 이 바이러스는 사람을 사망에 이르게 할 수 있는 슈퍼 변종이다. 그러나 다른 측면에서 보면 코로나19 바이러스는 자기 생존을 위해 진화했을 것이다. 자본주의 사회에서 변화 또는 혁신은 생존을 위해 무엇보다 중요한 요소다.

내가 이사장으로 3년여 재직한 식품진흥원은 대한민국의 350여 개의 공공기관 가운데 하나에 불과하다. 연혁도 깊지 않고 아직 규모나 예산도 작은, 초창기 초석을 다지고 있는 공공기관이다. 바꿔야 할 규정도 많고 추진해야 할 사업도 많다. 초창기라 시행착오까지 곁들여 꽤 많은 일을 해야 한다. 그만큼 할 일이 많다는 얘기다.

공공기관을 안정적인 직장이니, 신이 내린 직장이니 하면서 많은 젊은이들이 취업 1순위로 삼는 게 사회 현실이다. 그런데 누누이 이야기했듯이 공공기관은 결코 안정적이기만 한 직장도 아니고 현재 잘나가는 기관이라고 해서 앞으로 승승장구한다는 보장도 전혀 없다. 생물 종이 그렇듯이, 국가가 그러하듯이, 기업과 제품의 수명이 보여주듯이, 진화하지 못하는 모든 존재는 소멸되고 멸종된다.

경륜이 꽤 된 공공기관이라 하더라도 좋은 평가와 승진을 하려면 동료들과 경쟁을 해야 하는데 변별력을 갖추기 위해서는 성실과 열정이 있어야 한다. 거기다 공직자로서 가져야 할 여러 책무와 솔선수범하는 자세까지 포함한다면 공공기관은 그리 쉬운 일자리는 아니다. 사실 우리나라 공공기관 직원뿐만 아니라 어떤 직종, 어떤 직책도 쉬운 일자리는 없다. 어느 직장에서든지 변화하지 않으면 도태되기 때문이다. 명심하자. 진화의 반대말은 퇴화가 아니라 멸종이라는 것을.

이 책이 나오게 된 계기 또한 진화에 대한 절실한 바람과 무관하지 않다. 기관장으로 재임하는 동안, 변화와 혁신의 필요성을 느낄 때마다 직원들과 나누고자 고심할 때마다 컴퓨터 앞에 앉아 한 문장씩 써내려간 것이 이렇게 묶이게 되었다. 이 책이 변화와 혁신, 조직과 기관의 진화를 모색하는 분들께 미약하나마 도움이 된다면 더할 나위 없는 보람이겠다.

낙하산 기관장의
공공기관 분투기

2021년 08월 20일 초판 1쇄 발행
2021년 08월 31일 초판 2쇄 발행

지은이 윤태진
펴낸이 조시현
편 집 조명곤
디자인 이은하

펴낸 곳 일월일일
출판등록 2013. 3. 25(제2013-000088호)
주소 04007 서울시 마포구 희우정로 122-1 현대빌딩 201호
대표전화 02) 335-5307
팩스 02) 3142-2559

전자우편 publish1111@naver.com
인스타그램 @0101book_

ISBN 979-11-90611-12-1 03320